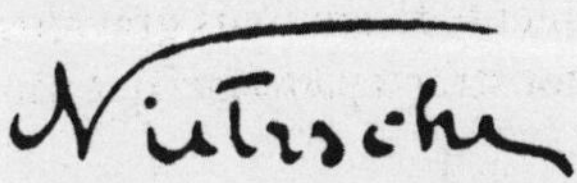
Nietzsche

COLEÇÃO DAS OBRAS DE NIETZSCHE
Coordenação de Paulo César de Souza

Além do bem e do mal — Prelúdio a uma filosofia do futuro
O Anticristo — Maldição ao cristianismo e
Ditirambos de Dionísio
Assim falou Zaratustra — Um livro para todos e para ninguém
Aurora — Reflexões sobre os preconceitos morais
O caso Wagner — Um problema para músicos
e Nietzsche contra Wagner — Dossiê de um psicólogo
Crepúsculo dos ídolos — ou Como se filosofa com o martelo
Ecce homo — Como alguém se torna o que é
A gaia ciência
Genealogia da moral — Uma polêmica
Humano, demasiado humano — Um livro para espíritos livres
Humano, demasiado humano — Um livro para espíritos livres — volume II
O nascimento da tragédia — ou Helenismo e pessimismo

FRIEDRICH NIETZSCHE

HUMANO, DEMASIADO HUMANO

Um livro para espíritos livres

Volume II

Tradução, notas e posfácio
Paulo César de Souza

2ª reimpressão

COMPANHIA DE BOLSO

Grafia atualizada segundo o Acordo Ortográfico da Língua Portuguesa de 1990, que entrou em vigor no Brasil em 2009.

Títulos originais
Menschliches, Allzumenschliches II [1886]
Vermischte Meinungen und Sprüche [1879]
Der Wanderer und sein Schatten [1880]

Capa
Jeff Fisher

Preparação
Márcia Copola

Índice remissivo
Luciano Marchiori

Revisão
Renato Potenza Rodrigues
Larissa Lino Barbosa

Atualização ortográfica
Verba Editorial

Dados Internacionais de Catalogação na Publicação (CIP)
(Câmara Brasileira do Livro, SP, Brasil)

Nietzsche, Friedrich Wilhelm, 1844-1900.
Humano, demasiado humano : um livro para espíritos livres, volume II / Friedrich Nietzsche ; tradução, notas e posfácio Paulo César de Souza. — 1ª ed. — São Paulo : Companhia de Bolso, 2017.

Título original: Menschliches, Allzumenschliches II [1886] Vermischte Meinungen und Sprüche [1879] Der Wanderer und sein Schatten [1880].
ISBN 978-85-359-2859-4

1. Filosofia alemã 2. Nietzsche, Friedrich Wilhelm, 1844-1900 3. Seres humanos I. Souza, Paulo César de. II Título.

17-00856 CDD-193

Índice para catálogo sistemático:
1. Nietzsche : Obras filosóficas 193

2022

EDITORA SCHWARCZ S.A.
Rua Bandeira Paulista, 702, cj. 32
04532-002 — São Paulo — SP
Telefone: (11) 3707-3500
www.companhiadasletras.com.br
www.blogdacompanhia.com.br

SUMÁRIO

Prólogo 7

Primeira parte: *Opiniões e sentenças diversas* 14
Segunda parte: *O andarilho e sua sombra* 127

Notas 255
Posfácio 269
Glossário de nomes de pessoas 273
Títulos dos aforismos 277
Índice remissivo 295
Sobre o autor e o tradutor 309

PRÓLOGO

1. Devemos falar apenas do que não podemos calar; e falar somente daquilo que *superamos* — todo o resto é tagarelice, "literatura", falta de disciplina. Meus escritos falam *apenas* de minhas superações: "eu" estou ali, com tudo que me era hostil, *ego ipsissimus* [meu próprio eu], até mesmo, se me permitem uma expressão mais orgulhosa, *ego ipsissimum* [meu mais íntimo eu]. Já se adivinha: eu tenho muito — *abaixo* de mim... Mas sempre foi necessário antes o tempo, a convalescença, a distância, até que em mim nascesse o desejo de explorar, esfolar, desnudar, "apresentar" (ou como queiram chamá-lo) posteriormente, para o conhecimento, algo vivido e sobrevivido, algum fato ou fado próprio. Nesse sentido, todos os meus escritos, com uma única e substancial exceção, devem ser *retrodatados* — eles sempre falam do que "deixei para trás" —: alguns, como as três primeiras *Considerações extemporâneas*, até anteriormente ao período de gestação e vivência de um livro editado antes (do *Nascimento da tragédia*, no caso: como um observador e cotejador sutil não deixará de perceber). Aquela irada irrupção contra a patriotice, o comodismo e o abastardamento da linguagem do envelhecido David Strauss, o conteúdo da primeira Extemporânea, deu vazão a estados de espírito com que me achava muito antes, ainda estudante, em meio à cultura e ao filistinismo cultural dos alemães (reivindico a paternidade da expressão "filisteu da cultura", agora bastante usada e abusada —); e o que disse contra a "enfermidade histórica", disse como alguém que de forma lenta e laboriosa aprendeu a dela se curar, e que absolutamente não se dispunha a renunciar à "história" porque havia sofrido com ela. Logo depois, na terceira *Consideração extemporânea*, quando expressei minha reverência por meu primeiro e único educador, o grande Arthur Schopenhauer — agora eu a expressaria de maneira ainda mais forte e mais pessoal —, eu já estava, quanto à minha pessoa, em pleno ceticismo e decomposição moral, ou seja, tanto na crítica como no aprofundamento de todo pessimismo até então havido — e não acreditava "em mais nada", como diz o povo, nem em Schopenhauer: justamente então escrevi algo que mantive inédito, "Sobre verdade e mentira no sentido extramoral". Mesmo o meu discurso em celebração de Richard Wagner, por ocasião do triunfo de Bayreuth, em 1876 — Bayreuth foi o maior triunfo que um artista jamais alcançou —, uma obra que tem a mais forte aparência de "atualidade", significava, no fundo, homenagem e gratidão a uma parte de meu passado, à mais bela e também mais perigosa calmaria do meu percurso... e, na realidade, um desprendimento, uma despedida. (Terá o próprio Richard Wagner se iludido quanto a isso? Não creio. Enquanto ainda amamos, não pintamos quadros assim; ainda não "observamos", não nos colocamos de tal maneira à distância, como tem de fazer o observador. "Observar já implica uma misteriosa *oposição*, aquela de quem encara" — diz-se à página 46[1] daquele ensaio mesmo, numa reveladora e melancólica frase, talvez destinada a bem poucos ouvidos.) A serenidade para poder falar de longos anos intermediários de íntima solidão e privação me veio apenas com o livro *Humano, demasiado humano*, ao qual é dedicado também este segundo prólogo-apologia. Sendo um "livro para espíritos livres", nele há algo da frieza quase jovial e curiosa do psicólogo, a qual posteriormente constata e, por assim dizer, *espeta* com uma agulha várias coisas dolorosas que ele tem *abaixo* de si, *atrás* de si: — surpreende que, num trabalho assim picante e espinhoso, ocasionalmente seja vertido algum sangue, que o psicólogo tenha sangue nos dedos — e não apenas nos dedos?...

2. Tanto as *Opiniões e sentenças diversas* como *O andarilho e sua sombra* foram editados primeiro *separadamente*, como continuações e apêndices do mencionado humano, demasiado humano "Livro para espíritos livres": continuação e reiteração, ao mesmo tempo, de uma cura espiritual, ou seja, do tratamento antirromântico que meu próprio instinto, permanecendo sadio, inventara e prescrevera para mim, contra um adoecimento temporário da mais perigosa forma de romantismo. Que agora, após seis anos de convalescença, as mesmas obras sejam bem acolhidas juntas, como o segundo volume de *Humano, demasiado humano*: tomadas conjuntamente, talvez transmitam de modo mais nítido e forte o seu ensinamento — uma doutrina de saúde, que pode ser recomendada como *disciplina voluntatis* [disciplina da vontade] às naturezas mais espirituais da geração que agora ascende. Nelas fala um pessimista que frequentemente ficou exasperado, fora de si, mas sempre voltou a si, um pessimista, portanto, com boa vontade em relação ao pessimismo — e, assim, não mais um romântico: como? um espírito versado na serpentina arte de mudar de pele não deveria poder dar uma lição aos pessimistas de hoje, que ainda se acham todos eles sob o perigo do romantismo? E ao menos lhes mostrar como — se *faz*?...

3. — De fato, já era tempo de *dizer adeus*; e logo tive a prova disso. Richard Wagner, aparentemente o grande vitorioso, na verdade um romântico desesperado e emurchecido, prostrou-se repentinamente diante da cruz cristã, desamparado e alquebrado...[2] Será que nenhum alemão teve então, para esse horrendo espetáculo, olhos no rosto, simpatia[3] na consciência? Fui eu o único que com ele — sofreu? Não importa, para mim esse evento inesperado iluminou como um raio o lugar que eu havia deixado — e me incutiu o terror *a posteriori* que sente todo aquele que inconscientemente passou por um tremendo perigo. Ao prosseguir viagem, sozinho, eu tremia; não muito tempo depois, eu estava doente, mais que doente, cansado, pela invencível desilusão com tudo o que a nós, homens modernos, nos restava para nosso entusiasmo: energia, trabalho, esperança, juventude, amor, em toda parte *dissipados*; cansado por nojo ao que há de feminino e fanático-irrefreado nesse romantismo, a toda a idealista mendacidade e abrandamento de consciência que aí mais uma vez triunfou sobre um dos mais valentes; cansado, enfim, e em não menor medida, pelo desgosto de uma inexorável suspeita — de que, após essa desilusão, eu estaria condenado a desconfiar mais profundamente, desprezar mais profundamente, ser mais profundamente só do que até então. Minha *tarefa* — onde estava ela? Como? Não parecia então que minha tarefa recuava diante de mim, que por muito tempo eu não mais tinha direito a ela? Que fazer para suportar *essa*, a maior das privações? — Comecei por me *proibir*, radicalmente e por princípio, toda música romântica, essa arte ambígua, sufocante, fanfarrona, que despoja o espírito de todo rigor e contentamento e faz vicejar toda espécie de vago desejo, de esponjoso anseio. "*Cave musicam*" [Cuidado com a música] é meu conselho, ainda hoje, a todos aqueles viris o bastante para fazer questão de asseio nas coisas do espírito; essa música enerva, amolece, feminiza, seu "eterno-feminino" nos atrai — para baixo!...[4] Contra a música romântica voltava-se então minha primeira suspeita, minha cautela seguinte; e, se eu ainda esperava algo da música, isso se dava na expectativa de que aparecesse um músico suficientemente ousado, sutil, malicioso, meridional e transbordante de saúde para vingar-se imortalmente dessa música. —

4. Solitário, então, e tristemente desconfiado de mim, tomei, não sem alguma raiva, partido *contra* mim e *a favor* de tudo o que precisamente me feria e me era penoso: — desse modo achei novamente o caminho para o valente pessimismo que é o oposto de toda mendacidade romântica, e também, como hoje me parece, o caminho para "mim" mesmo, para *minha* tarefa. Esse oculto e imperioso algo, para o qual durante muito tempo não temos nome, até que finalmente prova ser nossa *tarefa* — esse tirano dentro de nós exerce uma terrível represália a cada tentativa que fazemos de evitá-lo ou dele escapar, a cada prematura resignação, a toda equiparação àqueles que nos são alheios, a toda atividade, ainda que respeitável, que nos distraia de nosso tema principal, e mesmo a toda virtude que nos proteja do rigor de nossa responsabilidade mais própria. A doença é a resposta, cada vez que queremos duvidar do direito à *nossa* tarefa — que começamos a tornar as coisas mais fáceis para nós. Algo peculiar e terrível ao mesmo tempo! As *facilidades* que nos damos, eis o que temos de pagar mais duramente! E, se depois queremos retornar à saúde, não nos resta escolha: temos de assumir uma carga *mais pesada* do que a que levávamos antes...

5. — Somente então aprendi esse falar de eremita, do qual apenas os mais silenciosos e mais sofredores entendem: falava para não sofrer do silêncio, sem testemunhas, ou melhor, indiferente a testemunhas, falava de coisas que não me diziam respeito, mas como se me dissessem respeito. Aprendi, então, a arte de *parecer* jovial, objetivo, curioso, sobretudo sadio e malicioso — e num doente isso é, quer me parecer, o seu "bom gosto". A um olhar e uma simpatia refinados não escapará, no entanto, aquilo que talvez seja o encanto desses escritos — que ali fala um homem sofredor e abstinente, como se *não* fosse um sofredor e abstinente. Ali *deve* ser mantido o equilíbrio, a serenidade, até mesmo a gratidão para com a vida, ali reina uma vontade severa, orgulhosa, sempre vigilante e suscetível, que se colocou a tarefa de defender a vida *contra* a dor e de abater todas as conclusões que, na dor, na desilusão, no fastio, na solidão e outros terrenos pantanosos, costumam medrar como fungos venenosos. Talvez isso ofereça justamente aos nossos pessimistas algumas indicações para o exame de si próprios? — pois foi então que arranquei de mim esta frase: "um sofredor não tem *direito* ao pessimismo!", foi então que conduzi dentro de mim uma árdua e paciente campanha contra a nada científica tendência básica de todo pessimismo romântico para inflar, interpretar experiências pessoais como julgamentos gerais e mesmo condenações do mundo... em suma, eu então *virei* meu olhar. Otimismo para fins de restabelecimento, para algum dia *poder* voltar a ser pessimista — compreendem? Assim como um médico põe seu enfermo num ambiente inteiramente alheio, para que seja subtraído a todo o seu "até então", suas preocupações, relações de amizade, cartas, deveres, tolices e tormentos da memória, e aprenda a estender as mãos e os sentidos para uma nova alimen-

tação, um novo sol, um novo futuro, eu também me impus um *clima da alma* inverso e inexplorado, ou seja, uma peregrinação ao estrangeiro, ao alheio, uma curiosidade por toda espécie de alheio... Seguiu-se um longo vagar, buscar, trocar, uma aversão a todo fixar-se, a todo rude afirmar e negar; e igualmente uma dietética e disciplina que pretendeu tornar o mais fácil possível, para o espírito, correr longe, voar alto, sobretudo prosseguir voando. De fato, um mínimo de vida, um desprendimento de todo apetite mais grosseiro, uma independência em meio a toda circunstância desfavorável, juntamente com o orgulho de poder viver em tais circunstâncias; algum cinismo talvez, algum "barril",[5] mas também, certamente, muita felicidade caprichosa, vivacidade caprichosa, muita quietude, luz, refinada tolice, oculta exaltação — tudo isso resultou, enfim, num grande fortalecimento espiritual, numa crescente alegria e abundância de saúde. A própria vida nos recompensa por nossa tenaz vontade de vida, por uma demorada guerra como a que em mim travei contra o pessimismo do cansaço de vida, e já por qualquer atencioso olhar de nossa gratidão, que não deixa escapar a menor, mais delicada, mais transitória dádiva da vida. Por fim recebemos as suas dádivas grandes, talvez também a maior que ela pode conceder — recebemos de volta *a nossa tarefa*. — —

6. Deveria minha vivência — a história de uma enfermidade e uma cura, pois terminou numa cura — ser apenas minha vivência pessoal? E apenas o que é meu "humano, demasiado humano"? Hoje quero acreditar o oposto; em mim avulta a confiança de que, afinal, meus livros peregrinos não foram redigidos apenas para mim, como às vezes parecia —. É-me permitido agora, após seis anos de crescente confiança, mandá-los novamente em viagem, a título de experiência? Posso recomendá-los especialmente ao coração e aos ouvidos daqueles que são acometidos de algum "passado" e têm ainda espírito bastante para sofrer também do *espírito* de seu passado? Mas sobretudo a vocês, para quem a coisa é mais difícil, vocês, raros, que mais correm perigo, mais espirituais, mais corajosos, que têm de ser a *consciência* da alma moderna e, como tal, têm de possuir a *ciência* dela, nos quais se reúne o que hoje existe de doença, veneno e perigo — cuja sina é terem de ser mais doentes do que qualquer indivíduo, pois não são "*apenas* indivíduos"..., cujo consolo é saber — ah! e percorrer — o caminho para uma *nova* saúde, uma saúde de amanhã e depois de amanhã, vocês, predestinados, vitoriosos, superadores do tempo, saudabilíssimos, fortíssimos, vocês, *bons europeus*! — —

7. — Para enfim expressar numa fórmula minha oposição ao *pessimismo romântico*, isto é, ao pessimismo dos abstinentes, malogrados, vencidos: existe uma vontade de trágico e de pessimismo que é a marca tanto do rigor como da força do intelecto (do gosto, do sentimento, da consciência). Não tememos, com essa vontade no coração, o que há de temível e duvidoso em toda existência: nós até o buscamos. Por trás dessa vontade se encontra a coragem, o orgulho, o anseio por um *grande* inimigo. — Esta foi a *minha* perspectiva pessimista desde o começo — uma perspectiva nova, ao que me parece? Uma que ainda hoje é nova e estranha? Até esse instante me atenho a ela, e, se acreditam em mim, tanto por mim como, ocasionalmente, *contra* mim... Querem primeiramente a prova disso? Mas o que seria este prólogo senão — esta prova?

Sils-Maria, Alta Engadina, setembro de 1886

Primeira parte
OPINIÕES E SENTENÇAS DIVERSAS

1. *Aos desiludidos da filosofia.* — Se vocês acreditaram no supremo valor da vida e agora se acham desiludidos, precisam desfazer-se dela pelo preço mais baixo?

2. *Mal-acostumado.* — Também a clareza dos conceitos pode acostumar mal: como se torna então repulsivo o trato com os vagos, nebulosos, cheios de afã e de pressentimento! Como tem efeito risível, mas não divertido, o seu eterno revoltear e arremeter sem conseguir voar e prender!

3. *Os pretendentes da realidade.* — Quem finalmente percebe como e por quanto tempo foi enganado, abraça, por despeito, até a realidade mais feia: de modo que, vendo-se a marcha do mundo em seu conjunto, a esta couberam, em todas as épocas, os melhores de todos os pretendentes — pois os melhores sempre foram melhor e mais longamente iludidos.

4. *Progresso do livre-pensar.* — Não se pode ilustrar melhor a diferença entre o livre-pensar de ontem e o de hoje do que recordando aquela frase que exigiu toda a intrepidez do século passado para ser compreendida e enunciada, mas que, medida pelo discernimento atual, reduz-se a uma involuntária ingenuidade — refiro-me à frase de Voltaire: "*Croyez-moi, mon ami, l'erreur aussi a son mérite*" [Acredite, meu amigo, também o erro tem seu mérito].

5. *Um pecado original dos filósofos.* — Em todas as épocas os filósofos se apropriaram das teses dos perscrutadores de homens (moralistas) e as *estragaram*, tomando-as incondicionalmente e querendo demonstrar como necessário o que eles viam apenas como indicação aproximada ou como verdade de uma década, própria de uma região ou cidade — quando justamente dessa forma acreditavam se pôr acima deles. Assim, na base das célebres doutrinas schopenhauerianas do primado da vontade sobre o intelecto, da imutabilidade do caráter, da negatividade do prazer — que são todas erradas, tais como seu autor as entendia — encontraremos verdades populares, assentadas pelos moralistas. Já o termo "vontade", que Schopenhauer converteu em designação comum de muitos estados humanos e inseriu numa lacuna da língua, com grande vantagem para si mesmo, enquanto moralista — pois ficou livre para falar da "vontade" tal como Pascal havia dela falado —, já a "vontade" de Schopenhauer resultou numa desgraça para a ciência em suas mãos, graças ao furor filosófico da generalização: pois dessa vontade faz-se uma metáfora poética, quando se afirma que todas as coisas da natureza teriam vontade; por fim, com o objetivo de aplicá-la em toda espécie de disparate místico, foi mal utilizada para uma reificação falsa — e todos os filósofos da moda repetem e parecem saber exatamente que todas as coisas têm *uma* vontade, e mesmo que são *essa* vontade (o que, segundo a descrição que se faz dessa vontade-toda-uma, significa tanto quanto querer absolutamente o *estúpido Diabo* como Deus).

6. *Contra os fantasiosos.* — O fantasioso nega a verdade para si mesmo; o mentiroso, apenas para os outros.

7. *Hostilidade à luz.* — Se tornamos claro para alguém que, a rigor, ele não pode jamais falar da verdade, mas somente da probabilidade e seus graus, habitualmente descobrimos, pela franca alegria daquele que esclarecemos, o quanto as pessoas preferem a incerteza do horizonte intelectual e como, no fundo da alma, *odeiam* a verdade por sua indeterminação. — Seria pelo fato de todas temerem secretamente que a luz da verdade lhes caia em cima com demasiada clareza? De quererem parecer algo, portanto não se deve saber exatamente o que *são*? Ou seria apenas aversão à luz demasiado clara, a que não estão habituadas suas crepusculares e facilmente ofuscadas almas de morcego, de modo que precisam odiá-la?

8. *Ceticismo cristão.* — Atualmente gostam de apresentar Pilatos, com sua pergunta "Que é a verdade?",[6] como advogado de Cristo, a fim de suspeitar de tudo conhecido e cognoscível como sendo aparência e de erguer a Cruz no terrível pano de fundo do não-poder-saber.

9. *A "lei da natureza", fórmula da superstição.* — Se vocês falam tão entusiasticamente da regularidade das leis da natureza, ou têm de supor que todas as coisas naturais seguem a sua lei por livre obediência, que por si mesma se submete — nesse caso admiram então a moralidade da natureza —; ou os encanta a ideia de um mecânico criador que fez o mais engenhoso relógio, com seres vivos como ornato. — A necessidade na natureza, com a expressão "conformidade à lei", torna-se mais humana e um último refúgio dos devaneios mitológicos.

10. *Dobrada à história.*[7] — Os filósofos encobridores e escurecedores do mundo, ou seja, todos os metafísicos de maior ou menor estofo, são tomados de dores nos olhos, ouvidos e dentes, quando começam a suspeitar que há algo verdadeiro na tese de que a filosofia inteira se dobra à história a partir de agora. É perdoável, por causa de suas *dores*, que eles joguem pedras e lama naquele que assim fala: mas o ensinamento pode, com isso, ficar sujo e repugnante e não ter efeito por algum tempo.

11. *O pessimista do intelecto.* — O verdadeiramente livre no espírito também pensará livremente sobre o espírito mesmo, e não esconderá de si algumas coisas terríveis quanto à origem e direção dele. Por isso os outros talvez o considerem o pior inimigo do livre-pensar e lhe apliquem o nome injurioso e apavorante de "pessimista do intelecto": habituados, como são, a não designar alguém por sua força e virtude proeminente, mas por aquilo que para eles é mais estranho nele.

12. *Mochila dos metafísicos.* — Não se deve absolutamente responder àqueles que se gabam da cientificidade de sua metafísica; basta dar um puxão no fardo que, um tanto envergonhados, levam escondido nas costas; se chegamos a abri-lo, vêm à luz, fazendo-os enrubescer, os resultados desta cientificidade: um pequeno Deus Nosso Senhor, uma graciosa imortalidade, talvez algum espiritismo e, em todo caso, um confuso amontoado de miséria-de-pobres-pecadores e arrogância de fariseus.

13. *Eventual nocividade do conhecimento.* — A utilidade que a incondicional pesquisa do verdadeiro traz consigo é continuamente demonstrada de tantas formas, que é preciso aceitar sem hesitação a nocividade mais rara e sutil que os indivíduos têm de sofrer por causa dela. Não podemos impedir que ocasionalmente o químico se envenene e se queime nos seus experimentos. — O que vale para o químico, vale para toda a nossa cultura: de que resulta claramente, diga-se de passagem, o quanto ela deve munir-se de bálsamos para queimaduras e de uma constante provisão de antídotos.

14. *Necessidade de filisteu.* — O filisteu acredita necessitar mais que tudo de um pano púrpura ou turbante de metafísica, e não quer absolutamente deixá-lo cair; no entanto, as pessoas o achariam menos ridículo sem esse adorno.

15. *Os fanáticos.* — Em tudo o que dizem em favor de seu evangelho ou de seu mestre, os fanáticos defendem a si mesmos, por mais que assumam ares de juízes (e não de acusados), pois involuntariamente e a quase todo instante eles são lembrados de serem exceções que têm de se legitimar.

16. *O que é bom induz a viver.* — Todas as coisas boas são fortes estimulantes para a vida, mesmo todo bom livro escrito contra a vida.

17. *Felicidade do historiador.* — "Quando ouvimos os engenhosos metafísicos e trasmundanos[8] falarem, sentimos, é verdade, que somos os 'pobres de espírito', mas também que nosso é o reino celeste da mudança, com outono e primavera, inverno e verão, e deles é o mundo de trás, com suas cinzentas, gélidas, infinitas névoas e sombras." — Assim falou consigo um homem, num passeio ao sol da manhã: um homem no qual não só o espírito se transformou ao estudar a história, mas também o coração, e que, ao contrário dos metafísicos, está feliz em não abrigar em si "uma alma imortal", mas *muitas almas mortais.*

18. *Três tipos de pensadores.* — Existem as fontes minerais que fluem, as que brotam e as que gotejam; e, de modo correspondente, há três tipos de pensadores. O leigo os avalia conforme o volume da água, e o conhecedor, pelo teor da água, ou seja, pelo que justamente não é água neles.

19. *O quadro da vida.* A tarefa de pintar *o* quadro da vida, por mais que tenha sido proposta pelos escritores e filósofos, é absurda: mesmo pelas mãos dos maiores pintores-pensadores sempre surgiram apenas quadros e miniaturas de uma vida, isto é, da sua vida — e outra coisa também não seria possível. Naquilo que está em devir, um ser em devir não pode se refletir como algo firme e duradouro, como um "o".

20. *A verdade não quer deuses a seu lado.* — A fé na verdade começa com a dúvida em relação a todas as "verdades" até então acreditadas.

21. *Onde o silêncio é requerido.* — Quando se fala do livre-pensar como de uma perigosa expedição por geleiras e mares glaciais, aqueles que não querem tomar esse caminho se ofendem, como se fossem recriminados por hesitação e joelhos fracos. As dificuldades que não nos sentimos capazes de afrontar não devem sequer ser lembradas em nossa presença.

22. *Historia in nuce* [A história em resumo]. — A mais séria paródia que jamais ouvi foi esta: "No começo era o absurdo, e o absurdo era, por Deus!, e Deus (divino) era o absurdo".[9]

23. *Incurável.* — Um idealista é incorrigível: se é jogado fora do seu céu, faz do inferno um ideal. Decepcionem-no, e vejam! — ele abraçará a decepção não menos fervorosamente do que pouco antes abraçou a esperança. Na medida em que sua tendência está entre as grandes tendências incuráveis da natureza humana, ele pode acarretar destinos trágicos, e depois tornar-se objeto de tragédias: as quais se ligam justamente ao que é incurável, inelutável, inescapável na sina e no caráter humanos.

24. *O aplauso mesmo como prosseguimento do espetáculo.* — Olhos radiantes e sorriso benévolo são o tipo de aplauso concedido à grande comédia do mundo e da vida — mas são, ao mesmo tempo, uma comédia dentro da comédia, que deve induzir os outros espectadores ao "*plaudite amici* " [aplaudam, amigos].[10]

25. *Coragem de ser tedioso.* — Quem não tem a coragem de deixar que considerem tediosas a sua pessoa e a sua obra, certamente não é um espírito de primeira categoria, nas artes ou nas ciências. — Um homem zombador, que excepcionalmente fosse também um pensador, poderia acrescentar, olhando para o mundo e a história: "Deus não teve essa coragem; ele quis fazer as coisas todas muito interessantes e fez".

26. *Tirado da mais íntima experiência do pensador.* — Nada é mais difícil para o ser humano do que apreender impessoalmente uma coisa: quero dizer, ver nela justamente uma coisa *e não uma pessoa*; pode-se até mesmo perguntar se é possível, para ele, desligar por um só instante o mecanismo de seu impulso construtor, criador de pessoas. Mesmo os *pensamentos*, inclusive os mais abstratos, ele trata como se fossem indivíduos que devemos combater, a quem temos de nos aliar, de quem é preciso cuidar, que é necessário proteger, alimentar. Espreitemos e escutemos a nós mesmos naqueles instantes em que ouvimos ou achamos uma proposição que é uma novidade para nós. Talvez ela nos desagrade, por se apresentar tão altiva e soberana: inconscientemente nos perguntamos se não podemos lhe pôr ao lado, como inimiga, uma proposição contrária; se não lhe podemos juntar um "talvez", um "por vezes"; até o adverbiozinho "provavelmente" nos satisfaz, pois quebra a incômoda tirania do incondicional. Se, por outro lado, essa nova proposição se avizinha de modo mais suave, delicadamente tolerante e humilde, e caindo nos braços da contradição, por assim dizer, então experimentamos um outro teste de nossa soberania: não podemos ir em socorro deste ser frágil, acariciá-lo e alimentá-lo, dar-lhe força e plenitude, conferir-lhe verdade e até mesmo incondicionalidade? É possível nos comportarmos de forma paternal, cavalheiresca ou compassiva em relação a ela? — Então vemos novamente um juízo aqui e um juízo ali, separados um do outro, sem se olharem, sem se movimentarem um em direção ao outro: e somos tentados pela ideia de que aí há um casamento a fazer, uma *conclusão* a tirar, com o pressentimento de que, produzindo-se uma sequência dessa conclusão, não apenas os dois juízos ligados maritalmente receberão a honra por isso, mas também aquele que arranjou o casamento. Mas, se nem pela via do desafio e da malevolência nem pela da benevolência podemos ter algo contra esse pensamento (se o consideramos *verdadeiro* —), então nos submetemos a ele e o homenageamos como chefe e duque, damos-lhe assento de honra e a ele nos referimos com orgulho e pompa: pois no seu brilho também brilhamos nós. Infeliz daquele que pretender ofuscar esse brilho; a menos que um dia ele mesmo se nos torne problemático: — então nós, incansáveis "fazedores de reis" (*king-makers*) da história do espírito, derrubamo-lo do trono e rapidamente entronizamos o seu rival. Pondere-se isso, e reflita-se um pouco mais: certamente ninguém falará ainda de um "instinto de conhecimento em si"! — Por que, então, o ser humano prefere o verdadeiro ao não verdadeiro, nesta luta *secreta* com pensamentos-pessoas, nesse geralmente oculto matrimônio de pensamentos, fundação de Estados de pensamentos, educação infantil de pensamentos, assistência a pobres e doentes de pensamentos? Pela mesma razão por que exerce a justiça no trato com pessoas reais: *agora* por hábito, hereditariedade e treino, *originalmente* porque o verdadeiro — como também o justo e natural — é *mais útil* e *mais honroso* do que o não verdadeiro. Pois no reino do pensamento dificilmente se afirmam o *poder* e a *reputação* erguidos com base no erro e na mentira: a sensação de que um tal edifício pode ruir a qualquer momento é *humilhante* para a autoconsciência do arquiteto; ele se envergonha da fragilidade de seu material, e, por dar a si próprio *mais importância* do que ao resto do mundo, gostaria de não fazer nada que não fosse *mais duradouro* do que o resto do mundo. Na ânsia de verdade ele abraça a crença na imortalidade pessoal, isto é, o mais soberbo e obstinado pensamento que existe, irmanado que é ao pensamento recôndito "*pereat mundus, dum ego salvus sim*!" [que o mundo pereça, contanto que me salve eu!].[11] Sua obra tornou-se-lhe seu *ego*, ele converte a si mesmo no intransitório, no que tudo desafia. É seu orgulho incomensurável que deseja utilizar apenas as melhores e mais duras pedras na obra, ou seja, verdades, ou o que ele considera como tal. A *soberba* sempre foi denominada, com justiça, "o vício do homem do conhecimento" — mas sem a mola deste vício[12] as coisas estariam mal na Terra para a verdade e seu prestígio. No fato de *temermos* nossos próprios pensamentos, conceitos, palavras, mas de neles também *honrarmos* a nós mesmos, de involuntariamente lhes atribuirmos a força de poder nos recompensar, desprezar, louvar e censurar, ou seja, no fato de com eles tratarmos como se fossem livres pessoas inteligentes, poderes autônomos, como iguais com iguais — nisso tem sua raiz o peculiar fenômeno que chamei de "consciência intelectual". — Desse modo, também aí brotou, de uma raiz vulgar, algo moral de espécie superior.

27. *Os obscurantistas.* — O essencial, na arte negra do obscurantismo, não é que queira escurecer as mentes, mas que queira denegrir nossa imagem do mundo, *obscurecer nossa concepção da existência*. Para isso recorre frequentemente, é verdade, ao meio que consiste em estorvar o esclarecimento dos espíritos; mas às vezes emprega justamente o meio oposto, buscando gerar um *fastio* com os frutos do intelecto mediante o supremo refinamento deste. Metafísicos sutis, que preparam o caminho para o ceticismo e, com sua desmedida perspicácia, exortam à desconfiança em relação à perspicácia, são bons instrumentos de um refinado obscurantismo. — Será que mesmo Kant pode ser utilizado com esse propósito? E que ele *quis*, conforme sua própria infame declaração, algo desse tipo, ao menos provisoriamente: abrir caminho à *fé*, mostrando ao *saber* os seus limites? — o que certamente não conseguiu, nem ele nem seus sucessores nas trilhas de lobo e raposa desse obscurantismo altamente requintado e perigoso, o mais perigoso mesmo: pois a arte negra aparece aí num invólucro de luz.

28. *Com que tipo de filosofia se estraga a arte.* — Quando as névoas de uma filosofia místico-metafísica chegam a tornar *opacos* todos os fenômenos estéticos, segue-se que eles também ficam não *avaliáveis* entre si, pois cada qual se torna inexplicável. Mas, se não podem mais ser comparados um ao outro para fins de avaliação, surge enfim uma total *ausência de crítica*, uma cega tolerância; e daí também um constante decréscimo na *fruição* da arte (que se distingue da crua satisfação de uma necessidade apenas através de um provar e distinguir bastante aguçado). Quanto mais diminui a fruição, porém, tanto mais o anseio por arte se transforma e volta a ser uma fome vulgar, que o artista busca saciar com alimento cada vez mais grosseiro.

29. *Em Getsêmani.* — A coisa mais dolorosa que o pensador pode falar aos artistas é: "Então não podeis *velar comigo* nem uma hora?".[13]

30. *No tear.* — Contra os poucos que têm prazer em desatar os nós das coisas e desmanchar sua trama, há muitos (todos os artistas e mulheres, por exemplo) que se empenham em atá-los e confundi-los de novo, assim transformando o compreendido em incompreendido e, se possível, em incompreensível. Não importando o que mais resulte disso — o que foi tramado e atado sempre parecerá um tanto sujo, pois nele trabalham e atuam muitas mãos.

31. *No deserto da ciência.* — Em suas modestas e exaustivas caminhadas, que muitas vezes parecem jornadas no deserto, devem surgir para o homem de ciência as reluzentes miragens chamadas "sistemas filosóficos": com a mágica força da ilusão, elas mostram, bem próximas, a solução de todos os enigmas e a mais fresca porção do vero elixir da vida; o coração se regala, e o homem fatigado quase já toca com os lábios a meta de toda a perseverança e todo o padecimento da ciência, de modo que avança involuntariamente. É certo que algumas outras naturezas se detêm, como que aturdidas pela bela ilusão: o deserto as engole, estão mortas para a ciência. Outras naturezas ainda, que tantas vezes já provaram esses consolos subjetivos, irritam-se ao extremo e amaldiçoam o gosto de sal que as aparições lhes deixam na boca, e que dá origem a uma sede furiosa — sem terem se avizinhado um passo sequer de uma fonte qualquer.

32. *A suposta "realidade real".* — Ao retratar as diferentes profissões — por exemplo, as de general, tecelão, marinheiro —, o escritor faz como se conhecesse profundamente essas coisas e fosse *alguém que sabe*; mais ainda, na exposição dos atos e destinos humanos ele age como se tivesse presenciado o tecer da trama do mundo: nisso ele é um enganador. Engana aqueles *que não sabem* — por isso tem êxito: esses lhe elogiam o autêntico e profundo saber, e enfim o induzem à ilusão de que realmente sabe as coisas tão bem quanto aqueles que as conhecem e fazem, até mesmo como a grande aranha tecedora do mundo. Por fim, o enganador se torna sincero e acredita na sua veracidade. Sim, os homens sensíveis chegam a lhe dizer claramente que ele tem a *superior* verdade e veracidade — pois estão momentaneamente cansados da realidade e tomam o sonho poético como uma benéfica distração e noite para a cabeça e o coração. O que este sonho lhes mostra parece ter mais *valor* então, porque, como dissemos, eles o sentem como algo mais benéfico: e os homens sempre acharam que o que parece mais valioso é o mais verdadeiro, o mais real. Os escritores, que são *cônscios* desse poder, procuram intencionalmente difamar o que habitualmente se chama realidade e convertê-la no incerto, aparente, inautêntico, pleno de pecado, engano e sofrimento; utilizam todas as dúvidas quanto aos limites do conhecimento, todos os exageros do ceticismo, para estender sobre as coisas os pregueados véus da incerteza: para que então, após esse escurecimento, seus sortilégios e a magia que exercem sejam entendidos, muito irrefletidamente, como caminho para a "verdadeira verdade", para a "realidade real".

33. *Querer ser justo e querer ser juiz.* — Schopenhauer, cujo grande conhecimento das coisas humanas, demasiado humanas, cujo primordial senso dos fatos foi um tanto prejudicado pela colorida pele de leopardo de sua metafísica (que é preciso antes remover, para descobrir embaixo um verdadeiro gênio de moralista) — Schopenhauer faz esta excelente distinção, com a qual terá bem mais razão do que realmente podia confessar a si mesmo: "a compreensão da rigorosa necessidade das ações humanas é a linha que separa as *mentes filosóficas* das *outras*".[14] Essa poderosa percepção, a que por vezes ele se achava aberto, ele contrariava dentro de si mesmo com o preconceito que ainda tinha em comum com os homens morais (*não* com os moralistas) e que assim expressa, de maneira ingênua e crédula: "a última e verdadeira explicação sobre a íntima essência da totalidade das coisas deve, por necessidade, ligar-se estreitamente àquela sobre a significação ética do agir humano"[15] — o que precisamente não é "necessário" de forma nenhuma, e sim é rejeitado por aquela proposição sobre a rigorosa necessidade das ações humanas, ou seja, da absoluta não liberdade e irresponsabilidade da vontade. As mentes filosóficas se diferenciarão das outras, portanto, através da descrença na significação metafísica da moral: e isso pode estabelecer entre elas um abismo profundo e insuperável, de que o deplorado abismo entre "cultos" e "incultos", tal como hoje existe, não pode dar ideia. É certo que devem ser reconhecidas como inúteis várias outras escapatórias que as "mentes filosóficas", como Schopenhauer mesmo, deixaram para si: *nenhuma* leva ao ar livre, ao ar do livre-arbítrio; *cada uma*, através da qual até agora se tentou escapar, revelou novamente por trás o muro brônzeo do fado: nós *estamos* na prisão, só podemos nos *sonhar* livres, não nos tornar livres. Que não se pode contrariar por muito tempo mais esse conhecimento, isso demonstram as desesperadas, incríveis posturas e contorções daqueles que contra ele investem, que com ele prosseguem a luta. — Eis o que agora se passa neles, aproximadamente: "Então ninguém é responsável? E em tudo há pecado e sentimento do pecado? Mas alguém tem de ser o pecador: se é impossível e não mais é permitido acusar e julgar o indivíduo, a pobre onda na inevitável rebentação do devir — então: que a rebentação mesma, o devir, seja o pecador: aqui está o livre-arbítrio, aqui se pode acusar, condenar, expiar e pagar: que seja *Deus o pecador, e o homem, seu redentor*: que a história universal seja culpa, autocondenação e suicídio; que o malfeitor se torne seu próprio juiz, e o juiz, seu próprio carrasco". — Esse cristianismo *de cabeça para baixo* — que é, senão isso? — é a última estocada na luta entre a doutrina da moralidade absoluta e a da não liberdade absoluta — uma coisa horrível, se fosse mais do que uma *careta lógica*, mais do que um gesto feio do pensamento que sucumbe — algo como o espasmo final do coração desesperado e ansioso de cura, ao qual a loucura sussurra: "És o cordeiro que carrega o pecado de Deus".[16] — O erro está não apenas no sentimento "eu sou responsável", mas igualmente na antítese "eu não sou responsável, mas alguém tem de ser". — Isso justamente não é verdadeiro: o filósofo deve então dizer, como Cristo: "não julguem!",[17] e a diferença última entre os espíritos filosóficos e os outros seria que os primeiros querem ser *justos* e os outros querem ser *juízes*.

34. *Sacrifício.* — Vocês querem dizer que a marca da ação moral é o sacrifício? — Reflitam, porém, se não há sacrifício em toda ação que é realizada com deliberação, tanto na pior como na melhor.

35. *Contra os perscrutadores da moralidade.* — É preciso conhecer o melhor e o pior de que é capaz um homem, em pensamento e em execução, para julgar quão forte sua natureza moral é e veio a ser. Mas saber isso é impossível.

36. *Dente de serpente.*[18] — Se temos ou não um dente de serpente, não se sabe até que alguém ponha sobre nós o calcanhar. Uma mulher ou uma mãe diria: até que alguém ponha o calcanhar sobre nosso amado, nosso filho. — Nosso caráter é determinado mais ainda pela falta de certas experiências do que pelo que experimentamos.

37. *O engano no amor* — Esquecemos muitas coisas de nosso passado e as tiramos intencionalmente da cabeça: isto é, queremos que nossa imagem, que desde o passado nos clareia, nos engane, lisonjeie nossa presunção — nós trabalhamos continuamente nesse autoengano. — E agora vocês, que tanto falam e louvam o "esquecer-se de si mesmo no amor", a "dissolução do Eu no outro", acham que isso é algo essencialmente distinto? Ou seja, quebramos o espelho, transpomo-nos para uma pessoa que admiramos e fruímos a nova imagem de nosso Eu, embora já o chamemos pelo nome da outra pessoa — e todo esse processo *não* seria autoengano, egoísmo,[19] gente extravagante! — Penso que aqueles que escondem *de si* algo de si e aqueles que se escondem de si inteiramente são iguais no fato de cometer um *roubo* na câmara de tesouro do conhecimento: de onde se vê contra qual delito nos adverte a frase "conhece-te a ti mesmo".

38. *Àquele que nega sua vaidade.* — Quem nega a vaidade dentro de si, geralmente a possui de forma tão brutal que instintivamente fecha os olhos diante dela, para não ter que se desprezar.

39. *Por que os estúpidos frequentemente se tornam maldosos.* — Nossa cabeça sentindo-se muito fraca para as objeções do adversário, nosso coração responde suspeitando dos motivos de suas objeções.

40. *A arte das exceções morais.* — Raramente se deve[20] dar ouvidos a uma arte que mostra e enaltece os casos excepcionais da moral — em que o bom se torna ruim, e o injusto, justo —: assim como de vez em quando se compra algo dos ciganos, mas com receio de que subtraiam bem mais do que o que se ganha com a compra.

41. *Uso e não uso de venenos.* — O único argumento decisivo que impediu as pessoas de tomar um veneno, em todas as épocas, não foi que o veneno matasse, mas que tivesse um gosto ruim.

42. *O mundo sem sentimento de pecado.* — Se apenas fossem feitas ações que não produzem má consciência, o mundo humano ainda pareceria ruim e velhaco o bastante: mas não tão doentio e deplorável como agora. — Em todos os tempos houve homens maus *sem* consciência: e muitos bons e corretos não têm o prazer pela boa consciência.

43. *Os conscienciosos.* — É mais cômodo seguir a consciência do que a inteligência: pois ela tem em si, a cada malogro, uma desculpa e um conforto — por isso há tantos conscienciosos e tão poucos inteligentes.

44. *Meios opostos de evitar o amargor.* — Para um certo temperamento é útil desafogar em palavras o aborrecimento: ele se adoça ao falar. Um outro temperamento chega à sua plena amargura somente se exprimindo: para ele é mais aconselhável ter de engolir algo; a coerção que homens desse tipo exercem sobre si mesmos, na presença de inimigos ou superiores, melhora seu caráter e impede que se tornem muito ásperos e ácidos.

45. *Não tomar demasiado a sério.* — É desagradável criar feridas por permanecer deitado, mas não é uma prova contra a validade do tratamento que indicou o repouso total. — Pessoas que por muito tempo viveram fora de si, e finalmente se voltaram para a vida filosófica interior e de interiores, sabem que também o espírito e o ânimo têm feridas por guardar o leito. Logo, isso também não é argumento contra o modo de vida escolhido, mas torna necessárias algumas pequenas exceções e aparentes recaídas.

46. *A "coisa-em-si" humana.* — A coisa mais vulnerável e, no entanto, a mais invencível é a vaidade humana: sua força até aumenta com o ferimento, e pode enfim tornar-se gigantesca.

47. *A farsa de muitos laboriosos.* — Eles conseguem tempo livre mediante um excesso de empenho e depois não sabem o que fazer com ele, exceto contar as horas até que acabe.

48. *Ter muita alegria.* — Quem tem muita alegria deve ser uma boa pessoa: mas talvez não seja a mais inteligente, embora obtenha precisamente aquilo que a mais inteligente procura com toda a sua inteligência.

49. *No espelho da natureza.* — Um homem não se acha descrito com exatidão, quando ouvimos que ele gosta de andar por altos campos de trigo amarelo, que prefere as cores das florestas e das flores do outono amarelecido e caduco, por elas insinuarem coisas mais belas do que a natureza jamais alcançou, que ele se sente em casa sob grandes nogueiras de espessas folhas, como entre parentes próximos, que a sua maior alegria, estando nas montanhas, é encontrar os pequenos lagos afastados, dos quais a solidão mesma parece contemplá-lo, que ele ama a cinzenta paz do nevoento crepúsculo que em noites de outono e princípio de inverno se aproxima das janelas e envolve, como cortina de veludo, todo ruído inanimado, que ele sente as rochas brutas como testemunhos do passado desejosos de falar e as venera desde criança, e, por fim, que o mar, com sua movediça pele de serpente e sua beleza de fera, é e sempre lhe será estranho? — Sim, *alguma coisa* desse homem foi descrita, certamente; mas o espelho da natureza nada diz sobre o fato de que o mesmo homem, com toda a sua idílica sensibilidade (e não "apesar dela"), poderia ser bastante frio, mesquinho e presunçoso. Horácio, que entendia de tais coisas, pôs o mais delicado sentimento pelo campo na boca de um *agiota* romano, no famoso verso "*beatus ille qui procul negotiis*" [feliz aquele que, longe das ocupações...].[21]

50. *Poder sem vitória.* — O mais forte conhecimento (aquele da total não liberdade da vontade humana) é, no entanto, o mais pobre em consequências: pois sempre tem o mais forte adversário, a vaidade humana.

51. *Prazer e erro.* — Um beneficia involuntariamente os amigos, com sua natureza; o outro voluntariamente, com ações. Embora a primeira coisa seja *tida* como superior, apenas a segunda é relacionada à boa consciência e ao prazer — ao prazer da santidade mediante as obras,[22] baseado na crença no caráter voluntário de nossas ações boas e ruins, ou seja, num erro.

52. *É tolice cometer injustiça.* — A injustiça que fazemos é bem mais difícil de suportar do que a injustiça que alguém faz conosco (não exatamente por razões morais, note-se bem —); o autor é sempre aquele que sofre, *quando* é suscetível a remorsos ou tem a percepção de que, mediante seu ato, armou a sociedade contra si e se isolou. Por isso devemos, já por conta de nossa felicidade interior, ou seja, para não sermos privados de nosso bem-estar, independentemente do que pedem a religião e a moral, tratar de não cometer injustiça, mais ainda que de não sofrer injustiça: pois nesse último caso temos o consolo da boa consciência, da esperança de vingança, de compaixão e aplauso dos justos, até mesmo da sociedade inteira, que teme quem faz o mal. — Não são poucos os que entendem do feio autoembuste que é transmutar toda injustiça que fazem numa que lhes é feita por outra pessoa, e reservar-se o direito excepcional da legítima defesa para desculpar o que eles mesmos fizeram: para assim carregar mais facilmente seu fardo.

53. *Inveja com ou sem boca.* — A inveja comum cacareja tão logo a galinha invejada põe um ovo: assim ela se desafoga e se abranda. Mas existe uma inveja mais profunda: ela silencia inteiramente nesse caso e, desejando que toda boca seja selada, fica enraivecida por isso não ocorrer. A inveja silenciosa cresce no silêncio.

54. *A cólera como espiã.* — A cólera esvazia a alma, trazendo à luz até mesmo a borra. Por isso, quando não há outro meio de enxergar claramente, devemos saber encolerizar aqueles em volta, nossos partidários e adversários, para descobrir o que, no fundo, se faz e se pensa contra nós.

55. *A defesa, moralmente mais difícil que o ataque.* — A autêntica proeza do homem bom não consiste em atacar a causa e continuar amando a pessoa, mas na ação, bem mais difícil, de *defender* sua *própria* causa sem magoar ou querer magoar a pessoa que ataca. A espada do ataque é larga e honesta, a da defesa termina geralmente em agulha.

56. *Honesto com a honestidade.* — A última coisa que ocorre a alguém publicamente honesto consigo mesmo é gabar-se dessa honestidade: pois ele sabe muito bem por que é honesto — pela mesma razão por que um outro prefere a aparência e a dissimulação.

57. *Brasas de fogo.* — Amontoar brasas de fogo sobre a cabeça do outro[23] é geralmente mal compreendido e não dá certo, pois o outro sabe igualmente que possui o direito e também pensou em amontoar brasas.

58. *Livros perigosos.* — Alguém diz: "Noto em mim mesmo que esse livro é pernicioso". Mas que espere algum tempo, e talvez admita para si mesmo que esse livro lhe prestou um bom serviço, ao fazer sair e tornar visível a doença oculta de seu coração. — Opiniões alteradas não mudam (ou mudam bem pouco) o caráter de uma pessoa; mas iluminam certos aspectos do astro de sua personalidade, que até então, numa outra constelação de opiniões, ficavam obscuros e irreconhecíveis.

59. *Compaixão fingida.* — Fingimos compaixão quando queremos nos mostrar acima do sentimento da hostilidade: mas em vão, geralmente. E não é sem um forte aumento dessa hostilidade que percebemos isso.

60. *A oposição aberta, frequentemente conciliadora.* — No instante em que alguém torna pública sua diferença doutrinal em relação a um famoso professor ou líder de partido, todos creem que se acha aborrecido com ele. Mas às vezes é justamente então que deixa de estar aborrecido com ele: ousa colocar-se a seu lado e se liberta do tormento do ciúme inconfesso.

61. *Vendo sua luz brilhar.* — No mais negro estado de aflição, doença, endividamento, gostamos de ver quando ainda brilhamos para outros e eles percebem em nós o claro disco lunar. Por esse rodeio tomamos parte em nossa própria capacidade de iluminar.

62. *Partilha da alegria.* — A serpente que nos pica pensa nos fazer mal, e se alegra com isso; o animal baixo pode imaginar a dor alheia. Mas imaginar a alegria alheia e alegrar-se nisso é o mais alto privilégio dos animais elevados e, entre eles, acessível apenas aos mais seletos exemplares — portanto, um raro *humanum* [atributo humano]: de modo que houve filósofos que negaram a partilha da alegria.[24]

63. *Gravidez posterior.* — Aqueles que não sabem como chegaram a fazer seus atos e obras, geralmente ficam mais grávidos deles em seguida: como que para demonstrar *a posteriori* que são seus filhos, e não filhos do acaso.

64. *Duro por vaidade.* — Assim como a justiça é frequentemente uma coberta para a fraqueza, homens bem pensantes, mas fracos, às vezes são levados à dissimulação pela ambição, e agem de forma ostensivamente dura e injusta — para deixar a impressão de força.

65. *Humilhação.* — Se, num saco de vantagens que ganhou de presente, alguém acha um só grão de humilhação, não deixa de dar a perceber seu desagrado.

66. *Erostratismo extremo.*[25] — Poderia haver Erostratos que incendiassem o próprio templo em que suas imagens fossem veneradas.

67. *O mundo diminutivo.* — A circunstância de que tudo o que é fraco e necessitado de ajuda move o coração trouxe consigo o hábito de designarmos tudo o que nos move o coração com palavras diminutivas e atenuantes — ou seja, de *torná-lo*, para a nossa sensibilidade, fraco e necessitado de ajuda.

68. *Mau atributo da compaixão.* — A compaixão tem uma impudência própria como companheira: pois, querendo ajudar de toda forma, não se embaraça nem com os meios de cura nem com a espécie e a causa da doença, e desenvoltamente lida como um charlatão com a saúde e a reputação do paciente.

69. *Impertinência.* — Há também uma impertinência para com as obras; e revela total ausência de pudor associar-se imitativamente às obras mais insignes de todos os tempos, quando jovem, com a intimidade do "você". — Outros são impertinentes apenas por ignorância: não sabem com quem tratam — é o caso, muitas vezes, de filólogos velhos e jovens com as obras dos gregos.

70. *A vontade se envergonha do intelecto.* — Com toda a frieza fazemos projetos sensatos em oposição a nossos afetos: mas depois cometemos as mais grosseiras falhas com relação a eles, pois frequentemente, no instante em que o propósito deveria ser executado, envergonhamo-nos da frieza e ponderação com que o concebemos. E assim fazemos justamente o que é insensato, por uma espécie de teimosa magnanimidade que todo afeto traz consigo.

71. *Por que os céticos da moral desagradam.*[26] — Aquele que toma a sério e dá bastante peso à sua moralidade se irrita com os céticos no âmbito da moral: pois ali onde ele emprega toda a sua força deve-se *admirar*, não inquirir e duvidar. — E há naturezas cujo derradeiro resto de moralidade é justamente a fé na moral: elas se comportam de igual maneira com os céticos, até mais apaixonadamente, se possível.

72. *Timidez.* — Todos os moralistas são tímidos, pois sabem que são tomados por espiões e traidores, tão logo as pessoas notam o seu pendor. E depois têm consciência de serem débeis no agir: pois em meio à obra os motivos de sua conduta quase lhes desviam a atenção da obra.

73. *Um perigo para a moralidade geral.* — Pessoas que são ao mesmo tempo nobres e honestas chegam a divinizar toda diabrura que sua honestidade trama e a imobilizar por algum tempo a balança do julgamento moral.

74. *Erro bem amargo.* — É algo que ofende irreconciliavelmente descobrir que, quando estávamos convencidos de ser amados, éramos tidos apenas como utensílio e peça de decoração, com que o dono da casa pode exibir sua vaidade aos convidados.

75. *Amor e dualidade.* — O que é o amor, senão compreender que um outro viva, aja e sinta de maneira diversa e oposta da nossa, e alegrar-se com isso? Para superar os contrastes mediante a alegria, o amor não pode suprimi-los ou negá-los. — Até o amor a si mesmo tem por pressuposto a irredutível dualidade (ou pluralidade) numa única pessoa.

76. *Interpretando a partir do sonho.* — Aquilo que por vezes não sabemos e sentimos exatamente quando acordados — se temos uma boa ou má consciência em relação a uma pessoa —, a respeito disso o sonho instrui inequivocamente.

77. *Excesso.* — A mãe do excesso não é a alegria, mas a ausência de alegria.

78. *Punir e recompensar.* — Ninguém acusa sem o pensamento oculto do castigo e da vingança — mesmo quando acusa seu destino, a si próprio. — Queixar-se é sempre acusar,[27] alegrar-se é sempre louvar: podemos fazer uma coisa ou outra, inevitavelmente responsabilizamos alguém.

79. *Duas vezes injusto.* — Às vezes promovemos a verdade com uma dupla injustiça, isto é, quando vemos e representamos depois os dois lados de uma causa que não fomos capazes de ver juntos, mas de maneira que a cada vez desconhecemos ou negamos o outro lado, na ilusão de que aquilo que vemos é toda a verdade.

80. *Desconfiança.* — A desconfiança de si mesmo nem sempre aparece tímida e hesitante, mas às vezes como que louca de raiva: ela se embriagou para não tremer.

81. *Filosofia do parvenu.*[28] — Querendo-se ser alguém, é preciso honrar também sua sombra.

82. *Saber lavar-se.* — Há que aprender a sair mais limpo de situações pouco limpas e, se for preciso, lavar-se também com água suja.

83. *Deixar-se levar.* — Quanto mais alguém se deixa levar, tanto menos os outros o deixam andar.

84. *O patife inocente.* — Há um lento e gradual caminho para o vício e a velhacaria de toda espécie. No final dele, quem o seguiu foi abandonado inteiramente pelos enxames de insetos da má consciência, e, embora famigerado, anda na inocência.

85. *Fazer planos.* — Fazer planos e formar propósitos traz muitos bons sentimentos, e quem tivesse a força de pela vida inteira não ser senão um forjador de planos, seria um homem muito feliz: mas eventualmente ele terá que descansar dessa atividade ao executar um plano — e então vêm o aborrecimento e o desencanto.

86. *Aquilo com que vemos o ideal.* — Todo homem competente está preso à sua competência e não pode olhar livremente a partir dela. Não tivesse ele também suas imperfeições, não poderia chegar a uma liberdade moral-intelectual, devido à sua virtude. Nossas deficiências são os olhos com que vemos o ideal.

87. *Elogio insincero.* — O elogio insincero nos causa muito mais remorsos depois do que a repreensão insincera, provavelmente porque com o louvor excessivo nós expomos muito mais a nossa capacidade de julgamento do que com a objeção excessiva e mesmo injusta.

88. *Não importa como se morre.* — A maneira como uma pessoa pensa na morte, durante sua vida mais plena, no apogeu de seu vigor, é testemunha eloquente daquilo que denominamos seu caráter; mas a hora da morte em si, sua atitude no leito de morte, quase não importa quanto a isso. O cansaço da existência que se vai, sobretudo quando morrem pessoas idosas, a nutrição irregular ou insuficiente do cérebro nesse derradeiro instante, a dor eventualmente muito forte, o que há de novo e não experimentado em toda a situação, e, com frequência, o surgimento ou retorno de impressões e angústias supersticiosas, como se muita coisa estivesse em jogo e uma ponte das mais horríveis fosse então ultrapassada — isso tudo não *consente* utilizar o ato de morrer como atestado acerca do vivo. Também não é verdadeiro que o moribundo, em geral, seja *mais honesto* que o vivo: sucede, isto sim, que a atitude solene dos circunstantes, as torrentes de lágrimas e emoções, francas ou contidas, induzem quase todo moribundo a uma comédia da vaidade, ora consciente, ora inconsciente. A seriedade com que todo moribundo é tratado certamente constitui, para muitos pobres coitados, o mais delicado prazer de toda a sua vida, e uma espécie de indenização e pagamento parcial por tantas privações.

89. *O costume e sua vítima.* — A origem do costume remonta a duas ideias: "a comunidade vale mais que o indivíduo" e "a vantagem duradoura é preferível à passageira"; donde se conclui que a duradoura vantagem da comunidade deve absolutamente preceder a vantagem do indivíduo, isto é, seu momentâneo bem-estar, mas também sua vantagem duradoura e até mesmo sua sobrevivência. Ainda que o indivíduo sofra com uma instituição que beneficia o todo, ainda que se prejudique, pereça por causa dela — o costume tem de ser mantido, o sacrifício[29] tem de ser feito. Mas essa forma de pensar *se origina* apenas naqueles que não são a vítima — pois essa sustenta que o indivíduo pode ter mais valor do que a multidão, e também que o gozo presente, o instante no paraíso, deve talvez ser mais estimado que um insípido perpetuar de condições livres de dor ou confortáveis. Mas a filosofia da vítima de sacrifício sempre se faz ouvir tarde demais: e assim fica-se no costume e na *moralidade*:[30] a qual não é mais que o sentimento para todo o conjunto de costumes em que se vive e se foi criado — e criado não como indivíduo, mas como membro de um todo, como cifra de uma maioria. — Assim ocorre incessantemente que o indivíduo se põe em minoria mediante sua moralidade.

90. *O bom e a boa consciência.* — Vocês acham que todas as coisas boas sempre tiveram uma boa consciência? — A ciência, algo certamente muito bom, veio ao mundo sem esta, e desprovida de todo *páthos*, secretamente, isso sim; escondendo ou mascarando o rosto, como uma criminosa, e sempre com, no mínimo, o *sentimento* de uma contrabandista. A boa consciência tem como estágio preliminar a má consciência — não como oposto: pois tudo que é bom foi uma vez novo, portanto inusitado, contrário ao costume, *imoral*, e roeu como um verme o coração do feliz inventor.

91. *O êxito santifica a intenção.* — Não hesitemos em tomar o caminho que leva a uma virtude, mesmo quando percebermos claramente que os motivos impulsores — vantagem, satisfação pessoal, temor, preocupação com a saúde, a reputação, a fama — nada são senão egoísmo. Tais motivos são chamados de ignóbeis e interessados: muito bem, mas, se nos incitam a alguma virtude, por exemplo: renúncia, lealdade ao dever, ordem, parcimônia, medida e equilíbrio, escutemo-los, como quer que sejam chamados! Pois, alcançando-se aquilo a que eles convidam, a virtude alcançada *enobrece*, graças ao ar puro que faz respirar e à sensação de bem-estar psíquico que transmite, os motivos remotos de nosso agir, e depois já não realizamos aqueles atos pelos mesmos motivos de antes. — A educação deve, tanto quanto possível, *forçar* as virtudes, conforme a natureza do aluno: então a virtude mesma, como ensolarada atmosfera estival da alma, pode fazer seu próprio trabalho, acrescentando maturidade e doçura.

92. *Cristianistas,*[31] *não cristãos.* — Então este seria seu cristianismo! — Para irritar os homens, louvam "Deus e seus santos"; e, quando querem *louvar* os homens, fazem isso a tal ponto, que Deus e seus santos têm de se irritar. — Gostaria que aprendessem pelo menos as maneiras cristãs, já que tanto carecem da polidez do coração cristão.

93. *Impressão da natureza com religiosos e não religiosos.* — Um homem totalmente religioso deve ser objeto de veneração: mas igualmente um completo e sincero não religioso. Se com homens dessa última espécie nos achamos como na presença de altas montanhas, em que poderosas correntes têm sua origem, com os religiosos estamos como debaixo de árvores plenas de seiva, umbrosas, tranquilas.

94. *Assassinatos legais.* — Os dois maiores assassinatos legais da história do mundo foram, falando sem rodeios, suicídios mascarados e bem mascarados. Em ambos os casos a pessoa *quis* morrer; em ambos os casos, fez com que a mão da injustiça humana lhe introduzisse a espada no peito.[32]

95. *"Amor"*. — O mais refinado artifício que o cristianismo tem de vantagem sobre as demais religiões está numa palavra: ele fala de amor. Dessa maneira ele se tornou a religião *lírica* (enquanto, em suas duas outras criações, os semitas deram ao mundo religiões épico-heroicas). Na palavra "amor" há algo tão ambíguo, tão sugestivo, que tanto fala à recordação e à esperança, que mesmo a mais fraca inteligência e o mais frio coração percebem algo do cintilar desse termo. A mulher mais sagaz e o homem mais vulgar pensam, ao ouvi-lo, nos instantes relativamente mais desinteressados de toda a sua vida, mesmo que Eros não tenha voado a grande altura no seu caso; e as inumeráveis pessoas que sentem falta de amor, por parte de pais, filhos ou amados, mas sobretudo aquelas da sexualidade sublimada,[33] fizeram no cristianismo seu achado.

96. *O cristianismo realizado.* — Também no interior do cristianismo há uma disposição[34] epicúria, vinda do pensamento de que Deus pode exigir do homem, criatura que fez à sua própria imagem, apenas o que para este é *possível* realizar, e que, portanto, a virtude e a perfeição cristãs são alcançáveis e frequentemente alcançadas. Ora, *a crença*, por exemplo, de *amar* seus inimigos — ainda que seja apenas crença, fantasia, e não realidade psicológica (isto é, amor) — torna indubitavelmente *feliz*, na medida em que realmente se creia nisso (por quê? quanto a isso, o psicólogo e o cristão certamente pensarão de modo diferente). Assim, mediante a crença, quero dizer, a fantasia de satisfazer não apenas a exigência de amar os inimigos, mas todas as demais pretensões cristãs, e de haver realmente apropriado e incorporado a perfeição divina, conforme a injunção "sede perfeitos, como é perfeito vosso Pai que está no céu",[35] a *vida terrena* poderia se tornar, de fato, uma vida *bem-aventurada*. O erro pode, então, converter a *promessa* de Cristo em verdade.

97. *Sobre o futuro do cristianismo.* — Podemos arriscar uma suposição sobre o desaparecimento do cristianismo e em que regiões ele cederá mais lentamente, se considerarmos por que *razões* e em que *lugares* o protestantismo se difundiu impetuosamente. Como é sabido, ele prometeu realizar, de modo bem mais barato, o mesmo que a velha Igreja realizava, sem dispendiosas missas para as almas, peregrinações, pompa e luxúria sacerdotal; ele se propagou especialmente nas nações do Norte, que não estavam embebidas tão profundamente do simbolismo e do gosto pelas formas da velha Igreja, como as nações do Sul: no cristianismo dessas persistia um paganismo religioso bem mais poderoso, enquanto no Norte o cristianismo significou oposição e ruptura com os velhos costumes nativos e, por isso, desde o começo foi mais do intelecto que dos sentidos, e justamente por isso também mais fanático e desafiador em tempos de perigo. Conseguindo-se erradicar o cristianismo a partir do *pensamento*, está claro onde ele começa a desaparecer: precisamente ali onde se defende mais arduamente. Em outros lugares ele dobra, mas não se quebra, é desfolhado, mas adquire novas folhas — porque então foram os *sentidos*, não os pensamentos, que tomaram o mesmo partido. Mas são também os sentidos que sustentam a crença de que, com todo o gasto da Igreja, tem-se um arranjo mais barato e mais cômodo do que com as estritas relações de trabalho e salário: pois que valor não se dá ao ócio (ou à semi-indolência), quando se está habituado a ele! Os sentidos levantam a um mundo descristianizado a objeção de que nele se tem de trabalhar demais e que o ganho de ócio é muito pequeno; eles tomam o partido da magia, ou seja — preferem deixar que Deus trabalhe para eles (*oremus nos, deus laboret!* [oremos nós, Deus que trabalhe!]).

98. *Histrionismo e honestidade dos não crentes.* — Não há livro que contenha em tal abundância, que exprima com tamanha fidelidade aquilo que eventualmente faz bem a todo indivíduo — a íntima e fervorosa felicidade na crença e contemplação de *sua* verdade como a verdade derradeira[36] —, como o livro que fala de Cristo: nele um homem sagaz pode aprender todos os expedientes com que um livro pode ser transformado em livro universal, amigo de cada um, sobretudo o expediente-mor de considerar tudo como já achado, nada como vindouro e incerto. Todo livro de grande efeito busca deixar uma impressão tal, como se o mais amplo horizonte espiritual e psíquico fosse nele circunscrito e todo astro atual ou futuramente visível tivesse que girar em torno do sol que nele brilha. — Logo, pela mesma razão por que tais livros são de grande efeito, não deve ser de pouco efeito cada livro *puramente científico*?[37] Não está condenado a viver humildemente e entre os humildes, para enfim ser crucificado e nunca mais ressuscitar? Em relação ao que os religiosos proclamam de seu "saber", de seu espírito "sagrado", não são "pobres de espírito" todos os honestos homens da ciência? Pode alguma religião pedir mais renúncia, expulsar mais implacavelmente de si o egoísmo do que a ciência? — — Assim ou de maneira semelhante, com algum histrionismo, de toda forma, podemos *nós* falar, quando temos que nos defender dos crentes: pois é quase impossível conduzir uma defesa sem algum histrionismo. Mas entre nós mesmos a linguagem tem que ser mais sincera: então nos servimos de uma liberdade que eles, em seu próprio interesse, não podem sequer compreender. Fora, portanto, com o capuz da renúncia! Com a expressão de humildade! Muito mais e muito melhor: eis como soa a nossa verdade! Se a ciência não estivesse ligada ao *prazer* do conhecimento, à *utilidade* do conhecido, que nos interessaria a ciência? Se um pouco de fé, amor e esperança não conduzisse a nossa alma para o conhecimento, que mais nos atrairia para a ciência? E se o Eu, é verdade, nada significa na ciência, o Eu inventivo e feliz, e mesmo todo Eu honesto e diligente, significa muito na república dos homens científicos. O respeito dos que conferem respeito, a alegria daqueles a quem desejamos o bem ou veneramos, ocasionalmente a fama e uma modesta imortalidade pessoal são o prêmio alcançável por essa despersonalização, sem falar de perspectivas e recompensas menores, embora justamente por causa delas a maioria deles tenha jurado e continue jurando fidelidade às leis dessa república e da ciência em geral. Se não tivéssemos permanecido homens *não científicos* em alguma medida, que poderia nos interessar a ciência? Tudo somado, e expresso de maneira clara, redonda e plena: *para um ser puramente cognoscente seria indiferente o conhecimento.* — Não a qualidade, mas a quantidade de fé e de religiosidade nos diferencia dos religiosos e crentes: nós nos contentamos com menos. Mas, se eles nos disserem — então estejam satisfeitos, e também pareçam satisfeitos! —, nós poderemos facilmente responder: "Na verdade, não estamos entre os mais insatisfeitos! Mas vocês, se a sua fé os torna bem-aventurados, então pareçam bem-aventurados! Seus rostos sempre foram mais prejudiciais à sua fé do que os nossos motivos! Se a boa-nova de sua Bíblia lhes estivesse escrita no rosto, não precisariam exigir tão obstinadamente que se tenha fé na autoridade desse livro: suas palavras, seus atos deveriam incessantemente tornar a Bíblia supérflua, uma nova Bíblia deveria incessantemente surgir através de vocês! Desse modo, porém, toda a sua apologia do cristianismo tem raiz no seu não cristianismo; com sua defesa, escrevem a sua própria acusação. Mas, se quiserem sair desta sua insuficiência de cristianismo, levem em consideração a experiência de dois milênios: a qual, em modesta forma interrogativa, assim fala: 'Se Cristo realmente tinha a intenção de salvar o mundo, não teria fracassado?'".

99. *O poeta como sinalizador do futuro.* — Há ainda, entre os homens de hoje, tanta força criadora excedente não utilizada na configuração da vida, tanta força que deveria se dedicar integralmente a uma única meta, não, digamos, à representação do que é presente, à reanimação e recriação imaginativa do passado, mas à sinalização do futuro: — não no sentido de que o poeta, como um fantástico economista, deva prefigurar condições melhores para o povo e a nação, juntamente com os meios de realizá-las. Mas sim, como faziam antigamente os artistas com as imagens divinas, que vá *elaborar poeticamente* a bela imagem humana e sondar os casos em que, *em meio* a nosso mundo e realidade moderna, sem nenhuma artificial recusa e afastamento dele, ainda seja possível a grande alma bela, ali onde ainda hoje ela possa materializar-se em condições harmoniosas, equilibradas, mediante as quais adquira visibilidade, duração e exemplaridade, e assim, com o estímulo da emulação e da inveja, ajude a criar o futuro. As obras desses poetas se distinguiriam por aparecerem isoladas e defendidas contra o ar e o ardor das *paixões*: o desacerto incorrigível, o despedaçamento do inteiro instrumento musical humano, o riso de escárnio e o ranger de dentes, e tudo de trágico e cômico no velho sentido habitual seriam sentidos, na proximidade dessa nova arte, como importuno embrutecimento arcaizante da imagem humana. Força, bondade, brandura, pureza e involuntária, inata moderação nas pessoas e seus atos: um chão aplainado, que transmita sossego e prazer ao pé: um céu luminoso refletindo-se nos rostos e eventos: o saber e a arte convergindo numa nova unidade: o espírito coabitando sem presunção e ciúme com sua irmã, a alma, e extraindo da oposição a graça da seriedade, não a impaciência da discórdia: — tudo isso seria o abrangente, o geral, o fundo dourado sobre o qual as sutis diferenças dos ideais encarnados constituiriam o *quadro* mesmo, o da sempre maior elevação humana. — Vários caminhos para essa poesia do futuro partem de *Goethe*: mas são precisos bons batedores e, sobretudo, um poder bem maior do que o que detêm os poetas de agora, isto é, os irrefletidos retratistas do semianimal e da imaturidade e desmesura que são confundidas com força e natureza.

100. *A musa como Pentesileia.*[38] — "Melhor apodrecer do que ser uma mulher que não *encanta*." Quando a musa se põe a pensar assim, o fim de sua arte se acha novamente próximo. Mas pode ser um desenlace tanto de tragédia como de comédia.

101. *O rodeio até o belo.* — Se o belo equivale ao gratificante — era o que cantavam antigamente as Musas —, então o útil é o *rodeio*, frequentemente necessário, *até o belo*, podendo com toda a justiça rechaçar a míope censura dos homens do momento, que não se dispõem a esperar e pensam em alcançar sem rodeios tudo o que é bom.

102. *Desculpa para várias culpas.* — O incessante querer--criar e espiar-para-fora, no artista, impede-o de tornar-se mais belo e melhor como pessoa, ou seja, de criar *a si mesmo* — a menos que sua ambição seja grande o suficiente para levá-lo a se mostrar, também na vida com os outros, sempre à altura da crescente beleza e grandeza de suas obras. Em todos os casos ele possui apenas uma determinada medida de força: e o que dela emprega em *si* — como poderia isso beneficiar também sua *obra*? — E vice-versa.

103. *O bastante para os melhores.* — Se com sua arte o indivíduo "fez o bastante para os melhores de seu tempo",[39] isso é sinal de que com ela *não fará o bastante* para os melhores da época seguinte: mas "viveu", é verdade, "para todas as épocas" — o aplauso dos melhores assegura a fama.

104. *Do mesmo material.* — Se somos do *mesmo* material que um livro ou obra de arte, acreditamos intimamente que ele deve ser extraordinário, e nos ofendemos se outros o acham feio, exagerado ou fanfarrão.

105. *Linguagem e sentimento.* — Vê-se que a linguagem não nos foi dada para a comunicação do *sentimento* pelo fato de que todas as pessoas simples se envergonham de buscar palavras para suas emoções mais profundas: a comunicação dessas ocorre apenas em ações, e mesmo então há um enrubescimento, quando o outro parece adivinhar seus motivos. Entre os poetas, a quem a divindade geralmente recusou esse pudor, os mais nobres são os mais monossilábicos na linguagem do sentimento, deixando perceber alguma coerção: enquanto os verdadeiros poetas do sentimento são quase sempre despudorados na vida prática.

106. *Erro quanto a uma privação* — Quem não se desabituou totalmente de uma arte por um longo período de tempo, mas sempre está familiarizado com ela, não pode nem remotamente compreender a *quão pouco* renunciamos, quando vivemos sem essa arte.

107. *Três quartos de força.* — Para dar uma impressão de saúde, uma obra deve ser realizada com no máximo três quartos da força do seu autor. Se ele foi ao seu limite extremo, a obra perturba o observador e o angustia com sua tensão. Todas as coisas boas têm algo desleixado, como bois que jazem no pasto.

108. *Rejeitando a fome como convidada.* — Para um faminto, o alimento mais delicado é tão bom e em nada melhor que o mais grosseiro; por isso, o artista exigente não pensará em convidar um faminto para o seu banquete.

109. *Vivendo sem arte e sem vinho.* — Com as obras de arte sucede o mesmo que com o vinho: melhor é não ter necessidade de nenhum dos dois, ater-se à água e transformá-la sempre em vinho, pelo íntimo fogo e íntima doçura da alma.

110. *O gênio saqueador.* — Nas artes, o gênio saqueador, que sabe enganar até mesmo os espíritos sutis, surge quando alguém, desde a infância, irrefletidamente, vê como presa disponível toda coisa boa que a lei não defende explicitamente como propriedade de uma determinada pessoa. Ora, toda coisa boa dos tempos e mestres passados se acha livremente ao nosso redor, cercada e protegida pelo reverente temor dos poucos indivíduos que a conhecem: a esses poucos aquele gênio desafia, mediante sua ausência de pudor, e acumula uma riqueza que, por sua vez, também produz temor e reverência.

111. *Aos poetas das grandes cidades.* — Nota-se, nos jardins da poesia de hoje, que as cloacas das grandes cidades estão demasiado próximas: em meio ao aroma das flores há algo que indica nojo e podridão. — Com pesar eu pergunto: então necessitam vocês, ó poetas, sempre convocar o chiste e a sujeira para padrinhos, quando devem batizar alguma bela e inocente sensação? Têm absolutamente de colocar um gorro de bufão e de demônio em sua nobre deusa? Mas de onde vem tal necessidade, tal obrigação? — Justamente do fato de viverem demasiado próximos da cloaca.

112. *O sal da fala.* — Ninguém esclareceu ainda por que os escritores gregos fizeram uso tão parcimonioso dos meios de expressão de que dispunham, em força e abundância inauditas, de modo que todo livro pós-grego parece estridente, colorido e exagerado em comparação. — Dizem que nas proximidades do polo norte, assim como nos países mais quentes, é mais raro o uso do sal, enquanto os habitantes das planícies e áreas costeiras de clima temperado o empregam de modo abundante. Seria que os gregos, pela dupla razão de seu intelecto ser mais frio e mais claro, e sua natureza fundamentalmente apaixonada ser bem mais tropical do que a nossa, não tiveram tanta necessidade de sal e tempero como nós?

113. *O mais livre escritor.* — Como poderia, num livro para espíritos livres, não ser mencionado o nome de Laurence Sterne, que Goethe festejou como o mais livre espírito do seu século? Que ele se satisfaça com a honra de ser aqui chamado de o escritor mais livre de todos os tempos, em relação ao qual todos os demais parecem rígidos, atarracados, intolerantes e francamente rústicos. Nele não se deve celebrar a melodia fechada, clara, mas a "melodia infinita": se com esse termo se designar um estilo de arte em que a forma determinada é continuamente quebrada, adiada, retraduzida de volta ao indeterminado, de modo a significar uma coisa e ao mesmo tempo outra. Sterne é o grande mestre da *ambiguidade* — tomando-se essa palavra numa acepção bem mais ampla do que comumente se faz, quando se pensa nas relações entre os sexos. Estará perdido o leitor que a todo momento quiser saber exatamente o que Sterne pensa de fato sobre uma coisa, se diante dela faz uma expressão séria ou sorridente: pois ele consegue ambas com *um só* franzir do rosto; também sabe, e inclusive deseja, ter e não ter razão simultaneamente, entremesclar profundidade e farsa. Suas digressões são, ao mesmo tempo, continuações da narrativa e elaborações da história; suas sentenças incluem também uma ironia com tudo que é sentencioso, sua aversão pela seriedade vem unida a uma inclinação a não poder olhar nenhuma coisa de modo apenas exterior e superficial. Assim ele produz, no leitor certo, uma sensação de incerteza quanto a se está andando, parado ou reclinado: uma sensação bastante afim àquela de flutuar. O mais maleável dos autores, ele também transmite ao seu leitor um tanto dessa maleabilidade. Sim, ele troca inadvertidamente os papéis, e logo é tanto leitor como autor; seu livro semelha um espetáculo dentro do espetáculo, um público teatral ante um outro público teatral. Há que se render incondicionalmente ao capricho de Sterne — podendo-se esperar que ele será clemente, bastante clemente. — É curiosa e instrutiva a postura de um grande escritor como Diderot ante essa ambiguidade geral de Sterne: a saber, igualmente ambígua — e isso é autêntico super-humor sterniano. Terá ele, em seu *Jacques le* *fataliste*, imitado, admirado, escarnecido, parodiado Sterne? — não podemos saber exatamente — e talvez tenha sido esse o desejo do autor. Precisamente essa dúvida torna os franceses *injustos* com a obra de um de seus principais mestres (que não precisa se envergonhar ante nenhum dos antigos ou dos modernos). Pois os franceses são, diante do humor — sobretudo dessa apreensão humorística do humor —, demasiado sérios. — É preciso acrescentar que Sterne, entre todos os grandes escritores, constitui o pior modelo e o autor menos exemplar, e que mesmo Diderot teve de pagar por sua ousadia? Aquilo que os bons franceses e, antes deles, alguns gregos e romanos[40] quiseram e puderam como prosadores, é precisamente o oposto daquilo que Sterne quer e pode: como exceção magistral, ele se ergue acima do que todos os artistas da palavra exigem de si: disciplina, coesão, caráter, constância de propósitos, abrangência do olhar, simplicidade, compostura no andar e no semblante. — Infelizmente, o homem Sterne parece ter sido muito aparentado ao escritor Sterne: sua alma de esquilo saltava de galho em galho com indomável inquietude; do sublime ao patife, nada lhe era estranho; esteve em todo lugar, sempre com os desavergonhados olhos cor de água e as sensíveis expressões do rosto. Ele foi de uma implacável benevolência, se é que a linguagem não se apavora ante essa combinação, e tinha, nos deleites de uma imaginação barroca, e mesmo depravada, a tola graça da inocência. Uma tal ambiguidade de sangue e de alma, uma tal liberdade de pensamento em cada fibra e músculo do corpo, talvez nenhum outro homem tenha possuído como ele.

114. *Realidade seleta.* — Assim como o bom prosador usa apenas palavras da linguagem corrente, mas de maneira nenhuma todas as palavras dela — é justamente assim que nasce o estilo seleto —, o bom escritor do futuro apresentará *somente coisas reais*, prescindindo totalmente dos assuntos fantásticos, supersticiosos, quase honestos, desbotados, nos quais escritores de antes mostravam a sua força. Apenas realidade, mas de maneira nenhuma toda realidade! — e sim uma realidade seleta!

115. *Subespécies da arte.* — Junto às autênticas espécies da arte, a do grande repouso e a do grande movimento, existem subespécies, a arte ávida de repouso e a arte agitada: as duas querem que sua fraqueza seja tomada por sua força e que elas próprias sejam confundidas com as espécies autênticas.

116. *Para o herói falta hoje a cor.* — Os artistas e escritores propriamente ditos do presente gostam de pintar seus quadros num fundo tremeluzente vermelho, verde, cinza e amarelo--ouro, no fundo da *sensualidade nervosa*: dessa entendem os filhos deste século. Isso tem a desvantagem — se não olhamos para esses quadros com os olhos do século — de que as maiores figuras por eles pintadas parecem ter algo de vibrante, vertiginoso, trêmulo: de modo que realmente não os cremos capazes de feitos heroicos, mas de malfeitos fanfarrões, aspirantes a heroicos.

117. *Sobrecarregado.* — O estilo sobrecarregado, na arte, é consequência de um empobrecimento da força organizadora, ante uma prodigalidade de meios e intenções. — Nos primórdios da arte achamos às vezes a exata contrapartida disso.

118. *Pulchrum est paucorum hominum* [*A beleza é para poucos*]. — A história e a experiência nos dizem que a monstruosidade significativa, que secretamente estimula a imaginação e a transporta além do real e do cotidiano, é *mais antiga* e cresce mais abundantemente que o belo na arte e a veneração por ele — e que volta a irromper com exuberância, quando o sentido para a beleza se obscurece. Parece ser, para a grande maioria dos homens, uma necessidade mais alta do que o belo: talvez por conter o narcótico mais grosseiro.

119. *Origens do gosto por obras de arte.* — Se pensamos nos germens iniciais do senso artístico e nos perguntamos que diferentes espécies de alegria são produzidas pelos primeiros frutos da arte, nos povos selvagens, por exemplo, encontramos primeiramente a alegria de *entender* o que um outro *quer dizer*; a arte é aí uma espécie de enigma proposto, que permite, a quem o adivinha, fruir a sua própria rapidez e perspicácia. — Em seguida, ante a mais rudimentar obra de arte nos lembramos do que *foi* agradável na experiência e temos alegria; por exemplo, quando o artista evoca uma caçada, uma vitória, um matrimônio. — Além disso, podemos nos sentir tocados, comovidos, inflamados pelo que é representado, como na glorificação do perigo e da vingança, por exemplo. Nesse caso a fruição está na emoção mesma, na vitória sobre o tédio. — Também a lembrança do desagradável, na medida em que foi superado ou em que nos faz parecer interessantes para o ouvinte, como tema da arte (como quando um cantador relata as desventuras de um navegante arrojado), pode proporcionar bastante alegria, que depois é atribuída à arte. — De uma espécie mais refinada é a alegria que surge à visão do que é regular e simétrico, em linhas, pontos, ritmos; pois devido a uma certa similaridade é despertado o sentimento pelo que é ordenado e regular na vida, ao qual devemos, enfim e exclusivamente, todo o nosso bem-estar: ou seja, no culto do simétrico adoramos inconscientemente a regra e o equilíbrio como fonte da felicidade até então havida; tal alegria é uma espécie de oração de graças. Apenas após atingirmos uma certa saturação dessa última alegria nasce o sentimento, ainda mais refinado, de que também pode haver fruição na infração do que é simétrico e regrado; quando há o estímulo, por exemplo, de buscar razão na aparente não razão, pelo que, como uma espécie de enigma estético, ele se revela um gênero mais elevado da alegria artística primeiramente mencionada. — Quem prosseguir com esta consideração saberá a *que tipo de hipóteses* renunciamos aqui em princípio, na explicação dos fenômenos estéticos.

120. *Próximos demais.* — É desvantajoso para os bons pensamentos sucederem-se uns aos outros muito rapidamente; eles obstruem a visão um do outro. — Por isso os maiores artistas e escritores fizeram bastante uso do que é mediano.

121. *Rudeza e fraqueza.* — Os artistas de todas as épocas descobriram que na rudeza há uma certa força e que nem todos os que desejam ser rudes o podem ser; e, igualmente, que vários tipos de *fraqueza* têm grande efeito sobre o sentimento. Disso derivaram-se não poucos sucedâneos de meios artísticos, que até os maiores e mais conscienciosos artistas têm dificuldade em dispensar inteiramente.

122. *A boa memória.* — Alguns não se tornam pensadores porque sua memória é boa demais.

123. *Dando fome, em vez de saciá-la.* — Grandes artistas julgam haver tomado posse e preenchido inteiramente uma alma com sua arte: na verdade, e muitas vezes para dolorosa decepção sua, aquela alma apenas se tornou tanto mais volumosa e "impreenchível", de modo que dez artistas maiores poderiam então lançar-se em suas profundezas sem satisfazê-la.

124. *Medo de artista.* — O medo de que não se acredite que suas figuras *vivem* pode levar artistas de gosto declinante a construí-las de maneira que se comportem como *loucas*: assim como, por um medo igual, artistas gregos dos primeiros tempos davam até aos moribundos e gravemente feridos o sorriso que conheciam como o mais vigoroso sinal de vida — sem se preocupar com o que a natureza realmente forma nesses casos do viver-que-se-arrasta, do quase-não-mais-viver.

125. *O círculo deve ser concluído.* — Quem acompanhou uma filosofia ou uma arte até o final de sua rota e fez a volta no final, compreende por vivência íntima por que os mestres e professores que vieram depois se afastaram dela, muitas vezes com expressão desdenhosa, em direção a uma nova rota. O círculo tem de ser circunscrito — mas o indivíduo, seja ele o maior de todos, fica solidamente no seu ponto da periferia, com implacável expressão de tenacidade, como se o círculo não pudesse jamais ser fechado.

126. *Arte do passado e alma do presente.* — Como toda arte se torna cada vez mais apta a exprimir estados de alma, os mais agitados, doces, drásticos e apaixonados, os mestres que vieram depois, mal-acostumados em virtude desses meios de expressão, sentem algum mal-estar ante as obras de arte dos tempos passados, como se aos antigos apenas tivessem faltado os meios de deixar sua alma falar claramente, talvez até algumas precondições técnicas; e eles acham que nisso têm a obrigação de ajudá-los — pois creem na igualdade e mesmo unidade de todas as almas. Na verdade, a própria alma daqueles mestres foi outra, talvez *maior*, mas mais fria e ainda avessa ao elemento vivaz-encantador: a medida, a simetria, o menosprezo pela graça e o enlevo, uma inconsciente aspereza e frieza da manhã, um esquivar-se da paixão, como se com ela a arte perecesse — é isso que constitui a mentalidade e moralidade de todos os mestres antigos, que não ao acaso, mas necessariamente, escolheram e vivificaram seus meios de expressão com a mesma moralidade. — Mas devemos, com esta percepção, negar aos que vêm depois o direito de animar conforme sua alma as obras do passado? Não, pois somente ao lhes darmos nossa alma elas continuam vivendo: apenas *nosso* sangue faz com que *nos* falem. A execução realmente "histórica" falaria de modo espectral para espectros. — Honramos os grandes artistas do passado não mediante o estéril receio que deixa cada palavra, cada nota exatamente como foram colocadas, mas por ativos esforços em ajudá-los a repetidamente voltar à vida. — É certo que, se imaginarmos Beethoven retornando subitamente e presenciando uma de suas obras na mais moderna forma de animação e refinamento nervoso, que contribui para a fama de nossos mestres da execução, ele provavelmente ficaria mudo por um bom tempo, hesitando se deveria erguer a mão para amaldiçoar ou para bendizer, mas talvez falasse, por fim: "Bem, isto não sou eu nem deixa de ser eu, é uma terceira coisa — também me parece algo certo, embora não *o certo*. Mas atentem vocês para o que fazem, já que vocês é que têm de ouvi-lo — e quem está vivo tem razão, como diz nosso Schiller.[41] Então *tenham* razão e me deixem voltar para baixo".

127. *Contra os que censuram a brevidade.* — Algo que é dito brevemente pode ser produto e colheita de muito que foi longamente pensado: mas o leitor, que nesse campo é novato e ainda não refletiu sobre isso, vê em tudo que é dito brevemente algo embrionário, não sem um gesto de censura para o autor, por servir-lhe como refeição algo assim tão verde e imaturo.

128. *Contra os míopes.* — Então vocês acham que é uma obra aos pedaços, somente porque lhes é oferecida (e tem de ser) em pedaços?[42]

129. *Leitores de sentenças.* — Os piores leitores de sentenças são os amigos de seu autor, quando procuram adivinhar, a partir do geral, o elemento particular a que a sentença deve sua origem: pois com essa abelhudice eles anulam todo o empenho do autor, de modo que merecidamente ganham, no melhor (ou pior) dos casos, apenas a satisfação de uma curiosidade comum, em vez de uma disposição e instrução filosófica.

130. *Indelicadezas do leitor.* — A dupla indelicadeza do leitor para com o autor consiste em elogiar o segundo livro dele em detrimento do primeiro (ou o contrário), exigindo que o autor lhe seja grato por isso.

131. *O emocionante na história da arte.* — Se acompanhamos a história de uma arte, a da eloquência grega, por exemplo, terminamos por cair, seguindo de mestre em mestre, vendo essa precaução cada vez maior de obedecer às leis e autolimitações antigas e recentes, numa dolorosa tensão: compreendemos que o arco *tem* de se romper, e que a assim chamada composição inorgânica, coberta e mascarada dos mais maravilhosos meios de expressão — o estilo barroco do asianismo,[43] no caso —, foi uma necessidade e quase um benefício.

132. *Aos grandes da arte.* — Esse entusiasmo por uma causa, que você, grande artista, traz para o mundo, faz *estropiar-se* o entendimento de muitos. Saber isso é algo que humilha. Mas o entusiasta leva sua corcunda com orgulho e prazer: nisso você tem o consolo de que através de você a felicidade do mundo *aumentou*.

133. *Os esteticamente sem consciência.* — Os verdadeiros fanáticos de um partido artístico são aquelas naturezas totalmente não artísticas, que não penetraram sequer nos elementos da teoria e da prática da arte mas são fortemente movidas pelos efeitos elementares de uma arte. Para elas não há consciência estética — e, por isso, nada que possa preservá-las do fanatismo.

134.[44] *Como a alma deve se mover, segundo a nova música.* — A intenção artística que a nova música persegue com o que agora é chamado, de maneira vigorosa, porém imprecisa, de "melodia infinita", pode ser esclarecida se imaginamos alguém que entra na água, aos poucos deixa de pisar seguramente no fundo e afinal se entrega à mercê do elemento que balança: é preciso *nadar*. Na música anterior tinha-se, em gracioso, solene ou vivaz movimento, com rapidez ou lentidão, que *dançar*: a medida necessária para isso, a observância de determinados graus equivalentes de tempo e força, exigia da alma do ouvinte uma contínua *ponderação*: no contraste entre essa mais fria corrente de ar, que vinha da ponderação, e o cálido bafejo do entusiasmo musical baseava-se a magia daquela música. — Richard Wagner quis outra espécie de *movimento da alma*, que, como eu disse, tem afinidades com o nadar e o flutuar. Talvez seja esta a mais essencial de suas inovações. Seu famoso recurso artístico, originado desse desejo e a ele apropriado — a "melodia infinita" —, empenha-se em romper toda uniformidade matemática de tempo e espaço, até mesmo em zombar dela às vezes, e ele é pródigo na invenção de tais efeitos, que para o ouvido mais velho soam como paradoxos e sacrilégios rítmicos. Ele teme a petrificação, a cristalização, a passagem da música para o arquitetônico — e, assim, opõe um ritmo de três tempos ao de dois tempos, introduz o compasso de cinco e de sete tempos, repete a mesma frase imediatamente, mas estendida de tal forma que tem duração duas ou três vezes maior. Uma cômoda imitação dessa arte pode resultar em grande perigo para a música: junto a uma excessiva madureza do sentimento rítmico sempre ficou à espreita, às escondidas, o embrutecimento, a decadência do ritmo. E esse perigo torna-se imenso quando tal música se apoia cada vez mais numa arte teatral e linguagem de gestos totalmente naturalista, que não foi educada e dominada por uma superior plasticidade, que não tem medida em si e também não pode comunicar medida ao elemento que a ela se ajusta, a essência *demasiado feminina* da música.

135. *O poeta e a realidade.* — A musa do poeta que não é enamorado da realidade não será a realidade, e lhe dará filhos de olhos cavos e ossos frágeis.

136. *Meios e fim.* — Na arte, o fim não santifica os meios: mas meios sagrados podem santificar o fim.

137. *Os piores leitores.* — Os piores leitores são os que agem como soldados saqueadores: retiram alguma coisa de que podem necessitar, sujam e desarranjam o resto e difamam todo o conjunto.

138. *Características do bom escritor.* — Os bons escritores têm duas coisas em comum: preferem ser compreendidos a ser admirados, e não escrevem para os leitores mordazes e muito agudos.

139. *A mistura de gêneros.* — A mistura de gêneros, na arte, atesta a desconfiança que seus criadores tinham de sua própria força; eles buscavam aliados, advogados, esconderijos — assim faz o poeta que recorre à filosofia, o compositor que recorre ao drama, o pensador, à retórica.

140. *Calando a boca.* — O autor tem de calar a boca, quando sua obra fala.

141. *Marca de distinção.* — Todos os poetas e escritores apaixonados pelo superlativo querem mais do que podem.

142. *Livros frios.* — O bom pensador tem expectativa de leitores que sintam como ele a felicidade que há em pensar bem; de modo que um livro de ar frio e sóbrio, visto com os olhos certos, pode aparecer rodeado do sol da serenidade espiritual e como um verdadeiro consolo para a alma.

143. *Artifício dos pesados.* — O pensador pesado escolhe habitualmente como aliada a verbosidade ou a solenidade: com a primeira ele julga adquirir mobilidade e fluidez; com a segunda, faz parecer que sua característica é consequência do livre-arbítrio, da intenção artística que visa a dignidade, a qual requer lentidão de movimento.

144. *O estilo barroco.* — Quem, como pensador e escritor, sabe não haver nascido nem ter se educado para a dialética e o desenvolvimento das ideias, recorrerá involuntariamente à *retórica* e à *dramaticidade*: pois lhe interessa, enfim, fazer-se *compreendido* e assim ganhar força, não importando se atrai o sentimento por uma trilha plana ou se inadvertidamente cai sobre ele — se age como pastor ou como salteador. Isso vale também nas artes plásticas e poéticas; onde o sentimento de uma falta de dialética ou de insuficiência na expressão e na narrativa, combinado com um instinto da forma bastante rico e premente, produz esse gênero de estilo chamado *barroco.* — Apenas os mal informados e presunçosos, aliás, sentirão essa palavra como depreciativa. O estilo barroco surge no desflorescer de toda grande arte, quando as exigências se tornam grandes demais na arte da expressão clássica, como um evento natural que se presencia com tristeza — porque prenuncia a noite —, mas também com admiração pelos sucedâneos artísticos que lhe são próprios, na expressão e na narrativa. Entre eles está a escolha de materiais e temas de elevada tensão dramática, com os quais mesmo sem arte o coração treme, já que céu e inferno do sentimento se acham muito próximos; depois a eloquência dos afetos e gestos fortes, do feio-sublime, das grandes massas, da quantidade mesma em si — tal como já se anuncia em Michelangelo, o pai ou avô dos artistas barrocos italianos —: as luzes de crepúsculo, de transfiguração ou de incêndio em formas tão acentuadas; e sempre novas ousadias nos meios e intenções, vigorosamente sublinhadas para os artistas pelo artista, enquanto o leigo não pode senão imaginar que enxerga o contínuo e involuntário transbordar das cornucópias de uma primordial arte da natureza: essas características todas, que constituem a grandeza desse estilo, não são possíveis, não são toleradas nas épocas anteriores, pré-clássicas e clássicas, de uma modalidade artística; tais delícias ficam por um longo tempo na árvore, como frutos proibidos. — Justamente agora, quando a *música* entra nessa última fase, podemos tomar conhecimento do fenômeno do estilo barroco em particular esplendor e aprender muito sobre o passado mediante a comparação: pois desde a época dos gregos houve frequentemente um estilo barroco, na poesia, na eloquência, na prosa, na escultura e, como bem se sabe, na arquitetura — e esse estilo, embora carecendo da última nobreza, de uma inocente, inconsciente, vitoriosa perfeição, sempre beneficiou muitos dos melhores e mais sérios de seu tempo: — motivo pelo qual, como disse, é presunçoso logo julgá-lo depreciativamente, embora possa considerar-se feliz aquele cuja sensibilidade não foi por ele embotada para o estilo mais puro e maior.

145. *Valor dos livros sinceros.* — Livros sinceros tornam o leitor sincero, ao menos enquanto o fazem mostrar seu ódio e sua aversão, que, de outro modo, a ladina prudência sabe ocultar muito bem. Mas com um livro nós nos deixamos levar, por mais que nos contenhamos com as pessoas.

146. *Como a arte cria um partido.* — Belas passagens isoladas, um emocionante desenvolvimento geral e impressionantes, arrebatadores estados de espírito finais: tudo isso, numa obra de arte, será ainda acessível também à maioria dos leigos: e, num período da arte em que se quer fazer a grande massa dos leigos *passar para o lado* dos artistas, ou seja, criar um partido, talvez para a preservação mesma da arte, o criador fará bem em não dar também *mais*: para que não se torne um dissipador de sua força, em âmbitos onde ninguém lhe será grato. Pois realizar o restante — imitar a natureza em seu *orgânico* crescer e conformar — significaria, nesse caso: semear na água.

147. *Tornar-se grande em detrimento da história.* — Todo mestre posterior, que atrai para *sua* órbita o gosto dos que fruem a arte, gera involuntariamente uma seleção e reavaliação dos mestres antigos e de suas obras: o que nesses lhe é conforme e afim, o que neles o anuncia e prenuncia passa a ser visto como o realmente *significativo* neles e em suas obras — um fruto em que geralmente se esconde, como um verme, um grande erro.

148. *Como uma época é fisgada para a arte.* — Ensine-se aos homens, com ajuda de todos os sortilégios de artista e de pensador, a sentir reverência por suas falhas, sua pobreza intelectual, suas cegueiras e paixões absurdas — isso é possível —, mostre-se do crime e da loucura apenas o lado sublime, da fraqueza dos sem-vontade e cegamente devotados apenas o tocante e comovente desse estado — também isso já ocorreu bastante —: assim se terá utilizado o meio de infundir também a uma época inteiramente não artística e não filosófica um entusiástico *amor* à filosofia e à arte (sobretudo aos pensadores e artistas como pessoas), e, em circunstâncias ruins, talvez o único meio de conservar a existência de criaturas tão delicadas e ameaçadas.

149. *Crítica e alegria.* — A crítica, tanto a parcial e injusta como a judiciosa, dá tanto prazer a quem a pratica, que o mundo deve ser grato a toda obra, toda ação que incita muito e incita muitos à crítica: pois atrás dela há uma reluzente cauda de alegria, engenho, admiração própria, orgulho, ensinamento, intenção de fazer melhor. — O deus da alegria fez o ruim e o medíocre pela mesma razão por que fez o bom.

150. *Além de seus limites.* — Quando um artista quer ser mais do que um artista, quer ser o despertador moral de seu povo, por exemplo, ele acaba por enamorar-se, como castigo, de um monstro de assunto moral — e a musa ri disso: pois essa deusa tão boa também pode se tornar maldosa por ciúme. Pense-se em Milton e Klopstock.

151. *Olho de vidro.* — A orientação do talento para temas, pessoas, motivos *morais*, para a alma bela da obra de arte, às vezes é apenas o olho de vidro que põe o artista que *carece* da alma bela: com a rara consequência de que esse olho se torna afinal natureza viva, embora natureza de olhar um tanto atrofiado — mas com a consequência habitual de que todos acreditam enxergar natureza onde há apenas vidro.

152. *Escrever e querer vencer.* — Escrever deveria sempre indicar uma vitória, uma superação *de si mesmo*, que deve ser comunicada para benefício dos outros; mas há autores dispépticos, que escrevem apenas quando não conseguem digerir algo, e mesmo quando esse algo lhes ficou nos dentes: involuntariamente procuram aborrecer também o leitor com seu desgosto, e assim exercer algum poder sobre ele, isto é: também eles querem triunfar, mas sobre os outros.

153. "*Livro bom pede tempo*".[45] — Todo livro bom tem gosto acre quando surge: tem o defeito da novidade. Além disso, é prejudicado pelo autor vivo, se ele for conhecido e muito se falar dele: pois existe o hábito de se confundir o autor com sua obra. O que nesta houver de espírito, brilho e doçura tem que se desenvolver com os anos, aos cuidados da veneração crescente, depois antiga, e por fim tradicional. Muitas horas terão de passar sobre ela, muitas aranhas terão de nela tecer sua teia. Bons leitores tornam um livro cada vez melhor, e bons adversários o depuram.

154. *Desmesura como meio artístico.* — Os artistas sabem o que quer dizer isto: empregar a desmesura como meio artístico, para produzir a impressão de riqueza. É um dos inocentes ardis usados na sedução das almas, de que os artistas devem entender: pois no seu mundo, em que se visa a aparência, também os meios da aparência não precisam ser genuínos.

155. *O realejo escondido.* — Os gênios sabem melhor do que os talentos ocultar o realejo, graças a suas dobras mais volumosas: no fundo, porém, também eles sabem apenas tocar sua meia dúzia de velhas peças.

156. *O nome na página de rosto.* — Que o nome do autor conste no livro é agora costume e quase obrigação; mas é uma das principais causas do pouco efeito dos livros. Pois, se são bons, valem mais do que as pessoas, como suas quintessências; tão logo o autor se dá a conhecer com o título, no entanto, a quintessência é novamente diluída pelo leitor no pessoal, no personalíssimo, e assim fracassa a finalidade do livro. É ambição do intelecto não mais aparecer individualmente.

157. *A crítica mais aguda.* — Criticamos mais agudamente uma pessoa, um livro, quando lhe traçamos o ideal.

158. *Pouco e sem amor.* — Todo bom livro é escrito para um determinado leitor e os de sua espécie, e, justamente por isso, não é visto de modo favorável por todos os demais leitores, a grande maioria: motivo pelo qual sua reputação se fundamenta numa base estreita e apenas lentamente pode ser construída. O livro medíocre e ruim o é justamente porque busca agradar e agrada a muitos.

159. *Música e doença.* — O perigo da nova música está em que nos põe nos lábios a taça do voluptuoso e grandioso, de modo tão cativante e com tal aparência de êxtase moral que até mesmo o indivíduo nobre e comedido sempre bebe algumas gotas a mais. Mas essa mínima intemperança, continuamente repetida, pode enfim acarretar um abalo e solapamento da saúde espiritual, mais profundo do que qualquer excesso grosseiro poderia produzir: de forma que não resta senão um dia escapar da gruta da ninfa e, através de ondas e perigos, abrir caminho para a fumaça de Ítaca e os abraços da esposa mais simples e mais humana.[46]

160. *Vantagem para os adversários.* — Um livro cheio de espírito também comunica algo desse espírito aos seus adversários.

161. *Crítica e juventude.* — Criticar um livro — para os jovens isso significa apenas: não deixar que se aproxime nenhum pensamento produtivo dele e defender-se com unhas e dentes. O jovem vive em estado defensivo contra tudo novo que não pode amar totalmente, e nisso comete, sempre que pode, um crime gratuito.

162. *Efeito da quantidade.* — O maior paradoxo na história da poesia está no fato de que, em tudo o que constitui a grandeza dos poetas antigos, alguém pode ser um bárbaro, ou seja, defeituoso e disforme da cabeça aos pés, mas continuar sendo o maior poeta. Pois é o caso de Shakespeare, que, comparado a Sófocles, parece uma mina com uma enormidade de ouro, chumbo e cascalho, enquanto Sófocles é não apenas ouro, mas ouro numa forma tão nobre que quase faz esquecer seu valor como metal. Mas a quantidade, em seus graus mais elevados, *atua* como qualidade — isso favorece Shakespeare.

163. *Todo começo é um perigo.* — O poeta tem a escolha: ou fazer subir o sentimento de um degrau a outro, finalmente erguendo-o bastante alto, ou experimentar um ataque de surpresa, puxando já de início com toda a força a corda do sino. As duas opções têm seus perigos: no primeiro caso, o tédio talvez afugente o espectador; no segundo, o medo.

164. *Em favor dos críticos.* — Os insetos não picam por maldade, mas porque também querem viver; igualmente os nossos críticos: eles querem nosso sangue, não nossa dor.

165. *Êxito das sentenças.* — Os inexperientes sempre acham, quando uma sentença os esclarece de imediato com sua singela verdade, que ela é antiga e conhecida, e olham então de soslaio para o seu autor, como se ele quisesse roubar um patrimônio de todos — e ao mesmo tempo se alegram com meias verdades retemperadas, dando a entender isso ao autor. Este sabe avaliar um sinal desses, e por ele percebe facilmente onde acertou e onde fracassou.

166. *Querer vencer.* — Um artista que, em tudo o que empreende, vai além de suas forças, acaba por arrastar consigo a multidão, com o espetáculo da poderosa luta que proporciona: pois nem sempre o êxito se acha apenas na vitória, às vezes já está no querer vencer.

167. *Sibi scribere* [Escrever para si].[47] — O autor sensato não escreve para outra posteridade que não a sua própria, ou seja, para sua velhice, a fim de poder, ainda então, ter prazer consigo.

168. *Elogio da sentença.* — Uma boa sentença é dura demais para os dentes da época e não será consumida pelos milênios, embora sirva de alimentação para toda época: nisso está o grande paradoxo da literatura, o imperecível em meio ao cambiante, o alimento que sempre é apreciado, como o sal, e que, também como este, nunca se torna insosso.

169. *Necessidade artística de segunda ordem.* — O povo possui algo daquilo que pode ser chamado necessidade artística, mas é pouco e de satisfação barata. No fundo, para isso basta o refugo da arte: devemos admiti-lo francamente. Considere-se, por exemplo, que melodias e canções alegram atualmente as mais vigorosas, incorruptas, ingênuas camadas da nossa população, viva-se entre pastores, vaqueiros das montanhas, camponeses, caçadores, soldados, marinheiros e tenha-se a resposta. E nas pequenas cidades, justamente nos lares que abrigam a ancestral virtude cívica, não é amada e mesmo acarinhada a pior música que nos dias de hoje se produz? Quem, em relação ao povo *tal como ele é*, fala de uma necessidade profunda, de um insaciado anseio de arte, está mentindo ou delirando. Sejam honestos! — Apenas em *indivíduos de exceção* há agora uma necessidade artística de *alto estilo* — porque a arte se encontra novamente em recuo, e as energias e esperanças humanas lançaram-se em outras coisas por algum tempo. — Fora isso, ou seja, à parte o povo, há certamente uma necessidade artística mais ampla e extensa, porém *de segunda ordem*, nas mais altas e altíssimas camadas da sociedade: nelas é possível algo como uma comunidade artística seriamente intencionada. Mas vejamos esses elementos! Em geral são os descontentes mais refinados, que por si não alcançam alegria verdadeira: o homem culto que não se libertou o suficiente para poder dispensar os consolos da religião, mas para quem os óleos sagrados não cheiram muito bem; o seminobre, que é fraco demais para romper com um defeito básico de sua vida ou o nocivo pendor de seu caráter, mediante heroica inversão ou renúncia; o ricamente dotado, que se acredita nobre demais para ser útil numa atividade modesta, e é indolente demais para o trabalho grande e abnegado; a garota que não sabe criar um círculo satisfatório de deveres para si; a mulher que se ligou num matrimônio frívolo ou sacrílego e sabe não estar suficientemente ligada; o erudito, médico, funcionário, comerciante que tomou um caminho cedo demais e nunca deu livre curso a toda a sua natureza, mas faz seu trabalho diligentemente e com um verme no coração; enfim, todos os artistas incompletos — estes são agora os verdadeiramente necessitados da arte! E o que desejam propriamente da arte? Ela deve lhes afastar, durante horas ou instantes, o mal-estar, o tédio, a consciência meio ruim, e, se possível, reinterpretar em grande escala o erro de sua vida e de seu caráter, vendo-o como erro no destino do mundo — muito diferentemente dos gregos, que sentiam na sua arte o emanar e transbordar de sua própria saúde e bem-estar e que amavam ver sua perfeição uma vez mais fora de si mesmos: — eram conduzidos à arte pela fruição de si, e estes nossos contemporâneos, pela aversão a si.

170. *Os alemães no teatro.* — O verdadeiro talento teatral dos alemães foi Kotzebue; ele e seus alemães, tanto os da alta como os da média sociedade, são inseparáveis, e os contemporâneos poderiam seriamente dizer: "nele vivemos, movemo-nos e somos". Ali nada havia de forçado, inculcado, que trouxesse meio-prazer ou quase-prazer: o que ele queria e podia fazer era compreendido, até hoje o honesto êxito teatral, em palcos alemães, pertence aos herdeiros recatados ou despudorados dos métodos e efeitos kotzebuescos, sobretudo onde a comédia ainda floresce; disso resulta que muito do caráter alemão[48] de então continua vivo, sobretudo longe da cidade grande. Bonachões, descomedidos nos pequenos gozos, ávidos de lágrimas, desejosos de ao menos no teatro poder se livrar da inata e austera sobriedade e exercer uma sorridente e até mesmo gargalhante indulgência, confundindo e pondo no mesmo saco a bondade e a compaixão — como é da essência da sentimentalidade alemã —, felicíssimos com uma bela e generosa ação, de resto subservientes aos de cima, invejosos uns dos outros, e bastando a si mesmos no mais íntimo — assim eram eles, assim era ele. — O segundo talento teatral foi Schiller: esse descobriu uma classe de espectadores que até então não havia sido considerada; encontrou-a nas pessoas de idade imatura, nas garotas e nos rapazes alemães. Em suas obras ele foi ao encontro dos impulsos mais elevados, mais nobres, mais impetuosos, ainda que mais confusos, desses jovens, ao encontro do seu gosto pelo tilintar das expressões morais (que tende a desaparecer na terceira década da vida), e assim obteve, em harmonia com a passionalidade e o partidarismo desse grupo etário, um sucesso que gradualmente influiu de maneira benéfica sobre as gerações mais maduras: Schiller *rejuvenesceu* os alemães, em geral. — Goethe estava acima dos alemães em todo aspecto, e ainda hoje está: ele nunca lhes pertencerá. Como poderia um povo estar à altura da *espiritualidade*[49] goethiana no *bem-estar e bem-querer*? Assim como Beethoven fez sua música e Schopenhauer filosofou por cima dos alemães, também Goethe escreveu seu *Tasso*, sua *Ifigênia* por cima dos alemães. Acompanhou-o um número *bastante pequeno* de indivíduos altamente educados, instruídos pela Antiguidade, a vida e as viagens, que cresceram além dos confins do ser alemão: — ele próprio não quis de outra forma. — Quando, depois, os românticos estabeleceram seu premeditado culto a Goethe, quando sua espantosa destreza em tudo experimentar passou para os discípulos de Hegel, os verdadeiros educadores dos alemães deste século, quando o despertar da ambição nacional favoreceu também a glória dos poetas alemães e o genuíno critério do povo, o de realmente poder se alegrar com algo, foi implacavelmente subordinado ao juízo dos indivíduos e àquela ambição nacional — isto é, quando as pessoas começaram a ter de se alegrar —, então surgiu essa mendacidade e inautenticidade da cultura alemã, que se envergonhou de Kotzebue, que levou ao palco Sófocles, Calderón e até mesmo a continuação do *Fausto* de Goethe, e que, devido a sua língua pastosa, a seu estômago obstruído, enfim não sabe mais o que lhe agrada e o que a entedia. — Bem-aventurados aqueles que têm gosto, ainda que seja um mau gosto! — E não apenas bem-aventurados, também sábios podemos nos tornar com esse atributo: motivo pelo qual os gregos, que eram bastante sutis nessas coisas, designavam o sábio com uma palavra que significa o *homem do gosto*, e chamavam a sabedoria, tanto na arte como no conhecimento, de "gosto" (*sophia*).[50]

171. *A música como fruto tardio de toda cultura.*[51] — De todas as artes que costumam brotar num determinado solo cultural, em determinadas condições políticas e sociais, a música aparece como a *última* das plantas, no outono e fenecimento da cultura que lhe é própria: enquanto os primeiros sinais e arautos de uma nova primavera já se fazem notar geralmente; sim, por vezes a música soa, no interior de um mundo novo e assombrado, como a linguagem de uma era desaparecida, vindo tarde demais. Somente na arte dos compositores holandeses a alma da Idade Média cristã encontrou sua plena ressonância: sua arquitetura sonora é irmã do gótico, tardiamente nascida, porém legítima. Apenas na música de Haendel ressoou o melhor da alma de Lutero e seus pares, o grande traço heroico-judaico que gerou todo o movimento da Reforma. Apenas Mozart resgatou a época de Luís XIV e a arte de Racine e de Claude Lorrain em ouro *sonante*. Apenas na música de Beethoven e de Rossini o século XVIII cantou derradeiramente, o século do entusiasmo, dos ideais partidos e da felicidade fugaz. Assim, um amante de imagens sensíveis pode dizer que toda música verdadeiramente significativa é canto de cisne. — Pois a música *não é* uma linguagem universal, supratemporal, como frequentemente se diz em sua homenagem, mas corresponde exatamente a uma medida de sensibilidade, calor e tempo, que uma cultura bem determinada, delimitada no tempo e no espaço, traz em si como uma lei interior: a música de Palestrina seria totalmente inacessível a um grego, e, por sua vez — o que ouviria Palestrina na música de Rossini? — Talvez também a nossa música alemã recente, por mais que domine e anseie dominar, não seja mais compreendida num futuro próximo: pois surgiu de uma cultura que está prestes a desaparecer; seu solo é aquele período de reação e restauração, em que tanto um certo *catolicismo do sentimento* como o gosto por tudo *primordialmente nativo e nacional* floresceram e derramaram sobre a Europa uma fragrância mista: duas correntes de sentimento que, apreendidas em sua força máxima e levadas ao fim extremo, terminaram por se fazer ouvir na música de Wagner. A apropriação das velhas sagas nativas por ele realizada, sua enobrecedora utilização dos estranhos deuses e heróis que nelas se acham — que são, na verdade, soberanos animais de rapina, com acessos de profundidade, magnanimidade e tédio vital —, a reanimação dessas figuras, às quais ele acrescentou a sede cristã-medieval de extática sensualidade e ascetismo, todo esse wagneriano dar e tomar em relação a temas, almas, figuras e palavras também expressa nitidamente *o espírito de sua música*, se esta, como toda música, não soubesse falar de si de forma inteiramente inequívoca: esse espírito conduz a *derradeira* guerra e reação contra o espírito do Iluminismo que do século anterior soprou para este, e igualmente contra as ideias supranacionais da exaltação revolucionária francesa e da sobriedade anglo-americana na reconfiguração de Estado e sociedade. — Mas não é claro que as esferas de pensamentos e sensibilidade, que aí — no próprio Wagner e em seus adeptos — ainda aparecem reprimidas, há muito recobraram a força, e que esse tardio protesto musical contra elas geralmente ressoa em ouvidos que preferem escutar sons diferentes e opostos? De modo que um dia essa arte maravilhosa e elevada pode deixar de ser compreendida, e as teias de aranha e o esquecimento podem se estender sobre ela. — Não devemos nos deixar enganar, quanto a esse estado de coisas, pelas flutuações passageiras que surgem como reação dentro da reação, como temporário abaixamento da crista da onda no interior do movimento geral; assim, este decênio de guerras nacionais, de martírio ultramontano[57] e inquietude socialista também pode, em seus efeitos mais sutis, contribuir para uma súbita glória da mencionada arte — sem lhe dar garantia, com isso, de que ela "tenha futuro", ou mesmo que tenha *o futuro*. — É da natureza da música que os frutos de seus grandes anos de cultura se tornem mais precocemente insípidos e se estraguem mais rapidamente do que os frutos das artes plásticas, sem falar dos que crescem na árvore do conhecimento: de todos os produtos do senso artístico humano, os *pensamentos* são os mais duráveis e resistentes.

172. *Os poetas já não são mestres.* — Embora isto soe estranho para o nosso tempo: houve poetas e artistas cuja alma estava acima das paixões e seus arrebatamentos e convulsões, e, por isso, tinham prazer com temas mais puros, homens mais dignos, intrigas e soluções mais delicadas. Se os grandes artistas de agora são, na maioria, desencadeadores da vontade e às vezes, justamente por isso, liberadores da vida, aqueles eram — domadores da vontade, metamorfoseadores de animais, criadores de homens e, sobretudo, escultores-remodeladores da vida: enquanto a glória dos de hoje pode estar em desatrelar, romper grilhões, demolir. — Os gregos mais antigos exigiam do poeta que ele fosse um mestre dos adultos: mas como se envergonharia hoje um poeta, se lhe fosse exigido isso — ele, que não foi um bom mestre de si mesmo e, portanto, não se tornou ele mesmo um bom poema, uma bela criação, mas sim, no melhor dos casos, como que a modesta, atraente ruína de um templo, e ao mesmo tempo uma caverna de desejos, coberta de flores, sarças, ervas venenosas, habitada e visitada por cobras, vermes, aranhas e aves — um objeto para a triste reflexão sobre por que, agora, o que é mais nobre e precioso tem de crescer já como ruína, sem passado e futuro de perfeição? —

173. *Olhando para a frente e para trás.* — Uma arte tal como a que *emana* de Homero, Sófocles, Teócrito, Calderón, Racine, Goethe, como *excedente* de uma conduta de vida sábia e harmoniosa — isso é o certo, a que enfim aprendemos a recorrer, quando nós mesmos nos tornamos mais sábios e harmoniosos, e não aquele bárbaro, embora fascinante, irromper de coisas ardentes e coloridas de uma alma caótica e indomada, que antes, quando jovens, entendíamos por arte. Mas vê-se que em determinadas épocas da vida uma arte de elevada tensão, de excitação, de aversão ao simples, lógico, regrado constitui uma forte necessidade, a que os artistas *têm* de corresponder, para que a alma dessas épocas da vida não se desafogue por outra via, em toda espécie de desatino e desconcerto. Assim os jovens, tal como são na maioria, plenos, efervescentes, afligidos pelo tédio mais do que tudo — assim as mulheres, a quem falta um trabalho bom, que preencha a alma, necessitam dessa arte de fascinante desordem: com tanto mais veemência se inflamará seu anseio por um contentamento sem mudanças, uma felicidade sem entorpecimento e embriaguez.

174. *Contra a arte das obras de arte.* — A arte deve, sobretudo e principalmente, embelezar a vida, ou seja, tornar a nós mesmos suportáveis e, se possível, agradáveis para os outros: com essa tarefa diante de si, ela nos modera e nos contém, cria formas de trato, vincula os não educados a leis de decoro, limpeza, cortesia, do falar e calar no momento certo. Depois a arte deve *ocultar* ou *reinterpretar* tudo que é feio, o que é doloroso, horroroso, nojento, que, apesar de todos os esforços, sempre torna a irromper, em conformidade com a origem da natureza humana: deve assim proceder, em particular, no tocante às paixões e angústias e dores psíquicas, e no que é inevitavelmente ou insuperavelmente feio deve fazer com que transpareça o *significativo*. Após essa grande, imensa tarefa da arte, o que se chama propriamente arte, a das *obras de arte*, não é mais que um *apêndice*: um homem que sente em si um excedente de tais forças embelezadoras, ocultadoras e reinterpretantes procurará, enfim, desafogar esse excedente em obras de arte; assim também fará, em circunstâncias especiais, todo um povo. — Mas agora iniciamos a arte geralmente pelo final, agarramo-nos à sua cauda e pensamos que a arte das obras de arte é o verdadeiro, que a partir dela a vida deve ser melhorada e transformada — tolos que somos! Se damos início à refeição pela sobremesa e saboreamos doce após doce, não surpreende que arruinemos o estômago e até mesmo o apetite para o bom, substancial, nutritivo alimento que nos oferece a arte!

175. *Persistência da arte.* — A que se deve hoje, no fundo, que continue a haver uma arte das obras de arte? Ao fato de que a maioria das pessoas que têm horas de lazer — e apenas para elas existe essa arte — não acredita poder lidar com seu tempo sem música, sem ida ao teatro e às galerias, sem leitura de romances e poemas. Supondo que se pudesse *afastá-las* dessa satisfação, ou elas não iriam buscar tão avidamente o ócio, e a visão dos ricos, suscitadora de inveja, seria *mais rara* — um enorme ganho para a estabilidade da sociedade —; ou teriam ócio, mas aprenderiam a refletir — algo que se aprende e se desaprende — sobre, por exemplo, seu trabalho, suas ligações, sobre as alegrias que poderiam proporcionar; com exceção dos artistas, todos lucrariam nesses dois casos. — Certamente há leitores enérgicos e sensatos que podem levantar aqui uma boa objeção. Em consideração aos indivíduos toscos e malévolos, no entanto, diremos mais uma vez que aqui, como em muitas outras passagens deste livro, o autor se acha atento à objeção, e que nele há coisas para ler que não estão exatamente escritas.

176. *O porta-voz dos deuses.* — O poeta exprime as opiniões coletivas mais elevadas que tem um povo; é sua boca e flauta — porém, graças ao metro e todos os outros recursos artísticos, ele as enuncia de modo que o povo as vê como algo inteiramente novo e prodigioso e acredita seriamente que ele é o porta-voz dos deuses. E, no enevoamento da criação, o próprio poeta esquece de onde vem toda a sua sabedoria espiritual — da mãe e do pai, de mestres e livros de toda espécie, da rua e particularmente dos sacerdotes. Sua própria arte o engana e ele acredita realmente, numa época ingênua, que *um* deus fala através dele, que cria em estado de iluminação —: enquanto fala apenas o que aprendeu, sabedoria popular misturada com tolice popular. Portanto: na medida em que o poeta é realmente *vox populi* [voz do povo], ele é tido por *vox Dei* [voz de Deus].

177. *O que toda arte quer e não pode.* — A mais difícil e a derradeira tarefa do artista é a representação do que permanece igual, que repousa em si, que é elevado, simples, alheio ao encanto particular; por isso as mais elevadas figurações da perfeição moral são rejeitadas e desacreditadas pelos artistas mais fracos, como assuntos não artísticos, pois a visão desses frutos é bastante penosa para a sua ambição: eles lhes aparecem brilhando dos mais afastados ramos da arte, mas falta-lhes escada, coragem e mão para se arriscar tão alto. Em si, um Fídias *poeta* é perfeitamente possível, mas, considerando a capacidade moderna, talvez apenas no sentido de que para Deus nada é impossível. Já o anseio de um Claude Lorrain literário é hoje uma imodéstia, por mais que o coração nos leve a desejá-lo. — Até agora nenhum artista esteve à altura da representação do derradeiro homem, *ou seja, do mais simples e ao mesmo tempo mais pleno*; mas talvez os gregos, no ideal de *Palas Atena*, tenham lançado o olhar mais longe do que todos os homens até hoje.

178. *Arte e restauração.* — Os movimentos retrógrados na história, as chamadas épocas de restauração, que procuram fazer renascer um estado espiritual e social *anterior* ao último existente e que parecem mesmo conseguir uma breve ressurreição dos mortos, têm o charme da recordação afetuosa, do nostálgico anseio pelo quase-perdido, do pressuroso abraço de uma felicidade de instante. Devido a esse singular aprofundamento de um estado de espírito, a arte e a literatura encontram um solo natural precisamente nessas épocas fugidias, quase que sonhadas, assim como é nas vertentes abruptas das montanhas que crescem as plantas mais raras e delicadas. — Desse modo, alguns bons artistas são inadvertidamente levados a uma mentalidade de restauração em política e sociedade, para a qual cada um prepara, por iniciativa própria, um cantinho e jardim silencioso: onde junta ao seu redor os vestígios humanos daquela época histórica em que se sentia em casa, e faz ressoar diante de mortos, semimortos e mortalmente exaustos a sua lira, talvez com o mencionado êxito de uma breve ressurreição dos mortos.

179. *Felicidade da época.* — Em dois aspectos a nossa época deve ser considerada feliz. No tocante ao *passado* nós fruímos de todas as culturas e suas produções e nos nutrimos do mais nobre sangue de todas as épocas; ainda nos achamos próximos o bastante da magia das forças de cujo seio elas nasceram, para podermos temporariamente nos sujeitar a elas com alegria e horror; enquanto as culturas anteriores eram capazes de fruir apenas a si mesmas e não enxergavam além de si, sendo como cobertas por uma abóbada de maior ou menor amplidão, da qual desciam torrentes de luz sobre elas, mas que nenhum olhar ultrapassava. No tocante ao *futuro*, pela primeira vez na história se abre para nós o formidável panorama de objetivos humano-ecumênicos, que abarcam toda a Terra habitada. Ao mesmo tempo nos sentimos conscientes das forças para tomar essa tarefa em nossas próprias mãos, sem presunção e sem requerer auxílio sobrenatural; e, seja qual for o resultado de nossa empresa, mesmo que tenhamos superestimado nossas forças, em todo caso não há ninguém a quem prestarmos contas, exceto nós mesmos: a partir de agora a humanidade pode fazer o que quiser consigo mesma. — É verdade que existem singulares homens-abelhas, que do cálice de todas as coisas sabem extrair apenas o que é mais amargo e mais irritante; — e, de fato, todas as coisas têm em si um tanto desse não mel. Que eles pensem à sua maneira sobre a dita felicidade de nossa época e sigam construindo a sua colmeia de mal-estar.

180. *Uma visão.* — Horas de ensino e de meditação para adultos, para os maduros e mais que maduros, diariamente, sem coação, mas por todos frequentadas, segundo o mandamento do costume: as igrejas como os lugares mais dignos e mais ricos de recordação para isso: como que celebrações diárias da alcançada e alcançável dignidade da razão humana: um novo e mais pleno florescer do ideal de mestre, em que se fundem o clérigo, o artista e o médico, o sabedor e o sábio, tal como suas virtudes específicas deveriam aparecer como virtude geral no ensinamento mesmo, em sua aula, seu método — esta é a minha visão, que sempre retorna e que, acredito firmemente, levanta uma ponta do véu do futuro.

181. *Educação distorção.*[53] — A extraordinária incerteza de todo o sistema de ensino, em virtude da qual todo adulto tem agora a sensação de que seu único educador foi o acaso, o caráter volúvel dos métodos e intenções pedagógicas se explica pelo fato de que agora as *mais antigas* e as *mais novas* forças culturais são, como numa confusa assembleia popular, mais ouvidas do que entendidas, e a todo custo querem demonstrar, com sua voz, seu berreiro, que *ainda existem* ou que *já existem*. Nessa absurda algazarra os pobres mestres e educadores ficaram primeiramente atordoados, depois calados e enfim embotados, tudo suportando e agora deixando que seus alunos tudo suportem. Eles mesmos não são educados: como poderiam educar? Eles mesmos não são troncos que cresceram retos, vigorosos e plenos de seiva: quem a eles se ligar, terá de se torcer e se curvar, e afinal se mostrar contorcido e deformado.

182. *Filósofos e artistas da época.* — Dissolução e frieza, ardor dos desejos, resfriar do coração — essa repugnante coexistência se acha no quadro da alta sociedade europeia de hoje. Então o artista crê já alcançar muita coisa, quando através de sua arte inflama, *junto* ao ardor do desejo, também o ardor do coração: e assim também o filósofo, quando, dada a frieza do coração, que tem em comum com seu tempo, também esfria, com seu julgamento negador do mundo, o calor do desejo em si e na sociedade.

183. *Não ser soldado da cultura sem necessidade.* — Enfim aprendemos aquilo que tanto prejudica não sabermos na juventude: que primeiro temos de *fazer* o excelente e, em segundo lugar, *buscar* o excelente, não importa onde e sob qual nome ele se ache: que, por outro lado, é preciso nos esquivarmos a tudo que é ruim e medíocre, *sem combatê-lo*, e que a dúvida em relação à qualidade de uma coisa — que logo surge, com um gosto mais treinado — já valeria como argumento contra ela e razão para evitá-la; arriscando às vezes errar e confundir o bom que é de difícil apreensão com o imperfeito e ruim. Apenas quem não pode fazer coisa melhor deve atacar as ruindades do mundo, como soldado da cultura. Mas a classe que nela produz e ensina perecerá se tomar em armas e, à força de precaução, vigília noturna e sonhos maus, converter a paz de sua casa e sua profissão em inquietante desassossego.

184. *Como deve ser narrada a história natural.* — A história natural, enquanto história da guerra e do triunfo da força ético-espiritual em luta contra medo, presunção, inércia, superstição, loucura, deveria ser narrada de maneira tal que cada um que a ouvisse fosse irresistivelmente levado ao empenho por saúde e florescimento espiritual e físico, ao feliz sentimento de ser herdeiro e prosseguidor do humano, e a uma cada vez mais nobre necessidade de empreendimento. Até agora ela não achou sua linguagem correta, pois os artistas eloquentes e de linguagem inventiva — é deles que aí se necessita — não se livram de uma obstinada desconfiança em relação a ela e, sobretudo, não querem aprender seriamente com ela. Mas deve-se admitir que os ingleses, em suas obras didáticas de ciências naturais para as camadas inferiores da população, deram passos admiráveis em direção a esse ideal: ocorre que elas são feitas por seus mais eminentes sábios — naturezas plenas e abundantes — e não, como entre nós, pelas mediocridades da pesquisa.

185. *Genialidade da humanidade.* — Se a genialidade, na observação de Schopenhauer, consiste na lembrança viva e coerente do que se vivenciou, então no esforço de conhecimento da inteira evolução histórica — que cada vez mais intensamente distingue a época moderna de todas as anteriores, e pela primeira vez destruiu os velhos muros entre natureza e espírito, homem e animal, moral e física — haveria de se reconhecer um esforço de genialidade da humanidade como um todo. A história completamente pensada seria autoconsciência cósmica.

186. *Culto da cultura.* — Aos grandes espíritos foi também dado o demasiado humano e horrível de sua natureza, suas cegueiras, seus equívocos, suas desmedidas, para que sua influência poderosa, e facilmente poderosa demais, seja mantida nos limites pela desconfiança que essas características infundem. Pois o sistema de tudo o que a humanidade necessita para subsistir é tão abrangente e requer forças tão diferentes e numerosas, que para todo favorecimento *unilateral* a que impelem aqueles indivíduos, seja da ciência, seja do Estado, da arte ou do comércio, a humanidade como um todo tem de pagar uma dura pena. Sempre foi uma enorme fatalidade da cultura que homens fossem adorados: nesse sentido podemos até partilhar a sentença da lei mosaica que proíbe ter outros deuses ao lado de Deus. — Como complemento e remédio deve-se colocar sempre, junto ao culto do gênio e da força, o culto da cultura: que sabe dar também ao que é material, pequeno, baixo, mal conhecido, fraco, imperfeito, unilateral, truncado, falso, aparente, sim, ao que é mau e terrível, uma avaliação compreensiva e o reconhecimento de que *tudo isso é necessário*; pois a harmonia e o desenvolvimento de tudo que é humano, alcançados mediante assombrosos trabalhos e acasos felizes, e obra tanto de ciclopes e formigas como de gênios, não devem ser perdidos: como poderíamos dispensar o comum, profundo, às vezes inquietante baixo contínuo, sem o qual a melodia não consegue ser melodia?

187. *O mundo antigo e a alegria.* — Os homens da Antiguidade sabiam *alegrar-se* mais; e nós, *entristecer-nos* menos; eles sempre descobriam, com toda a sua riqueza de perspicácia e reflexão, novos ensejos para sentir-se bem e celebrar festividades: enquanto nós aplicamos o espírito na realização de tarefas que visam sobretudo a ausência de dor, a eliminação das fontes de desprazer. No tocante à existência sofredora, os antigos procuravam esquecer ou, de alguma forma, desviar o sentimento para o agradável: de modo que recorriam a paliativos, enquanto nós defrontamos as causas do sofrer e, no conjunto, preferimos agir profilaticamente. — Talvez estejamos apenas construindo os alicerces sobre os quais os homens futuros edificarão novamente o templo da alegria.

188. *As Musas como mentirosas.* — "Conhecemos a arte de dizer muitas mentiras" — assim cantaram as Musas, quando se revelaram a Hesíodo.[54] — Chegamos a descobertas essenciais no instante em que vemos o artista como enganador.

189. *Como Homero pode ser paradoxal.* — Existe algo mais ousado, mais horripilante, mais incrível, a brilhar como sol de inverno sobre o destino humano, do que este pensamento encontrado em Homero?

Assim decidiram e impuseram os deuses aos homens
a ruína, para que gerações posteriores a cantassem.[55]

Ou seja: nós sofremos e sucumbimos para que não falte *material* aos poetas — assim dispõem precisamente os deuses homéricos, que parecem bastante preocupados com o divertimento das gerações vindouras e muito pouco conosco, os homens presentes. — Que tais pensamentos surgissem na cabeça de um grego!

190. *Justificação posterior da existência.* — Muitos pensamentos vieram ao mundo como erros e fantasias, mas tornaram-se verdades porque depois os homens lhes conferiram um substrato real.

191. *Pró e contra necessários.* — Quem não compreendeu que todo grande homem deve ser não somente apoiado, mas também, para benefício geral, *combatido*, certamente é ainda uma grande criança — ou também um grande homem.

192. *Injustiça do gênio.* — O gênio é o mais injusto com os gênios, se eles forem seus contemporâneos: por um lado, acredita não necessitar deles, considerando-os então supérfluos, pois é o que é sem eles; por outro, a influência deles contraria o efeito de *sua* corrente elétrica: motivo por que até os qualifica de *nocivos.*

193. *O pior destino de um profeta.* — Ele trabalhou vinte anos convencendo seus contemporâneos a respeito de si — e finalmente teve sucesso; mas nesse ínterim também seus oponentes tiveram sucesso: ele já não estava convencido a respeito de si.

194. *Três pensadores, uma aranha.* — Em toda seita filosófica, três pensadores se sucedem desta forma: o primeiro gera a seiva e a semente, o segundo as converte em fio e tece uma teia artificial, o terceiro fica à espreita de vítimas que se enredem nessa teia — e procura viver da filosofia.

195. *Do trato com autores.* — Agarrar um autor pelo nariz é uma maneira tão ruim de tratá-lo quanto agarrá-lo pelo chifre — e todo autor tem seu chifre.[56]

196. *Parelha.* — Pouca clareza de pensamento e exaltação do sentimento acham-se tão frequentemente unidas à vontade implacável de impor-se por todos os meios, de fazer valer apenas a si mesmo, quanto cordial solicitude, magnanimidade e benevolência se acham unidas ao impulso de limpidez e asseio no pensamento, de moderação e contenção no sentimento.

197. *O que liga e o que separa.* — Não reside na cabeça o que une os homens — a compreensão da utilidade e da desvantagem comuns — e no coração o que os separa — o cego escolher e tatear no amor e no ódio, a dedicação a um só, em detrimento de todos, e o resultante desprezo da utilidade geral?

198. *Atiradores e pensadores.* — Existem singulares atiradores, que erram o alvo, mas deixam o estande de tiros com o secreto orgulho de que, de toda forma, sua bala foi bem longe (embora além do alvo), ou de que não atingiram o alvo, mas outra coisa. E há pensadores exatamente assim.

199. *Por dois lados.* — Hostilizamos um movimento e tendência intelectual quando lhe somos superiores e reprovamos seu objetivo, ou quando seu objetivo é muito alto e irreconhecível para o nosso olhar, ou seja, quando é superior a nós. Assim, o mesmo partido pode ser combatido por dois lados, de cima e de baixo; e não raramente os atacantes formam entre si, unidos pelo ódio comum, uma aliança que é mais repulsiva do que tudo o que odeiam.

200. *Original.* — Não é o fato de ver primeiramente algo novo, mas de ver *como novo* algo velho, bem conhecido, visto e negligenciado por todos, o que distingue as cabeças verdadeiramente originais. O primeiro descobridor é geralmente aquele fantasioso bastante comum e sem espírito — o acaso.

201. *Erro dos filósofos.* — O filósofo crê que o valor da sua filosofia se acha no conjunto, no edifício: a posteridade enxerga esse valor na pedra com que ele construiu, com a qual, a partir de então, constrói-se ainda muitas vezes e melhor: ou seja, no fato de aquele edifício poder ser destruído e, *no entanto*, ainda ter valor como material.

202. *Chiste.* — O chiste é o epigrama pela morte de um sentimento.

203. *O instante anterior à solução.* — Na ciência, todo dia e toda hora sucede alguém se deter logo antes da solução, convencido de que seu esforço foi inteiramente vão — como alguém que, ao puxar um laço, no instante em que esse está mais perto do desenlace,[57] hesita: pois é justamente então que ele mais semelha um nó.

204. *Entre os entusiastas.* — O homem refletido e seguro de seu entendimento pode, com proveito, passar dez anos entre os fantasiosos e abandonar-se, nessa zona tórrida, a uma modesta loucura. Com isso terá feito um bom pedaço de caminho, para enfim alcançar esse cosmopolitismo do espírito que, sem presunção, pode afirmar: "nada do que é espiritual me é estranho".[58]

205. *Ar cortante.* — Na ciência, como nas montanhas, o melhor e mais saudável é o ar cortante que ali se encontra. — Os moles de espírito (como os artistas) receiam e caluniam a ciência por causa desse ar.

206. *Por que os homens de saber são mais nobres que os artistas.* — A ciência[59] requer naturezas *mais nobres* que a arte da poesia: elas têm de ser mais simples, menos ambiciosas, mais abstinentes, mais sossegadas, não tão voltadas para a glória póstuma, e esquecer de si por coisas que, aos olhos de muitos, não parecem dignas de um tal sacrifício da personalidade. A isso junta-se uma outra desvantagem, da qual são conscientes: o seu tipo de ocupação, a contínua exigência da máxima sobriedade debilitam sua *vontade*, o fogo não é mantido tão intenso como no forno das naturezas poéticas: por isso é frequente perderem antes do que essas o seu vigor e florescimento maior — e, como dissemos, eles *sabem* desse perigo. Em todas as circunstâncias eles *parecem* menos dotados, porque reluzem menos, e são tidos por menos do que são.

207. *Em que medida a devoção obscurece.* — Em séculos posteriores, o grande homem é presenteado com todas as grandes características e virtudes do seu século — assim, tudo de melhor é constantemente *obscurecido* pela devoção, que o vê como uma imagem sagrada, em que são penduradas e expostas oferendas de todo tipo; — até ser enfim totalmente coberto e envolto por elas, tornando-se mais um objeto de fé que de observação.

208. *De cabeça para baixo.* — Quando colocamos a verdade de cabeça para baixo, geralmente não notamos que também nossa cabeça não se acha onde deveria estar.

209. *Origem e utilidade da moda.* — A evidente satisfação de um *indivíduo* com sua própria forma incita à imitação e cria pouco a pouco a forma de *muitos*, ou seja, a moda: esses muitos desejam, através da moda, justamente aquela agradável satisfação com a própria forma, e a alcançam também. — Se consideramos quantos motivos cada pessoa tem para o receio e o tímido retraimento, e como três quartos de sua energia e boa vontade podem ser paralisados e tornados estéreis por esses motivos, temos de ser bastante gratos à moda, na medida em que desprende esses três quartos e transmite autoconfiança e jovial amabilidade àqueles que se sabem ligados entre si à sua lei. Também as leis tolas dão liberdade e paz de espírito, desde que muitos se submetam a elas.

210. *Soltadores de língua.* — O valor de muitos livros e indivíduos se acha apenas na capacidade de obrigar cada um a expressar o que é mais íntimo e oculto: são soltadores de língua e alavancas para os dentes mais cerrados. Também muitos eventos e malfeitos, que aparentemente ocorrem apenas para maldição da humanidade, têm esse valor e essa utilidade.

211. *Espíritos de livre curso.* — Qual de nós ousaria denominar-se um espírito livre, se não quisesse oferecer, à sua maneira, uma homenagem àqueles a quem esse nome é aplicado como um *insulto*, tomando sobre os ombros algo desse fardo de desaprovação e afronta pública? Mas bem poderíamos nos denominar "espíritos de livre curso",[60] com toda a seriedade (e sem desafio altaneiro ou generoso), pois sentimos o impulso para a liberdade como o mais forte instinto de nosso espírito, e, de modo contrário aos intelectos ligados e firmemente arraigados, vemos o nosso ideal quase num nomadismo espiritual — para usar uma expressão modesta e quase pejorativa.

212. *Sim, o favor das Musas!* — O que Homero diz sobre isso nos atinge o coração, tão verdadeiro, tão terrível é: "A musa o amava sinceramente e lhe deu coisas boas e más; pois tirou-lhe os olhos e lhe concedeu o belo canto".[61] — Esse é um texto sem fim para aquele que pensa: coisas boas e más ela proporciona, eis o seu tipo de amor sincero! E cada qual interpretará particularmente por que nós, pensadores e poetas, *temos* que dar por isso nossos *olhos*.

213. *Contra o cultivo da música.* — A educação artística do olho desde a infância, mediante o desenho e a pintura, o esboço de paisagens, de pessoas, de eventos, traz consigo também o inestimável benefício vital de tornar o olho *agudo, calmo e perseverante* na observação de indivíduos e situações. Do cultivo artístico da audição não resulta uma vantagem secundária semelhante: por esse motivo, as escolas primárias em geral farão bem em dar à arte da visão a preferência sobre aquela do ouvido.

214. *Os descobridores de trivialidades.* — Espíritos sutis, dos quais nada é mais distante que uma trivialidade, frequentemente descobrem uma, após toda espécie de rodeios e trilhas de montanhas, e têm grande alegria nisso, para surpresa dos não sutis.

215. *Moral dos sábios.* — Um rápido e regular progresso das ciências é possível apenas quando o indivíduo não tem de ser *muito desconfiado*, para examinar todo cálculo e afirmação alheia em áreas que lhe são distantes: a condição para isso, porém, é que cada qual tenha, no seu próprio âmbito, competidores que sejam *extremamente desconfiados* e o vigiem atentamente. Dessa coexistência entre "não muito desconfiado" e "extremamente desconfiado" é que surge a integridade na república dos sábios.

216. *Razão da esterilidade.* — Há espíritos altamente dotados que são sempre estéreis, porque, por uma fraqueza do temperamento, são impacientes demais para aguardar o fim da gravidez.

217. *Mundo das lágrimas invertido.* — O múltiplo desprazer que as exigências da cultura superior causam ao ser humano acaba por inverter a tal ponto a natureza, que ele geralmente se porta de maneira rígida e estoica e tem lágrimas apenas para os raros acessos de felicidade, mais até, que não poucos têm de chorar já na fruição da ausência de dor: — somente na felicidade ainda lhes bate o coração.

218. *Os gregos como intérpretes.* — Ao falarmos dos gregos, involuntariamente falamos de hoje e de ontem ao mesmo tempo: sua história, por todos conhecida, é um reluzente espelho, que sempre reflete o que não se acha nele próprio. Usamos a liberdade de falar deles para poder silenciar a respeito de outros — a fim de que eles mesmos falem algo no ouvido do leitor meditativo. Assim os gregos facilitam ao homem moderno a comunicação de várias coisas dificilmente comunicáveis e que fazem refletir.

219. *O caráter adquirido dos gregos.* — A famosa clareza, transparência, simplicidade e ordem dos gregos, o natural-cristalino e também artificial-cristalino das obras gregas nos levam facilmente a crer que tudo foi presenteado aos gregos: que eles, por exemplo, não podiam senão escrever bem, como chegou a dizer Lichtenberg.[62] Nada é mais precipitado e insustentável, porém. De Górgias a Demóstenes, o desenvolvimento da prosa mostra um tal trabalho e empenho em sair do obscuro, sobrecarregado e sem gosto, em direção à luz, que somos lembrados da labuta dos heróis que tiveram de abrir as primeiras trilhas em meio às florestas e pântanos. O diálogo da tragédia é o autêntico feito dos dramaturgos, devido à incomum clareza e definição, quando a disposição natural do povo se regalava no simbólico e alusivo, para o qual fora expressamente educado pela grande lírica coral: como foi realização de Homero libertar os gregos da pompa e opacidade asiática e alcançar a limpidez da arquitetura, no todo e no particular. E também não era tido por coisa fácil dizer algo de maneira pura e luminosa; se não como explicar a alta admiração pelo epigrama de Simônides, que simplesmente se apresenta, sem arremates dourados, sem arabescos do espírito — mas dizendo o que tem a dizer, claramente, com a tranquilidade do sol, não com os efeitos de um raio? Porque é grego aspirar à luz desde um crepúsculo quase inato, um júbilo percorre o povo, ao ouvir uma sentença lacônica, na linguagem da elegia, nos ditos dos Sete Sábios.[63] Por isso o promulgar leis em versos, algo chocante para nós, era tão estimado, como autêntica tarefa apolínea para o espírito helênico, a fim de se tornar vencedor dos perigos da métrica, da obscuridade que normalmente é própria da poesia. A singeleza, a ductilidade, a sobriedade foram *arrancadas* à disposição natural do povo, não eram dádivas — o perigo de uma recaída no asiático sempre pairou acima dos gregos, e, realmente, de quando em quando lhes sobrevinha como que uma escura, transbordante corrente de impulsos místicos, de selvageria e trevas elementares. Vemo-los submergirem, vemos a Europa como que arrastada, inundada — pois a Europa era bem pequena então —, mas eles sempre retornam à luz, bons nadadores e mergulhadores que são, o povo de Ulisses.

220. *O propriamente pagão.* — Talvez nada seja mais estranho, para quem contempla o mundo grego, do que descobrir que de quando em quando os gregos davam como que festas a todas as suas paixões e más inclinações naturais, e chegaram a instituir uma espécie de programa oficial festivo do seu demasiado humano: eis o propriamente pagão do seu mundo, pelo cristianismo jamais compreendido, jamais compreensível e sempre combatido e desprezado da maneira mais implacável. — Eles viam esse demasiado humano como inevitável, e preferiam, em vez de insultá-lo, dar-lhe uma espécie de direito de segunda categoria, enquadrando-o nos costumes da sociedade e do culto: sim, tudo o que tem *poder* no ser humano, eles chamavam de divino e inscreviam nos muros de seu céu. Eles não negam o instinto que se expressa nas características más, e sim o enquadram e o limitam a determinados dias e cultos, após inventarem medidas cautelares suficientes para dar àquelas águas selvagens o escoamento mais inócuo possível. Essa é a raiz de todo o liberalismo moral da Antiguidade. Concedia-se ao mau e problemático, ao animalesco-atrasado tanto como ao bárbaro, pré-helênico e asiático, que ainda vivia no fundo do ser grego, um desafogo moderado, sem buscar a sua completa destruição. Abarcando todo o sistema dessas normas, o Estado não era edificado em consideração de determinados indivíduos ou castas, mas das características humanas habituais. Em sua construção, os gregos mostram esse maravilhoso sentido para o típico-factual que depois os capacitou a tornar-se naturalistas, historiadores, geógrafos e filósofos. Não foi uma lei moral[64] limitada, sacerdotal ou de casta, que decidiu na constituição do Estado e do culto do Estado, mas a mais ampla atenção pela *realidade do humano.* — De onde vem essa liberdade, esse sentido para o real dos gregos? Talvez de Homero e dos poetas anteriores a ele; pois precisamente os poetas, cuja natureza não costuma ser a mais justa e sábia, possuem esse gosto pelo efetivo e eficiente *de toda espécie*, e nem o mal desejam negar completamente: basta-lhes que ele se modere e não mate ou envenene tudo — ou seja, pensam de modo similar aos fundadores de Estado gregos, e foram seus mestres e precursores.

221. *Gregos de exceção.* — Na Grécia, os espíritos sérios, sólidos, profundos eram exceção: o instinto do povo tendia antes a perceber o sério e sólido como uma espécie de deformação. Tomar emprestadas as formas ao estrangeiro, não criá-las, mas sim transmutá-las na mais bela aparência — isso é grego: imitar, não para o uso, mas para a ilusão artística, sempre assenhorear-se de novo da seriedade imposta, ordenar, embelezar, aplanar — assim ocorre de Homero aos sofistas do terceiro e quarto séculos da nova contagem do tempo, que são totalmente lado exterior, palavra pomposa, gesto entusiasmado, e se dirigem a almas escavadas, ávidas de brilho, efeito e som. — E agora aprecie-se a grandeza dos gregos de exceção que criaram a *ciência*! Quem falar sobre eles, contará a história mais heroica do espírito humano!

222. *O simples não é nem o primeiro nem o último no tempo.* — Na história das concepções religiosas, muita evolução e gradualidade falsa é posteriormente acrescentada a coisas que, na verdade, não se desenvolveram a partir nem depois umas das outras, mas ao lado e separadamente; o simples, em particular, ainda é bastante reputado como o mais antigo e primordial. Não pouco do que é humano surge por subtração e divisão, e justamente não por duplicação, acréscimo, fusão. — Por exemplo, ainda se crê num gradual desenvolvimento da *representação dos deuses*, dos grosseiros tocos de madeira e pedras até a plena humanização: e, no entanto, sucede justamente que, *enquanto* a divindade foi situada e sentida em árvores, pedaços de madeira, pedras, animais, temeu-se uma humanização de sua figura como sendo uma impiedade. Foram os poetas que, fora do culto e do interdito do *pudor* religioso, tiveram de habituar a isso, predispor a isso a fantasia interior dos homens: tornando a prevalecer estados de espírito e momentos mais piedosos, porém, essa influência liberadora dos poetas recuava e a sacralidade permanecia, como antes, no lado do monstruoso, do inquietante, do propriamente não humano. Mas muito do que a fantasia interior ousa formar ainda produziria um efeito penoso, se traduzido em representação externa, física: o olho interno é muito mais ousado e menos pudico que o externo (do que resulta a conhecida dificuldade e parcial impossibilidade de converter materiais épicos em dramáticos). Durante muito tempo a fantasia religiosa *não quer* absolutamente crer na identidade do deus com uma imagem: a imagem faria o *nume* da divindade, de algum modo misterioso, não inteiramente concebível, aparecer como ativo num local e ligado apenas a ele. A mais antiga imagem divina deveria abrigar e ocultar simultaneamente o deus — insinuá-lo, mas não exibi-lo. Nenhum grego jamais *olhou* interiormente para seu Apolo como coluna de madeira, para seu Eros como bloco de pedra; eram símbolos que deveriam justamente inspirar medo da figuração. O mesmo sucede com os pedaços de madeira em que precariamente eram esculpidos membros, às vezes em número excessivo: como um Apolo da Lacedemônia, que tinha quatro mãos e quatro orelhas. No incompleto, insinuado ou excessivo há uma pavorosa sacralidade, que deve *impedir* de pensar no humano, no similar ao humano. Não é um estágio embrionário da arte, aquele em que se faz algo assim: como se, na época em que as pessoas veneravam essas imagens, não *pudessem* falar com mais clareza, representar com maior evidência. Receava-se, isto sim, precisamente uma coisa: a expressão direta. Assim como a *cella*[65] abrigava e escondia em misteriosa penumbra, *mas não inteiramente*, o mais sagrado, o nume propriamente dito da divindade; assim como o templo períptero abrigava a *cella*, protegia-a do olhar intrépido com uma tela ou véu, digamos, mas não inteiramente: assim a imagem é a divindade e, ao mesmo tempo, esconderijo da divindade. — Somente quando, fora do culto, no profano mundo da competição, a alegria com o vencedor do combate foi tanta que as ondas ali produzidas transbordaram para o lago do sentimento religioso, somente quando a estátua do vencedor foi erguida nos átrios dos templos, e o devoto frequentador do templo teve de habituar seu olho e sua alma, voluntária ou involuntariamente, àquela incontornável visão de beleza e força *humanas*, de modo que, com a vizinhança física e anímica, a adoração do homem e a adoração do deus se fundiram: somente então se perdeu também o temor da humanização da imagem divina e a grande arena foi aberta para a grande escultura: ainda com a restrição de que, onde quer que se fosse *adorar*, a forma e feiura arcaica seria mantida e cuidadosamente imitada. Mas o heleno *consagrante e ofertante* pôde então se entregar, com toda a bem-aventurança, ao seu gosto de fazer deus se tornar homem.

223. *Para onde é preciso viajar.* — A direta observação de si próprio não basta para se conhecer: necessitamos da história, pois o passado continua a fluir em mil ondas dentro de nós; e nós mesmos não somos senão o que a cada instante percebemos desse fluir. Também aí, quando queremos descer ao rio do que aparentemente é mais nosso e mais pessoal, vale a afirmação de Heráclito: não se entra duas vezes no mesmo rio.[66] — Esta é uma sabedoria já bastante repisada, sem dúvida, mas que permanece robusta e substancial como sempre: assim como a de que, para entender a história, deve-se procurar os resíduos vivos das épocas históricas — de que se deve, como fez o patriarca Heródoto, viajar pelas nações — que são apenas *estágios culturais* mais antigos que se fixaram, em que podemos nos *situar* —, sobretudo entre os povos denominados selvagens ou semisselvagens, ali onde o ser humano despiu ou ainda não vestiu a roupagem da Europa. Mas existem igualmente uma arte e uma intenção de viagem *mais sutis*, que nem sempre requerem transportar-se de um lugar a outro por milhares de milhas. Muito provavelmente, os últimos três séculos continuam vivendo também em *nossa vizinhança*, com todas as suas colorações e refrações culturais: eles pedem apenas que sejam *descobertos*. Em não poucas famílias, e mesmo indivíduos, as camadas ainda se acham claramente superpostas: em outros casos pode haver falhas na rocha, mais difíceis de compreender. Certamente que em regiões afastadas, em vales montanhosos pouco visitados, em comunidades mais fechadas, uma amostra venerável de sensibilidade mais antiga pôde se conservar mais facilmente e deve ser rastreada: enquanto é muito pouco provável que se façam tais descobertas em Berlim, por exemplo, onde o ser humano chega ao mundo lixiviado e escaldado. Quem, após um longo treino nessa arte da viagem, torna-se um Argos de cem olhos, acompanhará sua Io[67] — seu *ego*,[68] quero dizer — por toda parte, afinal, e em Egito e Grécia, Bizâncio e Roma, França e Alemanha, no tempo dos povos nômades ou dos sedentários, no Renascimento e na Reforma, na pátria ou no estrangeiro, em oceano, floresta, vegetação e montanha, novamente descobrirá as aventuras desse *ego* transformado e em devir. — Assim o autoconhecimento se torna oniconhecimento no tocante a tudo que passou: tal como, numa outra cadeia de raciocínio, aqui apenas aludida, a autodeterminação e autoeducação dos espíritos mais livres e longividentes poderia tornar-se onideterminação, no tocante a toda a humanidade futura.

224. *Bálsamo e veneno.* — Não se poderá refletir demasiadamente sobre isto: o cristianismo é a religião da Antiguidade envelhecida, seu pressuposto são velhos povos civilizados degenerados; neles o cristianismo agiu e age como um bálsamo. Em épocas em que os olhos e ouvidos estão "cheios de lama", de modo que já não conseguem ouvir a voz da razão e da filosofia nem ver a sabedoria em carne e osso, chame-se ela Epiteto ou Epicuro: então a cruz do martírio e a "trombeta do Juízo Final" podem ter o efeito de levar tais povos a um final *decente*. Consideremos a Roma de Juvenal, sapo venenoso com olhos de Vênus: — então aprendemos o que significa fazer uma cruz ante o "mundo", veneramos a tranquila comunidade cristã e agradecemos sua propagação pelo mundo greco-romano. Quando a maioria dos homens já nascia com a alma na servidão, com a sensualidade de anciãos: que bendição encontrar seres que eram mais almas do que corpos e pareciam concretizar a ideia

grega das sombras do Hades: figuras acanhadas, sussurrantes, deslizantes, benévolas, com uma expectativa de "vida melhor", e por isso tão modestas, tão calmamente desprezadoras, tão orgulhosamente pacientes! — Esse cristianismo como toque de sino vespertino da Antiguidade *boa*, com o sino rachado, cansado, porém melodioso, é um bálsamo até para os ouvidos de quem hoje visita historicamente aqueles séculos: o que não deve ter sido para aqueles homens mesmos! — Por outro lado, para jovens e frescos povos bárbaros o cristianismo é *veneno*; instilar na alma heroica, infantil e animalesca dos antigos alemães a doutrina do pecado e da danação, por exemplo, não significa senão envenená-los; uma tremenda fermentação e decomposição química, uma desordem de sentimentos e juízos, uma proliferação das coisas mais extravagantes teve de ser a consequência e trazer, no curso posterior, um profundo debilitamento desses povos bárbaros. — Sem dúvida: o que ainda teríamos da cultura grega, sem esse debilitamento? Ou de todo o passado cultural da espécie humana? — pois os bárbaros *não tocados* pelo cristianismo souberam remover radicalmente as culturas antigas: como demonstraram, com terrível nitidez, os conquistadores pagãos da Bretanha romanizada. Contra a sua própria vontade, o cristianismo ajudou a imortalizar o "mundo" antigo. — Também nesse ponto resta uma questão contrária, e a possibilidade de uma contraprova: sem tal enfraquecimento mediante o mencionado veneno, teria sido possível para algum daqueles povos jovens, o alemão, por exemplo, achar gradualmente e por sua conta uma cultura superior, uma cultura própria, nova? — da qual a humanidade teria perdido até mesmo a mais remota noção? — Assim ocorre nesse ponto, como em tudo o mais: não se sabe, para falar em termos cristãos, se Deus deve ser grato ao Diabo ou o Diabo a Deus, para que tudo tenha sido como foi.

225. *A fé salva e condena.* — Um cristão que se extraviasse por um raciocínio proibido poderia se perguntar: é *necessário* que haja realmente um Deus, além de um cordeiro expiatório, se a *fé* na *existência* desses seres já basta para produzir os mesmos efeitos? Não são eles *supérfluos*, ainda que existam? Pois tudo de benéfico, consolador, moralizador, assim como tudo de ensombrecedor e esmagador que a religião cristã transmite à alma humana, procede dessa fé, e não dos objetos dessa fé. Dá-se aí o mesmo que no caso conhecido: é certo que não havia bruxas, mas as terríveis consequências da fé nas bruxas foram as mesmas que se verificariam se tivesse havido bruxas. Em todas as oportunidades em que o cristão aguarda a intervenção direta de um Deus, mas espera em vão — pois não existe Deus —, sua religião é bastante inventiva em subterfúgios e motivos tranquilizadores: nisso é certamente uma religião espirituosa. — É verdade que até agora a fé não conseguiu mover nenhuma montanha real, embora isso tenha sido afirmado por não sei quem; mas ela consegue pôr montanhas onde não há.

226. *A tragicomédia de Regensburg.*[69] — Aqui e ali podemos ver com pavorosa nitidez a farsa da Fortuna, quando ela toma uns poucos dias, um só lugar, as circunstâncias e condições de uma só cabeça, e amarra a isso a corda dos séculos seguintes, na qual deseja que eles dancem. Dessa forma, o destino da história alemã moderna se acha nos dias daquele debate de Regensburg: o desenlace pacífico das questões morais eclesiásticas, sem guerras de religião, sem Contrarreforma, parecia garantido, assim como a unidade da nação alemã; o brando e profundo espírito de Contarini pairou um instante sobre a rixa teológica, vitorioso, como representante da madura devoção italiana, em cujas asas se refletia a aurora da liberdade espiritual. Mas a dura cabeça de Lutero, cheia de suspeitas e medonhas angústias, revoltou-se: porque a justificação pela graça lhe parecia *sua* grande descoberta e divisa, ele não acreditava nessa tese *na boca* dos italianos: enquanto eles, como se sabe, já a haviam encontrado muito antes e difundido silenciosamente por toda a Itália. Lutero viu nesse aparente acordo as artimanhas do Diabo, e obstruiu o quanto pôde os esforços de paz: assim favoreceu em boa medida as intenções dos inimigos do *Reich*.[70] — E agora, para aumentar a impressão de horrível farsa, acrescente-se que nenhuma das teses em torno das quais se pelejou então em Regensburg, a do pecado original, da redenção por intercessão, da justificação pela fé, é de algum modo verdadeira ou tem alguma relação com a verdade, que nenhuma delas é vista como merecedora de discussão nos dias de hoje: — e, no entanto, o mundo ardeu em chamas por elas, ou seja, por opiniões a que não corresponde coisa ou realidade nenhuma; enquanto acerca de questões puramente filológicas, como a enunciação das palavras da consagração eucarística, por exemplo, alguma controvérsia se admite, pois nisso pode-se dizer a verdade. Mas, onde nada existe, também a verdade perdeu seus direitos. — Nada mais resta a dizer, enfim, exceto que então brotaram *fontes de energia*, tão poderosas que sem elas os moinhos todos do mundo moderno não girariam com a mesma força. E o que importa primeiramente é a energia, e somente depois, mas muito depois, a verdade — não é verdade, meus caros contemporâneos?

227. *Erros de Goethe.* — Nisso Goethe é a grande exceção entre os grandes artistas, no fato de não ter vivido na *estreiteza de sua real capacidade*, como se esta fosse, nele e para o mundo inteiro, o essencial e excelente, o absoluto e derradeiro. Duas vezes ele acreditou possuir algo mais elevado do que realmente possuía — e errou, na *segunda* metade da vida, quando aparece tomado da convicção de ser um dos maiores descobridores e luminares da *ciência*. E já também na *primeira* metade de sua vida: ele *queria* de si algo mais elevado do que a arte da poesia lhe parecia ser — e nisso já errou. A natureza queria fazer dele um artista *plástico* — eis o segredo que o queimava e abrasava interiormente, que afinal o conduziu à Itália, para entregar-se inteiramente a essa ilusão e tudo lhe sacrificar. Afinal descobriu, ele, o circunspecto, francamente avesso a toda criação de ilusão, que um embusteiro demoniozinho de desejo o havia incitado a crer naquela vocação, que tinha de se desprender e dizer *adeus* à maior paixão de sua vontade. A dolorosa, lacerante convicção de que era preciso *dizer adeus* se expressou plenamente no estado de espírito de Tasso: sobre ele, o "Werther potencializado",[71] pesa o pressentimento de algo pior do que a morte, como quando alguém diz para si: "agora acabou — após essa despedida; como continuar vivendo sem enlouquecer?" — Esses dois erros fundamentais de sua vida deram a Goethe uma atitude desassombrada e de aparência quase arbitrária, em vista de uma postura puramente literária ante a poesia, a única que o mundo então conhecia. Excetuando o tempo em que Schiller — o pobre Schiller, que não tinha tempo e não deixava tempo — o arrancou da sóbria timidez ante a poesia, do temor a todo ofício e atividade literária — Goethe aparece como um grego que de vez em quando visita uma amada, com a dúvida de que ela seria talvez uma deusa cujo nome ele não sabe exatamente. Em todo o seu poetar se nota a proximidade da natureza e das artes plásticas: os traços das figuras que diante dele pairavam — e ele talvez achasse que apenas seguia as metamorfoses de uma única deusa — tornaram-se, sem que ele o soubesse e quisesse, os traços de todos os filhos de sua arte. Sem as *digressões do erro* ele não teria se tornado Goethe: isto é, o único artista alemão da escrita que ainda hoje não envelheceu — porque não queria ser nem escritor nem alemão por vocação.

228. *Os viajantes e seus graus.* — Entre os viajantes devemos distinguir cinco graus: os do primeiro, o mais baixo, são aqueles que viajam e são vistos — são viajados, na verdade, e praticamente cegos; os do grau seguinte veem a si mesmos no mundo, realmente; os terceiros vivenciam algo como consequência do que veem; os quartos assimilam o vivenciado e o carregam consigo; há, por fim, alguns indivíduos de elevada energia, que, após terem vivenciado e assimilado o que foi visto, têm de necessariamente dar-lhe vida de novo, em obras e ações, tão logo retornem para casa. — De modo igual a esses cinco tipos de viajantes vão todos os homens pela jornada da vida, os mais baixos como seres puramente passivos, os mais elevados como os que agem e se exprimem inteiramente, sem nenhum resíduo de eventos internos.[72]

229. *Subindo mais alto.* — Tão logo subimos mais alto do que aqueles que até então nos admiravam, justamente para eles é como se tivéssemos caído e afundado: pois eles pensavam, em toda circunstância, estar *conosco* (ainda que por meio de nós) nas *alturas*.

230. *Medida e equilíbrio.* — De duas coisas bastante elevadas — medida e equilíbrio — é melhor não falar jamais. Uns poucos lhes conhecem as forças e indícios, pelas misteriosas trilhas de vivências e conversões interiores: nelas adoram algo divino e receiam falar em voz alta. Os demais quase não escutam quando se fala delas, e julgam tratar-se de tédio e mediocridade: talvez excetuando os que um dia escutaram um som admonitório vindo daquele reino, mas taparam os ouvidos para ele. A recordação disso os torna aborrecidos e agitados.

231. *Humanidade na amizade e no magistério.* — "Se fores para o leste, irei para o oeste":[73] sentir dessa forma é elevado signo de humanidade no relacionamento próximo: sem esta sensibilidade, toda amizade, toda relação entre mestre e aluno, mestre e discípulo se torna, em algum momento, hipocrisia.

232. *Os profundos.* — Indivíduos que pensam profundamente têm a impressão de serem comediantes ao lidar com os outros, pois sempre têm que dissimular uma superfície para serem compreendidos.

233. *Para os desprezadores da "humanidade de rebanho".* — Quem considera os homens como rebanho, e deles foge o mais rapidamente possível, certamente será por eles alcançado e espetado com os chifres.

234. *O principal delito contra os vaidosos.* — Quem dá a um outro, na sociedade, ocasião de brilhar expondo seu saber, seu sentimento e sua experiência, coloca-se acima dele e comete assim, caso o outro não o veja sem reservas como estando acima, um atentado à vaidade dele — quando acreditava estar satisfazendo-a.

235. *Decepção.* — Quando uma vida longa e uma ampla atividade, com muitas falas e escritos, testemunham publicamente acerca de uma pessoa, o trato com ela costuma decepcionar, por um duplo motivo: de um lado, porque se espera coisa demais de um breve período de relacionamento — ou seja, tudo aquilo que apenas as mil ocasiões da vida podem tornar visível —, e, de outro, porque alguém que já obteve reconhecimento geral não se esforça em conquistá-lo também num caso isolado. Ele é muito negligente — e nós, muito impacientes.

236. *Duas fontes de bondade.* — Tratar todos com igual benevolência e ser bom sem distinção de pessoa pode ser decorrência tanto de um profundo desprezo como de um sólido amor à humanidade.

237. *O andarilho fala para si mesmo na montanha.* — Há indícios seguros de que você avançou e subiu: agora o espaço é mais livre e a vista mais ampla ao seu redor, o ar que o envolve é mais fresco, mas também mais suave — você desaprendeu a tolice que era confundir suavidade com calor —, seu andar se tornou mais vivo e mais firme, ânimo e circunspeção cresceram conjuntamente: — por todos esses motivos, seu caminho agora pode ser mais solitário e, em todo caso, mais perigoso do que o anterior, embora não tanto, certamente, quanto acreditam aqueles que, do vale nebuloso, o veem caminhar pela montanha.

238. *Excetuando o próximo.* — Obviamente minha cabeça não está bem assentada sobre meus ombros; pois é notório que qualquer outra pessoa sabe melhor o que devo e o que não devo fazer: apenas eu, pobre coitado, não sei me dar bons conselhos. Não somos todos nós como estátuas em que foram colocadas as cabeças erradas? — Não é verdade, meu caro próximo? — Mas não, justamente você é a exceção.

239. *Cautela.* — Com pessoas a quem falta o respeito pelo que é pessoal não devemos andar, ou devemos antes colocar-lhes, implacavelmente, as algemas da compostura.

240. *Desejo de mostrar-se vaidoso.* — Expressar apenas pensamentos seletos ao conversar com pessoas desconhecidas ou não muito conhecidas, falar dos amigos célebres, de experiências e viagens importantes é indício de não ser orgulhoso, ou ao menos de não desejar parecer que é. A vaidade é a máscara de polidez do orgulhoso.

241. *A boa amizade.* — A boa amizade nasce quando se preza bastante o outro, mais do que a si mesmo; quando também se ama o outro, mas não tanto quanto a si mesmo, e quando, para facilitação do trato, sabe-se juntar a isso uma *tintura* e penugem de intimidade, mas sabiamente guardando-se, ao mesmo tempo, da verdadeira intimidade, e evitando confundir Eu com Você.

242. *Os amigos como fantasmas.* — Quando mudamos muito, nossos amigos que não mudaram se tornam fantasmas do nosso passado: sua voz nos chega vaga e horripilante — como se ouvíssemos a nós mesmos, porém mais jovens, mais duros e imaturos.

243. *Um olho e dois olhares.* — As mesmas pessoas que têm por natureza o olhar que chama o favor e a proteção, habitualmente possuem também, devido a suas frequentes humilhações e sentimentos de vingança, o olhar desavergonhado.

244. *Distância azul.* — Uma criança a vida inteira — isso soa comovente, mas é apenas o juízo feito à distância; visto e vivido de perto, significa sempre: um menino a vida inteira.

245. *Vantagem e desvantagem no mesmo mal-entendido.* — O silencioso embaraço da cabeça refinada é geralmente interpretado como tácita superioridade pelos não refinados e bastante temido: quando a percepção do embaraço produziria benevolência.

246. *O sábio passando por tolo.* — A amabilidade com os seres humanos, por parte do homem sábio, às vezes o leva a *dar-se* por exaltado, irritado, rejubilado, a fim de não magoar aqueles ao seu redor com a frieza e circunspeção de seu *verdadeiro* ser.

247. *Obrigar-se à atenção.* — Tão logo notamos que alguém, no trato e nas conversas conosco, precisa *obrigar-se* a ter atenção, temos uma prova cabal de que não nos ama ou não mais nos ama.

248. *Caminho para uma virtude cristã.* — Aprender com nossos inimigos é o melhor caminho para amá-los: pois nos deixa em atitude de gratidão para com eles.

249. *Estratégia do importuno.* — O importuno dá moedas de ouro como troco para nossas moedas de convenção, e depois quer nos forçar a tratar nossa convenção como uma falha e a ele como uma exceção.

250. *Motivo de aversão.* — Tornamo-nos hostis a vários artistas e escritores, não porque finalmente notamos que eles nos enganaram, mas porque não julgaram necessário usar meios mais sutis para nos prender.

251. *Na separação.* — Não é no modo como uma alma se aproxima de outra, mas em como se afasta dela que reconheço seu parentesco e relação com a outra.

252. *Silentium* [Silêncio]. — Não se deve falar dos amigos: senão malbaratamos com palavras o sentimento da amizade.

253. *Impolidez.* — Impolidez é, com frequência, sinal de uma modéstia desajeitada, que perde a cabeça com uma surpresa e quer esconder isso mediante a grosseria.

254. *Erro de cálculo na franqueza.* — Aquilo que até então silenciamos, às vezes revelamos justamente aos mais novos conhecidos: acreditamos, tolamente, que essa prova de confiança é o mais forte vínculo com que podemos retê-los — mas eles não sabem o suficiente de nós para apreciar muito o sacrifício de nossa confidência, e delatam a outros nossos segredos, sem imaginar que assim nos traem: de modo que podemos perder nossos velhos conhecidos por causa disso.

255. *Na antecâmara do favor.* — Todas as pessoas que deixamos esperar por muito tempo na antecâmara do nosso favor, entram em fermentação e ficam azedas.

256. *Aviso aos desprezados.* — Quando alguém decaiu claramente na estima das pessoas, deve agarrar-se com unhas e dentes ao pudor nas relações: de outro modo, revela aos outros que também decaiu na sua própria estima. O cinismo nas relações é um sinal de que a sós consigo a pessoa trata a si mesma como um cão.

257. *Ignorância que enobrece.* — Tendo em vista a estima dos que conferem estima, é mais vantajoso não compreender evidentemente certas coisas. Também a insciência proporciona privilégios.

258. *O adversário da graça.* — O intolerante e arrogante não aprecia a graciosidade e a percebe como uma objeção viva contra si; pois ela é a tolerância do coração em gestos e movimento.

259. *No reencontro.* — Quando velhos amigos se reveem após uma longa separação, com frequência sucede aparentarem interesse ao falar de coisas que se tornaram indiferentes para eles: e às vezes ambos o percebem, mas não ousam levantar o véu — graças a uma triste dúvida. Assim nascem conversas como que no reino dos mortos.

260. *Fazer amizade apenas com sujeitos laboriosos.* — O ocioso é um perigo para os amigos: pois, como não tem o que fazer, fala do que os amigos fazem ou não fazem, e acaba por se imiscuir e tornar-se incômodo: motivo pelo qual devemos, sabiamente, tomar apenas sujeitos laboriosos como amigos.

261. *Uma arma valendo mais do que duas.* — É uma luta desigual, quando um indivíduo defende sua causa com a cabeça e o coração, e o outro, apenas com a cabeça: é como se o primeiro tivesse o sol e o vento contra si, e suas duas armas atrapalham uma à outra: ele perde o prêmio — aos olhos da *verdade*. Por outro lado, a vitória do segundo com sua única arma raramente é uma vitória que fala ao coração dos *outros* espectadores, tornando-o antipático para eles.

262. *Profundeza e turvação.* — O público facilmente confunde quem pesca em águas turvas com quem colhe das profundezas.

263. *Demonstrando sua vaidade com amigos e inimigos.* — Por vaidade, alguns tratam mal até os próprios amigos, quando há testemunhas a quem querem deixar clara a sua predominância; e outros exageram o valor de seus inimigos, para orgulhosamente dar a entender que são dignos de tais inimigos.

264. *Esfriamento.* — O coração quente geralmente está ligado à enfermidade da cabeça e do juízo. Quem por algum tempo se importa com a saúde deste, deve saber, portanto, o que tem de esfriar; sem temer pelo futuro de seu coração! Pois, se for capaz de aquecimento, inevitavelmente retomará seu calor e terá seu verão.

265. *Mescla de sentimentos.* — No tocante à ciência, mulheres e artistas egoístas sentem algo que é composto de inveja e sentimentalismo.

266. *Quando o perigo é maior.* — Raramente quebramos a perna quando subimos trabalhosamente na vida, mas sim quando começamos a fazer corpo mole e tomar os caminhos fáceis.

267. *Cedo demais.* — É preciso atentar para não se tornar agudo antes do tempo — porque assim nos adelgaçamos antes do tempo.

268. *Alegria com o recalcitrante.* — O bom educador sabe de casos em que tem orgulho de seu aluno permanecer fiel a si mesmo contra ele: isto é, ali onde o jovem não deve compreender o adulto, ou o compreenderia em detrimento próprio.

269. *Tentativa de honradez.* — Jovens que desejam tornar-se mais honrados do que eram, procuram como vítima alguém notoriamente honrado, que atacam buscando elevar-se à sua altura com insultos — achando secretamente que, de toda forma, essa primeira tentativa não é perigosa; pois aquele seria o último a castigar o impudor do honrado.

270. *A eterna criança.* — Nós julgamos que histórias de fadas e brincadeiras são coisas da infância: míopes que somos! Como se em alguma idade da vida pudéssemos viver sem brincadeiras e histórias! É certo que as denominamos e vemos de outro modo, mas justamente isso mostra que são a mesma coisa — pois também a criança vê a brincadeira como seu trabalho e as histórias como sua verdade. A brevidade da vida deveria nos guardar da pedante separação das idades da vida — como se cada uma trouxesse algo novo — e um poeta poderia nos apresentar um homem de duzentos anos, um que realmente vivesse sem brincadeiras e histórias.

271. *Toda filosofia é filosofia de uma idade da vida.* — A idade da vida em que um filósofo encontrou sua teoria ecoa dentro dela, não há como evitá-lo, por mais que ele se imagine acima do tempo e do instante. Assim, a filosofia de Schopenhauer é o reflexo da *juventude* ardente e melancólica — não é um pensamento para homens mais velhos. Assim, a filosofia de Platão lembra os meados da terceira década de vida, quando uma corrente quente e uma fria costumam chocar-se impetuosamente, de modo que surgem partículas e delicadas nuvenzinhas, e, em circunstâncias e raios de sol favoráveis, um encantador arco-íris.

272. *O espírito das mulheres.* — A força espiritual de uma mulher é demonstrada da melhor maneira no fato de ela, por amor a um homem e seu espírito, sacrificar o seu próprio, e, apesar disso, imediatamente lhe nasce um *segundo espírito*, no novo âmbito, originalmente estranho à sua natureza, para onde a conduz a índole[74] do homem.

273. *Elevação e rebaixamento no sexo.* — Por vezes a tempestade do desejo arrasta o homem a uma altura em que todo desejo cala: ali onde ele realmente *ama* e vive ainda mais num melhor ser que num melhor querer. E com frequência uma boa mulher desce, por amor verdadeiro, até o desejo, e nisso *rebaixa-se* ante si mesma. Especialmente essa última coisa está entre as mais tocantes que a ideia de um bom matrimônio traz consigo.

274. *A mulher realiza, o homem promete.* — Através da mulher a natureza mostra o que até agora conseguiu fazer, em seu trabalho na imagem do ser humano; através do homem ela mostra o que teve de superar ao fazê-lo, mas também o que *pretende* com o ser humano. — Em cada época, a mulher perfeita é o ócio do criador a cada sétimo dia da cultura, o repouso do artista em sua obra.

275. *Transposição.* — Se alguém emprega seu espírito em dominar a desmesura dos afetos, talvez isso ocorra com o triste resultado de transferir a desmesura para o espírito e doravante se exceder no pensar e querer conhecer.

276. *O riso como traição.* — Como e quando uma mulher ri é um indício da sua formação; mas no som da risada se revela a sua natureza, talvez até, em mulheres muito cultivadas, o último e irredutível resto de sua natureza. — Por isso o perscrutador do humano dirá, como Horácio, mas por motivo diverso: *ridete puellae* [riam, garotas].[75]

277. *Da alma dos jovens.* — Os jovens alternam devoção e impudor em relação à mesma pessoa: porque, no fundo, veneram e desprezam apenas a si mesmos no outro, e oscilam entre os dois sentimentos em relação a si mesmos, enquanto a experiência não os faz encontrar a medida do seu querer e saber.

278. *Para melhorar o mundo.* — Se as pessoas insatisfeitas, irascíveis e rabugentas fossem impedidas de se reproduzir, a Terra poderia se transformar num jardim de felicidade. — Essa tese faria parte de uma filosofia prática para o sexo feminino.

279. *Não desconfiar de seu sentimento.* — A frase feminina de que não devemos desconfiar do nosso sentimento não significa mais do que: devemos comer o que nos apetece. Isso também pode ser uma boa regra cotidiana, sobretudo para naturezas comedidas. Mas outras naturezas têm de viver segundo uma outra máxima: "não deves comer só com a boca, mas também com a cabeça, para que a gulodice da boca não te arruíne".

280. *Cruel pensamento do amor.* — Todo grande amor traz consigo o cruel pensamento de matar o objeto do amor, para subtraí-lo de uma vez por todas ao sacrílego jogo da mudança: pois o amor tem mais receio da mudança que do aniquilamento.

281. *Portas.* — Assim como o adulto, a criança vê portas em tudo que se vivencia e se aprende: mas para ela são *acessos*; para ele, apenas *passagens*.

282. *Mulheres compassivas.* — A compaixão das mulheres, que é loquaz, transporta o leito do enfermo para a praça pública.

283. *Mérito precoce.* — Quem ainda jovem conquista méritos, geralmente perde o respeito pela idade e o idoso, e assim se exclui, em grande detrimento próprio, da companhia dos maduros e que conferem maturidade: de modo que, apesar dos méritos precoces, permanece verde, importuno e pueril por mais tempo do que outros.

284. *Almas de tudo ou nada.* — As mulheres e os artistas acham que, quando ninguém os contradiz, ninguém pode contradizê-los. Não lhes parece possível que haja, ao mesmo tempo, veneração em dez pontos e silenciosa desaprovação em outros dez, porque têm almas de tudo ou nada.

285. *Jovens talentos.* — Em relação aos jovens talentos, temos de agir rigorosamente segundo a máxima goethiana de que muitas vezes não se deve atrapalhar o erro, para não atrapalhar a verdade. Seu estado semelha os males da gravidez e comporta singulares desejos: que deveríamos satisfazer e relevar tanto quanto possível, em nome dos frutos que deles esperamos. É verdade que, como enfermeiros desses peculiares doentes, temos que entender da difícil arte da humilhação voluntária.

286. *Nojo da verdade.* — As mulheres são feitas de tal forma que toda verdade (em relação a homem, amor, filho, sociedade, objetivo de vida) lhes causa nojo e elas buscam se vingar de todo aquele que lhes abre os olhos.

287. *A fonte do grande amor.* — De onde se origina a súbita paixão de um homem por uma mulher, aquela profunda, interior? Apenas da sensualidade, certamente não: mas, se o homem encontra debilidade, necessidade de ajuda e petulância ao mesmo tempo, nele sucede como se a sua alma quisesse transbordar: no mesmo instante ele se sente tocado e ofendido. Nesse ponto é que brota a fonte do grande amor.

288. *Limpeza.* — O senso da limpeza deve ser estimulado na criança até que se torne paixão: mais tarde, em transformações sempre novas, ele se ergue quase à altura de toda virtude e enfim aparece, qual compensação de todo talento, como um halo de pureza, comedimento, brandura, caráter — carregando em si felicidade, espalhando ao redor de si felicidade.

289. *Velhos vaidosos.* — A profundidade é coisa da juventude, a clareza, da velhice: se, apesar disso, homens velhos às vezes falam e escrevem à maneira dos profundos, fazem-no por vaidade, na crença de que assim adotam o charme do que é juvenil, exaltado, em formação, cheio de pressentimento e esperança.

290. *Utilização do novo.* — Os homens passam a utilizar o recém-vivido ou aprendido como relha de arado, talvez como arma também: mas as mulheres imediatamente fazem daquilo um ornamento para si.

291. *Ter razão para os dois sexos.* — Se alguém admite para uma mulher que ela tem razão, ela não pode deixar de triunfantemente pôr o calcanhar sobre a nuca do vencido — ela tem que saborear a vitória; enquanto um homem geralmente se envergonha de estar certo diante de outro homem. Em compensação, o homem está habituado à vitória, e a mulher a experimenta como uma exceção.

292. *Renúncia na vontade de beleza.* — Para tornar-se bela, uma mulher não deve querer ser vista como bonita: isso significa que, em noventa e nove casos em que poderia agradar, deve desdenhar e abster-se de fazê-lo, para numa só vez granjear o encanto daquele cuja alma tem portas grandes o suficiente para acolher a grandeza.

293. *Incompreensível, intolerável.* — Um jovem não pode compreender que um homem maduro já tenha passado por seus êxtases, suas auroras do sentimento, suas voltas e voos do pensamento: já o incomoda pensar que eles tenham existido duas vezes — mas fica realmente hostil quando ouve que, para tornar-se *fecundo*, deve perder aquelas flores, privar-se do seu aroma.

294. *Partido com ares de mártir.* — Todo partido que sabe se dar ares de mártir atrai os corações dos afáveis e adquire ele mesmo ares de afabilidade, para grande vantagem sua.

295. *Afirmar é mais seguro que provar.* — Uma afirmação produz efeito maior que um argumento, ao menos para a maioria dos homens; pois o argumento suscita desconfiança. Por isso tribunos populares buscam assegurar os argumentos de seu partido mediante afirmações.

296. *Os melhores ocultadores.* — Aqueles geralmente bem-sucedidos têm a profunda astúcia de apresentar suas falhas e fraquezas apenas como forças aparentes: por esse motivo, devem conhecê-las excepcionalmente bem.

297. *De vez em quando.* — Ele sentou junto à porta da cidade e disse, para alguém que passava, que aquela era a porta da cidade. A pessoa respondeu que aquilo era uma verdade, mas que não se deve ter razão demais, quando se quer receber gratidão por isso. Oh, respondeu ele, eu não quero gratidão; mas de vez em quando é agradável não só ter razão, como também ficar com a razão.

298. *A virtude não foi inventada pelos alemães.* — A finura e ausência de inveja de Goethe, a nobre resignação eremítica de

Beethoven, a graça e delicadeza de coração de Mozart, a inflexível virilidade de Haendel e sua liberdade sob a lei, a confiada e transfigurada vida interior de Bach, que nem sequer precisa renunciar ao brilho e ao sucesso — então estas são qualidades *alemãs*? — Se não são, pelo menos mostram a que devem aspirar e o que podem alcançar os alemães.

299. *Pia fraus*[76] *ou alguma outra coisa.* — Posso estar errado; mas parece-me que, na Alemanha atual, uma dupla espécie de hipocrisia torna-se o dever do momento para todos: pede-se um germanismo por preocupação com a política do *Reich*, e um cristianismo por medo social, mas ambos somente em palavras e gestos, e sobretudo no saber calar. É o *verniz* que hoje em dia custa tanto, que se paga tão caro: é por causa dos *espectadores* que a nação reveste de trejeitos germano-cristãos o seu rosto.

300. *A metade pode ser mais que o todo também nas coisas boas.* — Em todas as coisas instituídas para durar e que requerem o serviço de muitas pessoas, muito que não é tão bom *precisa ser tornado regra*, embora o organizador conheça muito bem algo melhor (e mais difícil); mas seu cálculo é que jamais faltem pessoas que *possam* corresponder à regra — e ele sabe que a média das forças é a regra. — Um jovem raramente compreende isso, e então se admira, como inovador, do quanto está certo e de quão singular é a cegueira dos outros.

301. *O homem de partido.* — O autêntico homem de partido não aprende mais, apenas toma conhecimento e julga: enquanto Sólon, que nunca foi homem de partido, e sim buscou sua meta ao lado, acima ou contra os partidos, significativamente é autor daquela frase singela em que se acha a saúde e inesgotabilidade de Atenas: "Envelheço e continuo aprendendo".

302. *O que é alemão segundo Goethe.* — São os verdadeiramente insuportáveis, dos quais não se gosta de aceitar nem mesmo o que é bom, que possuem *liberdade de opinião* mas não notam que lhes falta *liberdade de gosto e de espírito*. Mas justamente isso, segundo o ponderado juízo de Goethe, é *alemão*. — Sua voz e seu exemplo indicam que o alemão tem de ser mais que um alemão, se quiser ser útil, ou mesmo suportável apenas, para as outras nações — e *em que direção* ele deve se empenhar para ir além e fora de si mesmo.

303. *Quando é preciso deter-se*. — Quando as massas começam a se enraivecer e a razão se obscurece, é conveniente, não se estando seguro da saúde da própria alma, meter-se debaixo de um portal e observar o tempo.

304. *Revolucionários e proprietários*. — O único meio contra o socialismo que ainda têm em seu poder é: não desafiá-lo, ou seja, viverem vocês próprios de maneira sóbria e modesta, evitarem ao máximo a exibição da opulência e ajudarem o Estado, quando ele taxa pesadamente tudo que seja supérfluo e luxuoso. Vocês não querem esse recurso? Então, ricos burgueses que chamam a si próprios "liberais", apenas confessem a si mesmos que é sua própria disposição interior,[77] que acham tão terrível e ameaçadora nos socialistas mas em vocês mesmos têm como inevitável, como se aí fosse algo diferente. Se, tal como são, não tivessem sua fortuna e a preocupação de mantê-la, esta sua inclinação os tornaria socialistas: somente a posse os diferencia deles. Têm de vencer primeiramente a si próprios, se quiserem, de alguma forma, derrotar os oponentes de sua prosperidade. — Se essa prosperidade ao menos fosse realmente bem-estar! Não seria tão exterior e suscitadora de inveja, seria mais partilhadora, mais benévola, mais equitativa, mais prestativa. Mas o inautêntico e histriônico de seus prazeres de vida, que se acham mais no sentimento de oposição (no fato de outros não tê-los e invejá-los) que no sentimento de plenitude e elevação da força — seus apartamentos, carros, roupas, vitrines, suas exigências da mesa e do paladar, seu ruidoso entusiasmo por música e ópera, e enfim suas mulheres, formadas e modeladas, porém de metal não nobre, douradas, mas sem o som do ouro, por vocês escolhidas como peças de ostentação, ofertando-se como peças de ostentação: — eis os venenosos propagadores dessa doença popular que, na forma de sarna socialista, cada vez mais rapidamente se transmite à massa, mas que tem em vocês sua primeira sede e foco de incubação. E quem poderia agora deter essa peste?

305. *Tática dos partidos.* — Quando um partido nota que um adepto incondicional se tornou condicional, tolera tão pouco essa mudança que procura, mediante toda espécie de provocações e ofensas, levá-lo ao definitivo afastamento e transformá-lo em adversário: pois desconfia que a intenção de ver em seu credo algo *relativamente* valioso, que admite pró e contra, ponderação e recusa, é mais perigosa para ele do que uma oposição total.

306. *Para o fortalecimento dos partidos.* — Quem quiser fortalecer internamente um partido, ofereça-lhe ocasião de ter que ser tratado de modo evidentemente *injusto*: assim ele junta um capital de boa consciência que talvez lhe tenha faltado até então.

307. *Cuidando de seu passado.* — Como os homens estimam, afinal, apenas o que foi fundado há muito tempo e desenvolvido lentamente, aquele que deseja prosseguir vivendo após a sua morte deve cuidar não somente da posteridade, mas sobretudo do *passado*: é por isso que tiranos de toda espécie (também artistas e políticos tirânicos) gostam de violentar a história, a fim de que ela apareça como preparação e escada que conduz a eles.

308. *Escritores de partido.* — As batidas de tambor, em que se comprazem os jovens escritores a serviço de um partido, soam como estrondo de cadeias para quem não é do partido, e suscitam antes compaixão do que admiração.

309. *Tomando partido contra si.* — Nossos adeptos jamais nos perdoam, quando tomamos partido contra nós mesmos: pois isso significa, a seus olhos, não apenas rejeitar seu amor, mas também desnudar sua inteligência.

310. *Perigo na riqueza.* — Apenas quem tem *espírito* deveria ter *posses*: caso contrário, a posse é um *perigo público.* O possuidor que não sabe fazer uso do tempo livre que a posse lhe consentiria, sempre vai continuar aspirando pela posse. E essa aspiração vem a ser sua distração, seu estratagema na luta contra o tédio. Assim, da posse moderada que bastaria para o homem de espírito surge enfim a riqueza propriamente dita: como reluzente produto da não independência e pobreza espiritual. Mas ela se *mostra* de maneira bem diferente do que sua pobre origem leva a esperar, pois pode se mascarar de cultura e arte: pode justamente *comprar* a máscara. Desse modo suscita inveja nos pobres e incultos — que, no fundo, sempre invejam a cultura e não veem máscara na máscara — e gradualmente prepara uma subversão social: pois a dourada rudeza e histriônico pavoneio na suposta "fruição da cultura" inspiram nesses a ideia de que "tudo está no dinheiro" — quando certamente *algo* está no dinheiro, mas *muito mais no espírito.*

311. *Alegria em comandar e obedecer.* — Tanto o comandar como o obedecer produzem alegria; o primeiro, quando ainda não se tornou hábito; o segundo, quando já se tornou hábito. Velhos serventes e novos comandantes favorecem mutuamente a produção da alegria.

312. *Ambição da sentinela perdida.* — Há uma ambição da sentinela perdida, que leva um partido a colocar-se num perigo extremo.

313. *Quando o asno é necessário.* — Não se leva a multidão a gritar "hosana" enquanto não se entra na cidade montado num asno.[78]

314. *Costume de partido.* — Cada partido busca apresentar como insignificante algo importante que surgiu fora dele; se não consegue fazer isso, hostiliza-o tanto mais afincadamente quanto mais excelente ele é.

315. *Esvaziando-se.* — Daquele que se entrega aos acontecimentos resta cada vez menos. Por isso os grandes políticos podem se tornar homens inteiramente vazios, mesmo tendo sido plenos e ricos.

316. *Inimigos desejados.* — Para os regimes dinásticos, as correntes socialistas ainda são antes agradáveis que temíveis agora, pois graças a elas obtêm *o direito e a espada* para as medidas de exceção com que podem atingir seus autênticos pesadelos, os democratas e antidinastas. — Tais regimes têm agora uma secreta inclinação e afinidade pelo que publicamente odeiam: eles têm de ocultar sua alma.

317. *A posse possui.* — Apenas em certa medida a posse torna o homem mais livre e independente; um grau adiante — e a posse torna-se senhor, e o possuidor, escravo; ele tem de lhe sacrificar seu tempo, sua reflexão, e de ora em diante sente-se obrigado a frequentar determinado círculo, sente-se atado a um lugar, incorporado a um Estado: tudo isso, talvez, contrariando sua necessidade mais íntima e essencial.

318. *O governo dos que sabem.* — É fácil, ridiculamente fácil, elaborar um modelo para a escolha de uma corporação legislativa. Primeiro deveriam separar-se, através da percepção e do reconhecimento mútuos, os homens retos e confiáveis de um país que sejam também mestres e especialistas em alguma coisa; entre eles deveriam ser escolhidos, em seleção mais restrita, os peritos e conhecedores de primeira ordem em cada especialidade, também mediante reconhecimento e garantia mútuos. Uma vez constituída por eles a corporação legislativa, somente poderiam decidir, em cada caso particular, os votos e sentenças dos mais qualificados especialistas, e a honestidade de *todos* os demais deveria ser grande o suficiente para que fosse simples questão de decoro deixar apenas para aqueles a votação: de modo que, no sentido mais estrito, a lei procedesse do entendimento dos mais entendidos. — Atualmente votam os partidos: e em cada votação deve haver centenas de consciências envergonhadas — as dos mal informados, dos incapazes de julgamento, dos que repetem os demais, que vão a reboque, que se deixam arrastar. Nada rebaixa tanto a dignidade de uma nova lei como o rubor dessa falta de retidão, a que obriga toda votação partidária. Mas, como disse, é fácil, ridiculamente fácil, estabelecer algo assim; nenhum poder do mundo é atualmente forte o bastante para realizar o melhor — a não ser que a crença na superior *utilidade do saber e dos que sabem* termine por convencer até o mais malévolo e seja preferida à crença no maior número, que agora vigora. É no espírito desse futuro que o nosso lema deve ser: "Mais respeito pelos que sabem! E abaixo todos os partidos!".

319. *O "povo dos pensadores" (ou do mau pensar).* — O indefinido, nebuloso, apreensivo, elementar, intuitivo — usando termos vagos para coisas vagas — que se atribui ao ser alemão seria prova, se realmente existe, de que sua cultura permaneceu muito para trás e ainda se acha envolta no encanto e na atmosfera da Idade Média. — É verdade que nesse atraso haveria também vantagens: os alemães estariam capacitados, com esses atributos — se é que, repetindo, eles ainda os possuem —, para algumas coisas, em especial para a compreensão de algumas coisas, para as quais outras nações já perderam toda a força. E certamente muito se perde, quando a *falta de racionalidade* — justamente o que há em comum naqueles atributos — é perdida: mas também nisso não há perda sem uma enorme compensação, de modo que não existe motivo para lamentação, desde que não se pretenda, como as crianças e os gulosos, saborear os frutos de todas as estações ao mesmo tempo.

320. *Levando corujas para Atenas.* — Os governos dos grandes Estados têm dois meios para manter o povo dependente de si, em temor e obediência: um mais grosseiro, o exército, e um mais sutil, a escola. Com o auxílio do primeiro, conquistam para seu lado a *ambição* das camadas mais elevadas e a *força* das mais baixas, na medida em que essas duas coisas costumam ser próprias de homens ativos e robustos de talento mediano ou menor; com o auxílio do outro meio, ganham a pobreza *dotada*, em especial a semipobreza intelectualmente ambiciosa dos estratos médios. Eles criam, principalmente com os professores de todos os graus, uma corte intelectual que involuntariamente olha para "cima": pondo muitos obstáculos no caminho da escola privada, sem falar da malquista educação individual, asseguram a disposição sobre um número bem significativo de cargos docentes, para os quais se volta continuamente um número de olhos famintos e submissos que é certamente cinco vezes maior que o dos que podem achar satisfação. Mas essas colocações podem alimentar apenas *precariamente* seus titulares: então se mantém neles uma febril sede de *promoção*, ligando-os ainda mais estreitamente aos propósitos do governo. Pois sempre é mais vantajoso cultivar uma insatisfação moderada do que a satisfação, que é mãe da coragem, avó do pensamento livre e da presunção. Através desse professorado mantido em xeque fisicamente e espiritualmente, toda a juventude da nação é, tanto quanto possível, erguida a uma certa altura cultural, útil ao Estado e adequadamente graduada: mas, sobretudo, quase imperceptivelmente se transmite, aos espíritos imaturos e ávidos de honra de todas as classes, a mentalidade de que apenas uma orientação de vida reconhecida e homologada pelo Estado acarreta uma pronta *distinção* social. O efeito dessa crença nos exames e títulos do Estado vai ao ponto de mesmo homens que permaneceram independentes, que ascenderam mediante comércio ou ofício, sentirem no peito um espinho de insatisfação até que sua posição seja notada e reconhecida desde cima, através da graciosa concessão de um título ou uma ordem — até que possam "deixar-se ver". Por fim, o Estado associa todos os milhares de funções e cargos remunerados que possui à *obrigação* de o indivíduo ser educado e certificado pelas escolas estatais, se deseja entrar por estas portas algum dia: honra da sociedade, pão para si, possibilidade de formar uma família, proteção desde cima, sentimento de solidariedade dos de mesma formação — tudo isso constitui uma rede de expectativas em que todo jovem cai: como lhe seria inspirada a desconfiança? Se, além de tudo, a obrigação de ser *soldado* por alguns anos se torna, após umas poucas gerações, um irrefletido hábito e pressuposto de cada um, de acordo com o qual se delineia já cedo o seu plano de vida, o Estado pode também ousar o golpe de mestre de *entrelaçar*, por meio de vantagens, escola e exército, talento, força e ambição, isto é, atrair para o exército aqueles *mais altamente dotados* e *educados* e neles inculcar o espírito militar de alegre obediência, através de condições mais favoráveis; de modo que talvez abracem permanentemente a bandeira e, com seus talentos, deem-lhe um novo, cada vez mais brilhante prestígio. — Então nada mais falta, senão oportunidades de grandes guerras: e disso cuidam, por ofício, com toda a *inocência*, portanto, os diplomatas, juntamente com os jornais e as bolsas: pois o "povo", sendo povo de soldados, sempre tem boa consciência nas guerras, não é necessário primeiramente criá-la.

321. *A imprensa.* — Considerando-se como ainda hoje todos os grandes eventos políticos entram furtivamente em cena, como são ocultos por acontecimentos insignificantes e parecem pequenos junto a eles, como só bastante tempo depois de ocorrerem mostram seus profundos efeitos e fazem tremer o solo — que significação se pode atribuir à imprensa, tal como é agora, com seu cotidiano dispêndio de fôlego para gritar, ensurdecer, incitar, apavorar — será ela mais do que um *permanente alarme falso*, que desvia os sentidos e ouvidos para a direção errada?

322. *Após um grande acontecimento.* — Um povo ou um homem, cuja alma se mostrou por ocasião de um grande acontecimento, geralmente sente depois a necessidade de uma *puerilidade* ou uma *rudeza*, tanto por vergonha como para recuperar-se.

323. *Ser bom alemão significa desgermanizar-se.* — Aquilo que se vê como diferenças nacionais é, muito mais do que até agora se percebeu, tão só a diferença de variados *níveis de cultura* e apenas numa mínima parte algo permanente (e mesmo isso não num sentido estrito). Por isso toda argumentação a partir do caráter nacional é tão pouco persuasiva para aquele que trabalha na *transformação* das convicções, ou seja, na cultura. Considerando-se tudo o que já foi alemão, por exemplo, a questão teórica "o que é alemão?" deve ser imediatamente corrigida para: "o que é agora alemão?" — e todo bom alemão a resolverá na prática, justamente com a superação de seus atributos alemães. Pois, quando um povo avança e cresce, sempre faz rebentar o cinturão que até então lhe dava seu aspecto nacional; se fica parado, se definha, um novo cinturão lhe cinge a alma, a crosta cada vez mais dura constrói, por assim dizer, uma prisão ao seu redor, cujos muros não param de crescer. Portanto, se um povo tem muita coisa firme, isso é uma prova de que quer petrificar-se, gostaria de tornar-se *monumento*: como foi o caso do Egito a partir de certo momento. Aquele que quiser o bem dos alemães, portanto, cuide ele mesmo de crescer cada vez mais além do que é alemão. Por isso o *voltar-se para o que não é alemão* sempre foi a característica dos homens capazes de nosso povo.

324. *Estrangeirices.* — Um estrangeiro, em viagem pela Alemanha, tanto agradou como desagradou com certas afirmações, segundo a região em que se achava. Todos os suábios que têm espírito — dizia ele — são coquetes. — Quanto aos outros suábios, ainda pensam que Uhland foi um poeta e Goethe foi imoral. — O melhor nos romances alemães agora famosos é que não precisamos lê-los: já os conhecemos. — O berlinense parece mais afável que o alemão do Sul, pois, sendo muito zombeteiro, suporta a zombaria: o que não sucede com os alemães do Sul. — O espírito dos alemães é sufocado pela sua cerveja e pelos seus jornais: ele lhes recomenda chá e panfletos, para curar-se, naturalmente. — Observe-se, aconselhou ele, os diferentes povos da velha Europa, como cada um deles exibe uma determinada característica da velhice particularmente bem, para prazer dos que se acham ante esse grande palco: como, de modo feliz, os franceses representam o inteligente e amável da velhice, os ingleses, o experiente e reservado, os italianos, o inocente e desafetado. Faltariam então as outras máscaras da velhice? Onde está o velho arrogante? O velho despótico? O velho avarento? — As regiões mais perigosas da Alemanha são a Saxônia e a Turíngia: em nenhum outro lugar existe mais atividade intelectual e conhecimento dos homens, além de livre-pensar, e tudo é tão modestamente escondido na feia linguagem e zelosa solicitude da população, que quase não se nota estar lidando ali com os sargentos intelectuais da Alemanha e seus instrutores no bem e no mal. — A soberba dos alemães do Norte é mantida em xeque por sua inclinação à obediência, a dos alemães do Sul, por sua inclinação ao comodismo. — Pareceu-lhe que os homens alemães têm, nas suas mulheres, donas de casa desajeitadas, mas muito presumidas: elas insistem em falar tão bem de si, que quase convenceriam o mundo (ou seus maridos, de toda forma) da virtude exclusiva das donas de casa alemãs. — Quando a conversa se voltava para a política alemã interna e no exterior, ele costumava relatar — ou, como dizia, trair — que o maior estadista alemão não acredita em grandes estadistas. — O futuro dos alemães ele via ameaçado e ameaçador: pois eles teriam desaprendido de se *alegrar* (o que os italianos bem saberiam fazer), mas se *habituado à emoção*, pelo grande jogo de azar das guerras e revoluções dinásticas, e, portanto, um dia conheceriam a sublevação. Pois esta seria a mais forte emoção que um povo pode ter. — O socialista alemão seria o mais perigoso, justamente porque não o impele uma necessidade *definida*; seu sofrimento estaria em não saber o que quer; ainda que alcançasse muita coisa, mesmo na fruição enlanguesceria de desejo, exatamente como Fausto, mas provavelmente como um Fausto bastante plebeu. "Pois", exclamou enfim, "Bismarck expulsou dos alemães cultos o *Demônio-Fausto* que tanto os atormentava: mas agora o Demônio entrou nos porcos e está pior do que nunca."[79]

325. *Opiniões.* — A maioria das pessoas não é nada e nada conta, até que tenha se vestido de convicções gerais e opiniões públicas, conforme a filosofia de alfaiate: o hábito faz o monge. Mas dos indivíduos de exceção precisamos dizer: *é o homem que faz o traje*; as opiniões deixam aí de ser públicas e tornam-se coisa distinta de máscaras, atavio e disfarce.

326. *Dois tipos de sobriedade.* — Para não confundir sobriedade por exaustão do espírito com sobriedade por moderação, deve-se ter em conta que a primeira é mal-humorada, e a segunda, alegre.

327. *Adulteração da alegria.* — Não chamar de boa uma coisa nem um dia mais do que nos parece boa e, sobretudo: *nem um dia antes* — eis o único meio de manter genuína a nossa *alegria*: que, do contrário, torna-se facilmente insossa e estragada no gosto, contando entre os alimentos adulterados para camadas inteiras do povo.

328. *O bode virtuoso.* — Ante a melhor coisa que alguém faz, aqueles que lhe querem bem, mas não se acham à altura de seu ato, buscam rapidamente um bode para matar, imaginando que seja o bode expiatório dos pecados — mas é o bode das virtudes.

329. *Soberania.* — A pessoa reverenciar também o que é ruim e professá-lo, quando *gosta* dele, e não fazer ideia de como alguém pode se envergonhar de seu gostar, eis a marca da soberania, nas coisas grandes e nas pequenas.

330. *Aquele que influi é um fantasma, não uma realidade.* — O homem relevante descobre aos poucos que, *na medida em que influi*, é um fantasma na cabeça dos outros, e talvez caia no sutil tormento de se perguntar se, para o *bem* dos seus semelhantes, não deveria manter esse fantasma de si.

331. *Dar e tomar.* — Quando tomamos (ou antecipadamente tiramos) de alguém o mínimo, ele é cego para o fato de que lhe demos algo bem maior, o máximo mesmo.

332. *Terra boa.* — Todo rejeitar e negar indica falta de fecundidade: no fundo, se fôssemos apenas terra boa, não deixaríamos nada perecer sem aproveitamento, e em toda coisa, evento e pessoa veríamos adubo, chuva e sol bem-vindos.

333. *Degustando a companhia.* — Se alguém, com espírito de renúncia, guarda intencionalmente a solidão, pode fazer do trato com as pessoas, raramente apreciado, um verdadeiro petisco.

334. *Saber sofrer publicamente.* — É preciso ostentar a própria infelicidade e de quando em quando suspirar audivelmente, estar visivelmente inquieto: pois, se deixássemos os outros perceberem como estamos seguros e felizes, apesar da dor e da privação, como os faríamos invejosos e malevolentes! — Mas devemos cuidar de não piorar nossos semelhantes; além disso, nesse caso eles nos imporiam pesadas taxas, e nosso *sofrimento público* também é, de toda forma, nossa *vantagem privada*.

335. *Calor nas alturas.* — Nas alturas é mais quente do que acreditam as pessoas nos vales, sobretudo no inverno. O pensador sabe o que quer dizer essa imagem.

336. *Querer o bem, ser capaz do belo.* — Não basta praticar o bem, é necessário tê-lo querido e, nas palavras do poeta, acolher a divindade em nossa *vontade*.[80] Mas não cabe querer o belo, é preciso *ser capaz* dele, com toda a inocência e cegueira, sem nenhuma curiosidade da psique. Quem acende sua lanterna para encontrar homens perfeitos deve atentar para este sinal: são aqueles que sempre agem pelo bem e nisso alcançam o belo, sem nele pensar. Pois muitos dos melhores e mais nobres, por incapacidade e ausência de uma bela alma, permanecem desagradáveis e feios para o olhar, com toda a sua boa vontade e suas boas obras; eles repugnam, e prejudicam até mesmo a virtude, com a repelente indumentária de que a cobre o seu mau gosto.

337. *Perigo na renúncia.* — Devemos nos guardar de alicerçar a vida numa base muito estreita de desejos: pois, se renunciamos às alegrias que posições, honras, associações, confortos, volúpias e artes proporcionam, pode haver um dia em que notamos ter alcançado com esta renúncia, em vez da sabedoria, o *desgosto da vida.*

338. *Última opinião sobre opiniões.* — Devemos, ou esconder nossas opiniões, ou nos esconder atrás de nossas opiniões. Quem age de outra forma, ou não conhece a marcha do mundo, ou pertence à Ordem da Santa Temeridade.

339. "*Gaudeamus igitur*" [Alegremo-nos, pois]. — A alegria deve conter também forças edificantes e curativas para a natureza moral do ser humano: senão, como se explicaria que nossa alma, tão logo repousa no raio de sol da alegria, involuntariamente jure para si mesma "ser boa", "tornar-se perfeita", e que nisso seja tomada por um pressentimento da perfeição, como um tremor de beatitude?

340. *A alguém elogiado.* — Enquanto você for elogiado, acredite que ainda não está em sua própria trilha, mas na de outro.

341. *Amando o mestre.* — O mestre é amado pelo aprendiz de uma forma; pelo mestre, de outra.

342. *Humano e belo demais.* — "A natureza é bela demais para você, pobre mortal" — não é raro termos esse sentimento; mas algumas vezes, observando intimamente tudo que é humano, sua abundância, força, delicadeza, complexidade, senti que tinha que dizer, com toda a humildade: "também o *homem* é belo demais para os homens que o contemplam!" — e não apenas o ser humano moral, mas qualquer um.

343. *Bens móveis e bens de raiz.* — Quando a vida tratou alguém de maneira totalmente rapace, tirando-lhe tudo o que podia em matéria de honras, alegrias, seguidores, saúde, propriedade de toda espécie, talvez esse alguém descubra mais tarde, após o assombro inicial, que é *mais rico* do que antes. Pois somente então ele sabe o que lhe é tão próprio que ladrão nenhum pode tocar: e, assim, talvez saia de toda a pilhagem e desordem com a nobreza de um grande proprietário de terras.

344. *Figuras ideais involuntárias.* — O sentimento mais penoso que há é descobrir que sempre somos tomados por algo superior ao que somos. Pois temos de confessar a nós mesmos: algo em você é mentira, sua palavra, sua expressão, seus gestos, seus olhos, seus atos — esse algo enganador é tão necessário quanto sua restante honestidade, mas sempre anula o efeito e o valor desta.

345. *Idealista e mentiroso.* — Também não devemos nos deixar tiranizar pelo mais belo prazer: o de elevar as coisas ao plano ideal; senão, um dia a verdade se afasta de nós com estas palavras feias: "Rematado mentiroso, que tenho eu a ver contigo?".[81]

346. *Ser mal compreendido.* — Quando se é mal-entendido como um todo, é impossível erradicar inteiramente um mal-entendido específico. Deve-se levar isso em conta, para não gastar forças em sua própria defesa inutilmente.

347. *Fala o bebedor de água.* — Continua bebendo o vinho que te deleitou a vida inteira — que tens a ver com o fato de eu necessariamente ser um bebedor de água? Vinho e água não são elementos pacíficos, fraternais, que coexistem sem objeções?

348. *Da terra dos canibais.* — Na solidão o solitário devora a si mesmo, na multidão o devoram muitos. Agora escolha.

349. *No congelamento da vontade.* — "Um dia ela virá enfim, a hora que te envolverá na áurea nuvem da ausência de dor: em que a alma frui seu próprio cansaço e, feliz, em paciente jogo com sua própria paciência, semelha as ondas de um lago que, num dia calmo de verão, refletindo um variegado céu vespertino, arrastam-se pela margem e de novo se aquietam — sem fim, sem finalidade, sem saciedade nem necessidade — um completo sossego a se alegrar com a mudança, um total fluir e refluir na pulsação da natureza." Eis o sentimento e o discurso de todos os doentes; quando atingem essas horas, no entanto, após uma curta fruição vem o tédio. Mas este é o vento do degelo para a vontade congelada: ela desperta, movimenta-se e gera novamente desejo após desejo. — Desejar é sinal de melhora ou convalescença.

350. *O ideal negado.* — Excepcionalmente pode ocorrer que alguém atinja o mais elevado apenas quando nega seu ideal: pois até então esse ideal o empurrou muito impetuosamente, de forma que no meio de cada trajeto ele perdia o fôlego e tinha que parar.

351. *Inclinação reveladora.* — Veja-se como sinal de um homem invejoso, mas que aspira alto, quando ele se sente atraído pela ideia de que ante o excelente há apenas uma saída: o amor.

352. *Felicidade de escada.*[82] — Assim como o senso de humor de alguns homens não mantém o passo com a oportunidade, de modo que esta já passou pela porta enquanto aquele ainda se acha na escada: assim também existe, em outros, uma espécie de felicidade de escada, que anda muito devagar para poder se conservar ao lado do tempo, que tem pés ligeiros; o melhor que chegam a gozar de uma vivência, de toda uma passagem da vida, lhes vem muito tempo depois, muitas vezes apenas como uma débil fragrância que desperta nostalgia e tristeza — como se fora possível, em algum instante, beber desse elemento até a saciedade. Mas agora é tarde demais.

353. *Vermes.* — Não depõe contra a madureza de um espírito o fato de ele ter alguns vermes.

354. *A postura vitoriosa.* — Uma boa postura no cavalo rouba o ânimo do adversário e o coração do espectador — para que ainda atacar? Mantenha o aspecto de quem venceu.

355. *Perigo na admiração.* — Na excessiva admiração por virtudes alheias, pode-se perder o gosto em suas próprias virtudes e, por falta de exercício, finalmente perdê-las, sem adquirir as alheias em troca.

356. *Utilidade da saúde frágil.* — Quem frequentemente está doente tem não só um prazer muito maior em estar são, devido à sua frequente reconquista da saúde, mas também um aguçado sentido para o que é são ou doente nas obras e ações: de modo que, por exemplo, justamente os escritores doentios — entre os quais estão quase todos os grandes, infelizmente — costumam ter, em suas obras, um tom de saúde bem mais seguro e constante, pois entendem mais que os fisicamente robustos da filosofia da saúde e convalescença psíquica e de seus mestres: manhã, sol, florestas e fontes.

357. *A infidelidade, condição de mestria.* — Não adianta: todo mestre tem apenas um discípulo, e ele lhe será infiel — pois também se acha destinado à mestria.

358. *Jamais em vão.* — As montanhas da verdade você jamais escala em vão: ou já prossegue hoje na subida, ou exercita as forças para amanhã ascender mais.

359. *Janela com vidro cinzento.* — Então isso que vocês veem do mundo por essa janela é tão bonito que não querem olhar por mais nenhuma janela — e procuram até impedir que outros o façam?

360. *Sinal de grandes mudanças.* — Se sonhamos com pessoas há muito esquecidas ou mortas, este é um sinal de que passamos por uma grande mudança e de que o chão em que vivemos foi totalmente revolvido: então os mortos se levantam e nossa antiguidade se converte em novidade.

361. *Medicamento da alma.* — Permanecer deitado e pensar pouco é o mais barato medicamento para todas as doenças da alma e, com boa vontade, seu uso torna-se mais agradável a cada hora.

362. *Hierarquia dos espíritos.* — Situa-o bem abaixo dele o fato de você procurar constatar as exceções, e ele, a regra.

363. *O fatalista.* — Você tem de crer no *fatum* [destino] — a ciência pode obrigá-lo a isso. O que então se desenvolve em você a partir desta crença — covardia, resignação ou grandeza e franqueza — dá testemunho do solo em que foi jogada aquela semente; mas não da semente mesma, pois dela pode nascer absolutamente tudo.

364. *Razão de muito mau humor.* — Quem, na vida, prefere o belo ao útil, certamente acabará, como a criança que prefere o doce ao pão, por estragar o estômago e ver o mundo com bastante mau humor.

365. *O excesso como remédio.* — Pode-se reaver o gosto pelo próprio talento, ao venerar e fruir excessivamente o talento contrário por bastante tempo. Utilizar o excesso como remédio é um dos mais sutis expedientes da arte de viver.

366. "*Queira um Eu*".[83] — As naturezas ativas e bem-sucedidas não agem segundo a máxima "conhece-te a ti mesmo", mas como se imaginassem a ordem: "*queira* um Eu, e você *se tornará* um Eu". — O destino lhes parece sempre ter deixado a elas a escolha; enquanto as inativas e contemplativas refletem sobre como *escolheram* naquela *única vez*, ao vir ao mundo.

367. *Sem adeptos, se possível.* — Só se compreende como significam pouco os adeptos ao deixar de ser o adepto de seus adeptos.

368. *Obscurecer-se.* — É preciso saber obscurecer-se, a fim de livrar-se do enxame de admiradores importunos.

369. *Tédio.* — Há um tédio das mentes mais refinadas e cultivadas, para quem o melhor que o mundo oferece tornou-se insípido: habituadas a comer alimentos seletos, cada vez mais seletos, e a desgostar-se com os mais grosseiros, correm o perigo de morrer de fome — pois existe muito pouco do melhor, e às vezes ele se tornou inacessível ou duro demais, de sorte que nem mesmo bons dentes conseguem mordê-lo.

370. *O perigo na admiração.* — A admiração de uma arte ou qualidade pode ser tão grande que nos impede de buscar possuí-la.

371. *O que se deseja da arte.* — Um deseja, através da arte, alegrar-se com seu próprio ser; o outro deseja, com sua ajuda, momentaneamente sair, afastar-se do seu ser. Conforme as duas necessidades, há duas espécies de arte e de artistas.

372. *Deserção.* — Quem deserta de nós talvez não nos ofenda com isso, mas sem dúvida ofende os nossos adeptos.

373. *Depois da morte.* — Em geral, só muito depois da morte de um homem achamos incompreensível a sua ausência: no caso de homens muito grandes, às vezes somente após décadas. Quem é sincero acha geralmente, no caso de uma morte, que a ausência não é muita e que o solene orador fúnebre é um hipócrita. Apenas a necessidade mostra como um indivíduo é necessário, e o epitáfio justo é um suspiro tardio.

374. *Deixando no Hades.* — Muitas coisas precisamos deixar no Hades do sentir semiconsciente e não querer salvar de sua existência sombria; do contrário elas se tornam, como pensamento e palavra, nossos amos demoníacos, e exigem cruelmente o nosso sangue.

375. *Próximo da mendicância.* — Também o mais rico espírito perde ocasionalmente a chave da câmara em que se acham seus tesouros acumulados, e então é igual ao mais pobre de todos, que tem de mendigar para sobreviver.

376. *Pensador de cadeias.* — Aquele que muito pensou, cada novo pensamento que ele ouve ou lê lhe aparece imediatamente na forma de uma cadeia.

377. *Compaixão.* — Na dourada bainha da compaixão se esconde às vezes o punhal da inveja.

378. *O que é gênio?* — Querer uma meta elevada e os meios para atingi-la.

379. *Vaidade de lutadores.* — Quem não tem esperança de vencer uma luta ou é claramente inferior, deseja mais ainda que seja admirada a sua maneira de lutar.

380. *A vida filosófica é mal interpretada.* — No instante em que alguém começa a tomar a sério a filosofia, todo o mundo acredita o contrário.

381. *Imitação.* — Com a imitação, o ruim ganha prestígio, o bom perde — sobretudo na arte.

382. *Última lição da história.* — "Ah, tivesse eu vivido então!" — eis o que dizem as pessoas tolas e frívolas. Mas a toda passagem da história que tenhamos *seriamente* estudado, seja ela a maior Terra Prometida do passado, exclamaremos, na verdade: "Tudo, menos retornar ali! O espírito daquele tempo me oprimiria com o peso de cem atmosferas, o que nele é bom e belo não poderia me alegrar, o que nele é ruim eu não poderia tolerar". — Certamente a posteridade julgará da mesma forma o nosso tempo: foi insuportável, a vida nele foi impossível. — E, no entanto, cada qual não a suporta em sua época? — Sim, porque o espírito do seu tempo está não apenas *sobre* ele, mas *dentro* dele. O espírito do tempo oferece resistência a si mesmo, carrega a si mesmo.

383. *Grandeza como máscara.* — Com grandeza de comportamento amarguramos nossos inimigos, com inveja que não escondemos, quase os conciliamos conosco: pois a inveja compara, equipara, é uma involuntária e lamentosa forma de modéstia. — Será que de vez em quando, pela vantagem mencionada, a inveja não foi adotada como máscara, por aqueles que não eram invejosos? Talvez; mas sem dúvida a grandeza de comportamento é utilizada frequentemente como máscara da inveja, por ambiciosos que preferem sofrer desvantagem e amargurar seus inimigos a deixar perceber que interiormente se equiparam a eles.

384. *Imperdoável.* — Você lhe deu uma oportunidade de mostrar grandeza de caráter e ele não a aproveitou. Isso ele nunca lhe perdoará.

385. *Opostos.* — A coisa mais senil que já se pensou a respeito do ser humano está na frase famosa: "o Eu é odiável";[84] a mais infantil, naquela ainda mais famosa: "Ama teu próximo como a ti mesmo". — Numa, o conhecimento do ser humano parou; na outra, nem começou.

386. *O ouvido que falta.* — "Enquanto pomos sempre a culpa nos outros, continuamos pertencendo ao populacho; estamos na trilha da sabedoria quando sempre responsabilizamos a nós mesmos; mas o sábio não julga ninguém culpado, nem a si nem aos outros." — Quem disse isso? Epiteto, há mil e oitocentos anos.[85] — Foi escutado, mas esquecido. — Não, não foi escutado e esquecido: nem tudo se esquece. Mas não se tinha o ouvido para isso, o ouvido de Epiteto. — Então ele falou isso em seu próprio ouvido? — Exatamente: sabedoria é o cochicho do solitário consigo mesmo, na praça cheia de gente.

387. *Erro do ponto de vista, não do olhar.* — Sempre vemos a nós mesmos um tanto perto demais; e o próximo sempre um tanto longe demais. Então sucede que o julgamos muito globalmente, e a nós mesmos muito de acordo com traços e eventos ocasionais, irrelevantes.

388. *A ignorância em armas.* — Como nos importa pouco se um outro entende ou não de algo — enquanto ele talvez já empalideça ante a ideia de que é considerado ignorante naquilo. Sim, existem loucos insignes, que andam sempre com uma aljava plena de anátemas e decretos, dispostos a fulminar quem der a entender que há coisas em que seu julgamento não conta.

389. *No bar da experiência.* — As pessoas que, por inata moderação, deixam todo copo pela metade, não querem admitir que tudo no mundo tem sua borra e seu resíduo.

390. *Pássaros canoros.* — Os adeptos de um grande homem costumam cegar a si mesmos para poder melhor cantar seu louvor.

391. *Não à altura.* — O bom nos desagrada quando não estamos à sua altura.

392. *A regra como mãe ou como filha.* — A situação que gera a regra é diferente daquela que a regra gera.

393. *Comédia.* — Às vezes colhemos honras e amor por atos ou obras que há muito deixamos para trás, como uma pele;

então somos tentados a bancar os comediantes de nosso próprio passado e vestir novamente o antigo pelame — e não só por vaidade, mas também por benevolência com os admiradores.

394. *Erro dos biógrafos.* — A pequena força necessária para empurrar um bote para uma corrente não deve ser confundida com a força dessa corrente: mas é o que quase sempre sucede nas biografias.

395. *Não comprar caro demais.* — O que se compra caro demais, geralmente se utiliza também mal, pois sem amor e com penosa lembrança — tendo, assim, uma dupla desvantagem.

396. *De que filosofia a sociedade sempre necessita.* — O pilar da ordem social repousa no fundamento de que cada um olha com serenidade para aquilo que é, que faz e que aspira, para sua saúde ou enfermidade, sua pobreza ou prosperidade, sua honra ou insignificância, e pensa: "*eu não trocaria de lugar com ninguém*". — Quem quiser trabalhar pela ordem da sociedade, terá de inculcar nos corações essa filosofia da serena recusa da troca de lugar e da ausência de inveja.

397. *Indício de alma nobre.* — Uma alma nobre não é aquela capaz dos voos mais altos, e sim a que pouco se eleva e pouco desce, mas *sempre* habita um ar e uma altura mais livres e translúcidos.

398. *A grandeza e sua contemplação.* — O melhor efeito daquilo que é grande é dotar quem o contempla de olhos que engrandecem e arredondam.

399. *Contentar-se.* — A maturidade de entendimento que alcançamos se revela no fato de não mais irmos até onde se acham flores raras, entre os mais espinhosos arbustos do conhecimento, e nos contentarmos com jardim, bosque, prado e plan-

tação, considerando como a vida é breve demais para o que seja raro e extraordinário.

400. *Vantagem da privação.* — Quem sempre vive no calor e plenitude do coração e, por assim dizer, na atmosfera de verão da alma, não pode imaginar o tremor de arrebatamento que assalta as naturezas mais invernais, quando excepcionalmente são tocadas pelos raios do amor e pelo ar morno de um ensolarado dia de fevereiro.

401. *Receita para o sofredor.* — O fardo da vida é pesado demais para você? — Então você tem que aumentar o fardo de sua vida. Quando o sofredor finalmente anseia e busca pelo rio Letes,[86] tem de converter-se em *herói*, para encontrá-lo com segurança.

402. *O juiz.* — Quem penetrou o ideal de alguém, é seu juiz implacável e como que sua má consciência.

403. *Utilidade da grande renúncia.* — O mais útil na grande renúncia é que nos transmite aquele orgulho da virtude graças ao qual passamos a facilmente obter muitas pequenas renúncias de nós.

404. *Como o dever ganha brilho.* — Eis o meio para transformar em ouro, aos olhos dos outros, o seu dever de ferro: cumpra sempre mais do que promete.

405. *Oração aos homens.* — "Perdoai-nos nossas virtudes" — assim se deve rezar aos homens.[87]

406. *Criadores e desfrutadores.* — Todo desfrutador acha que para a árvore importa o fruto; mas a ela importa a semente. — Eis aqui a diferença entre os criadores e os desfrutadores.

407. *A glória dos grandes.* — Que importa o gênio, se ele não transmite a quem o observa e admira uma tal liberdade e altura do sentimento, que ele não mais necessita do gênio? — *Fazer-se supérfluo* — eis a glória de todos os grandes.

408. *Descida ao Hades.* — Também eu estive no mundo inferior, como Ulisses, e frequentemente para lá voltarei; e não somente carneiros sacrifiquei, para poder falar com alguns mortos: para isso não poupei meu próprio sangue. Quatro foram os pares [de mortos] que não se furtaram a mim, o sacrificante: Epicuro e Montaigne, Goethe e Spinoza, Platão e Rousseau, Pascal e Schopenhauer. Com esses devo discutir quando tiver longamente caminhado a sós, a partir deles quero ter razão ou não, a eles desejarei escutar, quando derem ou negarem razão uns aos outros. O que quer que eu diga, decida, cogite, para mim e para outros: nesses oito fixarei o olhar, e verei seus olhos em mim fixados. — Que os vivos me perdoem se às vezes me parecem sombras, tão pálidos e aborrecidos, tão inquietos e oh! tão ávidos de vida: enquanto aqueles me aparecem tão vivos, como se agora, *depois* da morte, não pudessem jamais se cansar de viver. Mas o que conta é *a eterna vivacidade*: que importa a "vida eterna" ou mesmo a vida!

Segunda parte
O ANDARILHO E SUA SOMBRA

A sombra: Como há muito tempo não te escuto, quero te dar ocasião de falar.

O andarilho: Alguém fala — onde? quem? É como se eu escutasse a mim mesmo, mas com uma voz ainda mais fraca do que a minha.

A sombra (após um instante): Não te alegra ter oportunidade de falar?

O andarilho: Por Deus e tudo o mais em que não creio, minha sombra fala; eu ouço, mas não acredito.

A sombra: Vamos admitir que assim seja e não pensemos mais nisso, em uma hora tudo terá passado.

O andarilho: Foi exatamente isso que pensei, quando, num bosque perto de Pisa, vi primeiro dois, e depois cinco camelos.

A sombra: É bom que nós dois sejamos indulgentes conosco, se uma vez nossa razão se calar: assim não nos irritaremos na conversa e não apertaremos as cravelhas um ao outro, se não compreendermos suas palavras. Quando não se sabe o que responder, basta dizer alguma coisa: eis a modesta condição que eu imponho para falar com alguém. Numa conversa mais longa, até o homem mais sábio torna-se uma vez tolo e três vezes palerma.

O andarilho: Tua modéstia não é lisonjeira para aquele a quem a confessas.

A sombra: Então devo lisonjear?

O andarilho: Eu pensei que a sombra de um homem fosse a sua vaidade; mas esta jamais perguntaria: "Então devo lisonjear?".

A sombra: A vaidade humana, pelo que conheço dela, também não pergunta se pode falar, como já fiz duas vezes; ela fala sempre.

O andarilho: Somente agora vejo como sou indelicado contigo, querida sombra: ainda não expressei o quanto *me alegro* por te ouvir e não apenas ver. Perceberás que eu amo a sombra assim como a luz. Para que haja beleza no rosto, nitidez na fala, bondade e firmeza no caráter, a sombra é tão necessária quanto a luz. Elas não são rivais: dão-se amavelmente as mãos, na verdade, e, quando a luz desaparece, a sombra lhe vai atrás.

A sombra: E eu odeio a mesma coisa que tu, a noite; amo os homens, por serem discípulos da luz, e alegro-me do brilho que há em seus olhos quando conhecem e descobrem, infatigáveis conhecedores e descobridores que são. Aquela sombra que as coisas todas mostram, quando os raios de sol do conhecimento caem sobre elas — aquela sombra sou eu também.

O andarilho: Acho que te compreendo, embora te exprimas um tanto sombriamente. Mas tens razão: bons amigos trocam de vez em quando, como sinal de compreensão, uma palavra obscura, que deve ser um enigma para uma terceira pessoa. E nós somos bons amigos. Por isso, basta de preliminares! Algumas centenas de questões me oprimem a alma, e o tempo que tens para respondê-las é talvez muito breve. Vejamos em que nos poremos de acordo, com toda a pressa e de maneira pacífica.

A sombra: Mas as sombras são mais acanhadas que os homens: não transmitirás a ninguém o modo como conversamos!

O andarilho: O *modo* como conversamos? Os céus me guardem de longos diálogos tecidos na página! Se Platão não tivesse tanto prazer em tecer, seus leitores teriam mais prazer com Platão. Uma conversa que deleita é, colocada em letra de forma e lida, uma pintura com perspectivas erradas: tudo é demasiado comprido ou demasiado curto. — Mas talvez eu possa informar aquilo em *que* concordamos?

A sombra: Com isso ficarei satisfeita; pois todos reconhecerão somente as tuas opiniões ali: ninguém se lembrará da sombra.

O andarilho: Talvez te enganes, amiga! Até agora as pessoas notaram, em minhas opiniões, antes a sombra do que a mim.

A sombra: Antes a sombra do que a luz? Será possível?

O andarilho: Sê séria, querida tola! Já a minha primeira questão exige seriedade.

1. *Da árvore do conhecimento.* — Verossimilhança, mas não verdade; aparência de liberdade,[88] mas não liberdade — é por causa desses dois frutos que a árvore do conhecimento não pode ser confundida com a árvore da vida.

2. *A razão do mundo.* — Que o mundo *não* é a quintessência de uma racionalidade eterna é algo demonstrado definitivamente pelo fato de que esta *porção de mundo* que conhecemos — refiro-me à nossa razão humana — não é muito racional. E, se *ela* não é sábia e racional a todo tempo e completamente, o mundo restante também não será; aí vale a conclusão *a minori ad majus, a parte ad totum* [do menor para o maior, da parte para o todo], e com força decisiva.

3. "*No início era*".[89] — Glorificar a gênese — esse é o broto metafísico que torna a rebentar quando se considera a história, e faz acreditar que no início de todas as coisas está o mais valioso e essencial.

4. *Medida para o valor da verdade.* — O esforço requerido para subir uma montanha certamente não é uma medida para a altura da montanha. E na ciência deve ser diferente! — dizem alguns que querem passar por iniciados —, o esforço para alcançar a verdade deve justamente decidir quanto ao valor da verdade! Essa louca moral parte do pensamento de que as "verdades" não seriam mais do que aparelhos de ginástica, em que teríamos que trabalhar arduamente até a fadiga — uma moral para atletas e ginastas do espírito.

5. *Linguagem corrente e realidade.* — Há um simulado desprezo por todas as coisas que as pessoas consideram realmente mais importantes, por *todas as coisas mais próximas.* Diz-se, por exemplo, que "se come apenas para viver" — uma execrável *mentira*, como aquela que fala da procriação como o autêntico propósito da volúpia. Pelo contrário, a alta estima das "coisas mais importantes" quase nunca é genuína: os sacerdotes e metafísicos certamente nos habituaram a uma *linguagem* hipocritamente exagerada nessas áreas, mas não nos mudaram o sentimento, que não considera essas coisas mais importantes tão importantes quanto aquelas desprezadas coisas mais próximas. — Uma deplorável consequência dessa dupla hipocrisia, no entanto, é não tomar as coisas mais próximas, como alimentação, moradia, vestuário, relacionamentos, por objeto de reflexão e reorganização contínua, desassombrada e *geral*, mas sim afastar delas nossa seriedade intelectual e artística, pois aplicar-se a elas é tido por degradante: enquanto, por outro lado, nossas constantes agressões às mais simples leis do corpo e do espírito nos colocam a todos, jovens e velhos, numa vergonhosa dependência e falta de liberdade — refiro-me à dependência, na verdade supérflua, de médicos, professores e pastores, cuja pressão ainda hoje se faz sentir em toda a sociedade.

6. *A fragilidade terrena e sua causa principal.* — Olhando em torno, sempre deparamos com pessoas que durante a vida inteira comeram ovos e não notaram que os de forma alongada são os mais saborosos, que não sabem que uma tempestade é benéfica para o ventre, que odores agradáveis são mais fortes no ar frio e claro, que o nosso olfato não é o mesmo nas diferentes partes da boca, que toda refeição em que se fala ou se ouve muito é prejudicial ao estômago. Ainda que esses exemplos da falta de sentido de observação não satisfaçam, deve-se admitir que as pessoas veem mal e raramente atentam às *coisas mais próximas possíveis.* E isso não tem importância? — Considere-se, porém, que *quase todas as enfermidades físicas e psíquicas* do indivíduo decorrem dessa falta: de não saber o que nos é benéfico, o que

nos é prejudicial, no estabelecimento do modo de vida, na divisão do dia, no tempo e escolha dos relacionamentos, no trabalho e no ócio, no comandar e obedecer, no sentimento pela natureza e pela arte, no comer, dormir e refletir; ser *insciente* e não ter olhos agudos para *as coisas mínimas e mais cotidianas* — eis o que torna a Terra um "campo do infortúnio"[90] para tantos. Não se diga que aí, como em tudo, a causa é a *desrazão* humana — há razão bastante e mais que bastante, isso sim, mas ela é *mal* direcionada e *artificialmente afastada* dessas coisas pequenas e mais próximas. Sacerdotes e professores, e a sublime ânsia de domínio dos idealistas de toda espécie, inculcam já na criança que o que importa é algo bem diferente: a salvação da alma, o serviço do Estado, a promoção da ciência, ou reputação e propriedades, como meios de prestar serviço à humanidade, enquanto seria algo desprezível ou indiferente a necessidade do indivíduo, seus grandes e pequenos requisitos nas vinte e quatro horas do dia. — Já Sócrates se defendia com todas as forças contra essa orgulhosa negligência das coisas humanas em nome do ser humano, e gostava de lembrar, com uma frase de Homero, a área e o conteúdo reais de toda preocupação e reflexão: é aquilo e somente aquilo, dizia ele, "que em casa me sobrevém, de bom e de ruim".

7. *Dois meios de consolo.* — Epicuro, o mitigador de almas da Antiguidade tardia, teve a maravilhosa percepção, ainda hoje tão rara, de que não é absolutamente necessário resolver as questões teóricas derradeiras e extremas para tranquilizar o coração. Assim, bastava-lhe dizer, àqueles angustiados pelo "temor dos deuses": "Se existem deuses, eles não se ocupam de nós" — em vez de debater, esterilmente e a distância, a questão derradeira de existirem ou não deuses. Tal posição é muito mais conveniente e poderosa: dá-se ao outro alguns passos de vantagem, tornando-o assim mais disposto a escutar e considerar. Mas, tão logo ele se põe a demonstrar o contrário — que os deuses se ocupam de nós —, em que labirintos e espinheiros não deve cair o pobre, inteiramente por sua conta, sem astúcia do interlocutor, que deve apenas ter humanidade e sutileza bastan-

tes para ocultar sua compaixão ante esse espetáculo! Por fim, o outro é tomado de asco, o mais forte argumento contra toda tese, asco de sua própria afirmação: ele se torna frio e vai embora com o mesmo humor do ateu puro: "Que me importam os deuses! Que o Diabo os carregue!". — Em outros casos, especialmente quando uma hipótese meio física, meio moral ensombreceu o ânimo, ele não a refutou, porém admitiu que bem podia ser assim: mas havia *ainda uma segunda hipótese* para explicar o mesmo fenômeno; talvez as coisas pudessem ocorrer de outro modo. A *pluralidade* de hipóteses, sobre a origem do remorso, por exemplo, ainda hoje basta para retirar da alma aquela sombra que facilmente surge a partir da ruminação sobre uma única hipótese, a única visível e, por isso, tão superestimada. — Logo, quem desejar oferecer consolo, a infelizes, malfeitores, hipocondríacos, moribundos, deverá lembrar-se das duas fórmulas tranquilizantes de Epicuro, que podem ser aplicadas a muitíssimas questões. Em sua forma mais simples, eis como elas ficariam talvez: primeiro, dado que seja assim, não nos diz respeito; segundo, pode ser assim, mas também pode ser de outro modo.

8. *Na noite.* — Quando cai a noite, muda a nossa sensação das coisas mais próximas. Eis o vento, que anda como por caminhos proibidos, sussurrando, como que buscando algo, aborrecido porque não o encontra. Eis a luz da lâmpada, com brilho turvo e avermelhado, olhando cansada, de má vontade resistindo à noite, impaciente escrava do homem desperto. Eis a respiração de quem dorme, seu ritmo assustador, a que um incômodo sempre recorrente parece soprar a melodia — nós não a ouvimos, mas, quando o peito de quem dorme se eleva, sentimo-nos de coração apertado, e, quando o alento decresce e quase se apaga num silêncio de morte, dizemos conosco: "descanse um pouco, pobre espírito atormentado!" — a todo vivente desejamos, porque vive tão oprimido, um repouso eterno; a noite persuade a morrer. — Se os homens carecessem do sol e conduzissem a óleo e luar a luta contra a noite, que filosofia os envolveria no seu véu? Já se nota muito bem, na natureza espiritual e psíquica do homem, como é entenebrecida, no conjunto, pela metade de escuridão e privação de sol que amortalha a vida.

9. *Onde se originou a doutrina do livre-arbítrio.*[91] — Num indivíduo, a *necessidade* se encontra na forma de suas paixões; em outro, como hábito de ouvir e obedecer; num terceiro, como consciência lógica; num quarto, como capricho e petulante prazer em escapadas. Mas esses quatro buscam a *liberdade* do seu arbítrio justamente ali onde cada um deles se acha mais fortemente atado: é como se o bicho-da-seda buscasse a liberdade do seu arbítrio justamente no tecer. De onde vem isso? Vem claramente do fato de que cada qual se considera mais livre onde sua *sensação de vida* é maior, ou seja, ora na paixão, ora no dever, ora no conhecimento, ora no capricho. Aquilo mediante o qual o indivíduo é forte, em que se sente vivo, ele inadvertidamente crê que deve ser sempre o elemento de sua liberdade: ele associa, como pares necessários, dependência e obtusidade, independência e sentimento de vida. — Nisso a experiência que o homem teve no âmbito político-social é transposta erradamente para o âmbito metafísico derradeiro: ali o homem forte é também o homem livre, ali a viva sensação de alegria e dor, de intensidade da esperança, ousadia do desejo, potência do ódio, é apanágio dos dominadores e independentes, enquanto o assujeitado, o escravo, vive opresso e obtuso. — A doutrina do livre-arbítrio é uma invenção dos estratos *dominantes*.

10. *Não sentir novos grilhões.* — Enquanto não *sentimos* que dependemos de algo, consideramo-nos independentes: um raciocínio errado, que mostra como o ser humano é orgulhoso e ávido de domínio. Pois ele crê que em todas as circunstâncias notará e reconhecerá a dependência, tão logo a sofra, na pressuposição de que *habitualmente* vive na independência e que, se excepcionalmente a perder, de imediato experimentará a sensação oposta. — Mas e se o contrário fosse verdadeiro: que ele *sempre* vive em múltipla dependência, mas *tem-se* por livre, quando, há muito habituado, *já não sente* o peso dos grilhões? Somente os *novos grilhões* o fazem sofrer: — "livre-arbítrio", na verdade, significa apenas não sentir novos grilhões.

11. *O livre-arbítrio e o isolamento dos fatos.* — Nossa habitual observação imprecisa toma um grupo de fenômenos como um só e o denomina um fato: entre ele e um outro fato ela excogita um espaço vazio, *isola* cada fato. Na realidade, porém, todo o nosso agir e conhecer não é consequência de fatos e intervalos, mas um fluxo constante. Ora, a crença no livre-arbítrio é inconciliável justamente com a ideia de um constante, homogêneo, indiviso e indivisível fluir: ela pressupõe que *todo ato singular é isolado e indivisível*; ela é um *atomismo* no âmbito do querer e conhecer. — Assim como entendemos imprecisamente os caracteres, do mesmo modo entendemos os fatos: falamos de caracteres iguais, fatos iguais: *nenhum dos dois existe.* Ora, nós louvamos e censuramos apenas com esse errado pressuposto de que existem fatos *iguais*, de que há uma ordem escalonada de *gêneros* de fatos, a que corresponde uma ordem escalonada de valores: logo, *isolamos* não só o fato, mas também os grupos de fatos supostamente iguais (atos bons, maus, compassivos, invejosos, etc.) — as duas coisas erradamente. — A palavra e o conceito são a razão mais visível pela qual cremos nesse isolamento de grupos de ações: com eles não apenas *designamos* as coisas, mas acreditamos originalmente apreender-lhes a *essência* através deles. Mediante palavras e conceitos somos ainda hoje constantemente induzidos a pensar as coisas como mais simples do que são, separadas umas das outras, indivisíveis, cada qual sendo em si e para si. Há uma mitologia filosófica escondida na *linguagem* que volta a irromper a todo instante, por mais cautelosos que sejamos normalmente. A crença no livre-arbítrio, ou seja, em fatos *iguais* e fatos *isolados*, tem na linguagem seu persistente evangelista e advogado.

12. *Os erros fundamentais.* — Para que o ser humano sinta algum prazer ou desprazer psíquico, ele tem de ser dominado por uma dessas duas ilusões: *ou* acredita na *igualdade* de certos fatos, certas sensações: então tem, pela comparação dos estados presentes com anteriores e pela equiparação ou desequiparação entre eles (tal como ocorre em toda lembrança), um prazer ou desprazer psíquico; *ou* acredita na *liberdade do arbítrio*, como quando pensa: "isso eu não devia ter feito", "isso podia ter acabado de outra forma", e disso extrai igualmente prazer ou desprazer. Sem os erros que operam em todo prazer ou desprazer psíquico, jamais teria surgido uma humanidade — cujo sentimento básico é que o homem constitui o único ser livre num mundo de não liberdade, o perene *taumaturgo*, não importando que aja bem ou mal, o superanimal, o quase-deus, o sentido da Criação, o impensável como inexistente,[92] a chave do mistério cósmico, o grande dominador e desprezador da natureza, o ser que chama sua história de *história universal*! — *Vanitas vanitatum homo* [Vaidade das vaidades é o homem].

13. *Dizer duas vezes.* — É bom exprimir algo duas vezes, dando-lhe um pé direito e um pé esquerdo. A verdade pode se sustentar numa só perna, é verdade; mas com duas ela andará e circulará.

14. *O homem, comediante do mundo.* — Deveria haver criaturas mais espirituais do que os homens, apenas para fruir inteiramente o humor que há no fato de o homem se enxergar como a finalidade da existência do mundo e a humanidade se contentar seriamente apenas com a perspectiva de uma missão universal. Se um Deus criou o mundo, então fez o homem para ser o *macaco de Deus*, como permanente ensejo de distração em suas longuíssimas eternidades. A música das esferas, envolvendo a Terra, seria então o riso de escárnio de todas as demais criaturas em torno do homem. Com a *dor*, esse enfadado Imortal faz cócegas em seu animal predileto, a fim de regozijar-se nos gestos e interpretações trágico-orgulhosas do seu sofrer, na inventividade espiritual da mais vaidosa criatura — como inventor desse inventor. Pois quem imaginou o homem para diversão tinha mais espírito do que este, e também mais alegria com o espírito. — Até mesmo nisso, quando nossa humanidade quer voluntariamente humilhar-se por um instante, a vaidade vem nos pregar uma peça, já que ao menos *nessa* vaidade nós, homens, queremos ser algo incomparável e miraculoso. Nossa singularidade no mundo, oh, é uma coisa muito improvável! Os astrônomos, que às vezes podem realmente dispor de um panorama distanciado da Terra, dão a entender que a gota de vida no mundo é sem importância para o caráter geral do tremendo oceano do devir e decorrer; que um sem-número de astros tem condições similares às da Terra para a geração da vida, muitíssimos, portanto — embora mal sejam um punhado, em comparação à infinita quantidade dos que jamais tiveram a erupção vital ou que há muito dela se curaram; que a vida em cada um desses astros, em relação ao tempo de sua existência, foi um instante, um bruxuleio, com longuíssimos lapsos de tempo atrás de si — ou seja, de modo algum a finalidade e intenção derradeira de sua existência. Talvez uma formiga, numa floresta, imagine ser a finalidade e intenção da existência da floresta, de forma tão intensa como fazemos ao espontaneamente ligar o fim da humanidade ao fim do planeta, em nossa fantasia; e ainda somos modestos, se nos detemos nisso e não organizamos um crepúsculo geral dos deuses e do mundo, acompanhando o funeral do último homem. Mesmo o mais imparcial astrônomo não pode ver a Terra sem vida senão como o luminoso túmulo flutuante da humanidade.

15. *Modéstia do homem.* — Como basta pouco prazer à maioria para achar a vida boa, como é modesto o ser humano!

16. *Onde é necessária a indiferença.* — Nada seria mais absurdo que querer aguardar o que a ciência estabelecerá definitivamente sobre as primeiras e últimas coisas, e até então pensar (e sobretudo crer!) da forma tradicional — como frequentemente se aconselha. O impulso de querer ter apenas *certezas* nesse âmbito é um *rebento religioso posterior*, nada melhor que isso — uma forma oculta e só aparentemente cética da "necessidade metafísica", acoplada ao pensamento[93] de que ainda por muito tempo não haverá possibilidade dessas certezas últimas, e até então o "crente" está certo em não se preocupar com todo esse âmbito. Não precisamos absolutamente dessas certezas sobre os horizontes mais remotos para viver de maneira plena e capaz a nossa humanidade: tampouco a formiga precisa delas para ser uma boa formiga. Devemos, isto sim, esclarecer de onde vem realmente a fatal importância que durante tanto tempo atribuímos a essas coisas, e para isso necessitamos de uma *história* dos sentimentos éticos e religiosos. Pois apenas sob a influência de tais sentimentos as questões mais agudas do conhecimento se tornaram tão graves e terríveis para nós: para os campos mais remotos que o olhar do espírito ainda alcança, *sem* neles penetrar, foram transportadas noções como culpa e castigo (castigo eterno, aliás!): e isso de maneira tanto mais imprudente quanto mais obscuros são esses campos. Desde sempre se fantasiou temerariamente, ali onde nada se podia constatar, e se convenceu os próprios descendentes a tomar essas fantasias a sério, como verdades, por fim recorrendo ao abominável argumento de que a fé tem mais valor que o saber. O que é agora necessário, em relação a essas coisas últimas, não é o saber contra a fé, mas *indiferença quanto a fé e suposto saber* nesses campos! — *Todo* o resto deve ficar mais próximo de nós do que aquilo que até hoje nos foi ensinado como o mais importante; refiro-me às questões: que finalidade tem o homem? Qual seu destino após a morte? Como se concilia ele com Deus?, ou seja lá como se exprimam tais curiosidades. Não mais que essas questões dos religiosos nos dizem respeito as questões dos dogmáticos filosóficos, sejam eles idealistas, materialistas ou realistas. Todos procuram nos impelir a uma decisão em áreas onde não é necessário crer nem saber; mesmo para os maiores amantes do conhecimento é mais útil que ao redor de tudo indagável e acessível à razão se estenda um nebuloso e enganador cinturão de pântano, uma faixa do impenetrável, eternamente fluido e indeterminável. É justamente pela comparação com o domínio do obscuro, à margem da terra do saber, que cresce continuamente o valor do claro e vizinho mundo do saber. — Temos que novamente nos tornar *bons vizinhos das coisas mais próximas* e não menosprezá-las como até agora fizemos, erguendo o olhar para nuvens e monstros noturnos. Foi em bosques e cavernas, em solos pantanosos e sob céus cobertos que o homem viveu por demasiado tempo, e miseravelmente, nos estágios culturais de milênios inteiros. Foi ali que *aprendeu a desprezar* o tempo presente, as coisas vizinhas, a vida e a si mesmo — e nós, que habitamos as campinas *mais claras* da natureza e do espírito, ainda hoje recebemos no sangue, por herança, algo desse veneno do desprezo pelo que é mais próximo.

17. *Explicações profundas.* — Quem explica uma passagem de um autor "mais profundamente" do que o pretendido, não explica, mas *obscurece* o autor. Assim se acham nossos metafísicos em relação ao texto da natureza. Ainda pior até; pois, para apresentar suas explicações profundas, muitas vezes ajustam antes o texto para isso: ou seja, *corrompem-no*. Para dar um curioso exemplo de corrupção do texto e obscurecimento do autor, vejamos o que pensa Schopenhauer sobre a gravidez das mulheres. O indício da constante existência da vontade de vida no tempo é o coito, diz ele; o indício da luz do conhecimento que novamente se agregou a essa vontade, no mais alto grau de clareza e mantendo aberta a possibilidade de salvação, é a renovada encarnação da vontade de vida. O signo desta é a gravidez, que por isso se mostra de maneira franca e livre, e até orgulhosa, enquanto o coito se esconde como um criminoso.[94] Ele afirma que *toda* mulher, surpreendida no ato da geração, morreria de vergonha, mas "*exibe sua gravidez sem traço de pudor, e mesmo com certo orgulho*". Antes de mais nada, dificilmente se pode exibir *mais* esse estado do que ele próprio se exibe; mas, ao destacar apenas a intencionalidade do exibir, Schopenhauer prepara o texto para que este se harmonize com a "explicação" que já tem. Depois, o que ele diz sobre a universalidade do fenômeno a ser explicado não é verdadeiro: ele fala de "toda mulher": mas muitas, em especial as mais jovens, mostram frequentemente um penoso pudor, mesmo ante os parentes mais próximos; e, se mulheres de idade mais madura, sobretudo as do povo miúdo, realmente se acham orgulhosas desse estado, seria por evidenciar que *ainda* são desejadas por seus homens. Se, ao vê-las, o vizinho ou vizinha, ou um passante, diz ou pensa: "será possível —", tal esmola é sempre bem aceita pela vaidade feminina de baixo nível espiritual. Inversamente, como seria de concluir das teses de Schopenhauer, justamente as mulheres mais sagazes e espirituais se alegrariam publicamente do seu estado: pois têm a melhor perspectiva de dar à luz um prodígio do intelecto, em que a "vontade" pode mais uma vez "negar-se" para o bem de todos; as mulheres estúpidas, ao contrário, teriam toda razão em ocultar a gravidez ainda mais vergonhosamente do que tudo o mais que escondem. — Não se pode dizer que essas coisas sejam tiradas da realidade. Mas, supondo que Schopenhauer tivesse razão, de modo bem geral, em que as mulheres no estado de gravidez mostram mais satisfação consigo do que normalmente o fazem, ainda haveria uma explicação mais palpável do que a sua. Pode-se pensar num cacarejo da galinha também *antes* de pôr o ovo, com este conteúdo: "Vejam! Vou pôr um ovo! Vou pôr um ovo!".

18. *O moderno Diógenes.* — Antes de procurar o homem, deve-se achar a lanterna. — Terá de ser a lanterna do cínico? —[95]

19. *Imoralistas.* — Agora os moralistas têm que aceitar serem tachados de imoralistas, pois dissecam a moral. Mas quem quer dissecar tem que matar: apenas, no entanto, para que se saiba mais, se julgue melhor, se viva melhor; não para que todos dissequem. Infelizmente, porém, as pessoas ainda creem que todo moralista tem de ser, em todo o seu agir, um modelo que os outros deveriam imitar; elas o confundem com o pregador da moral. Os moralistas mais antigos não dissecavam o bastante e pregavam em demasia: daí vem essa confusão e essa desagradável consequência para os moralistas de hoje.

20. *Não confundir.* — Os moralistas, que tratam como difíceis problemas do conhecimento o modo de pensar grandioso, poderoso, abnegado dos heróis de Plutarco, por exemplo, ou o estado de alma puro, iluminado, caloroso dos homens e mulheres verdadeiramente bons, e que pesquisam sua gênese, mostrando a complexidade na aparente singeleza e dirigindo o olhar para o entrelaçamento de motivos, para as delicadas ilusões conceituais ali tecidas e os sentimentos individuais e coletivos há muito herdados e lentamente intensificados — esses moralistas são, na maioria, *diversos* precisamente daqueles com quem mais são *confundidos*: dos espíritos mesquinhos, que não creem absolutamente naquele modo de pensar e naqueles estados de alma e imaginam que por trás do brilho de grandeza e pureza se esconde sua própria miséria. Os moralistas dizem: "aqui estão impostores e imposturas"; eles *negam*, então, a *existência* precisamente disso que aqueles se empenham tanto em explicar.

21. *O homem como aquele que mede.* — Talvez toda a moralidade da humanidade tenha sua origem na tremenda agitação interior que se apoderou dos homens primevos, quando descobriram a medida e o medir, a balança e o pesar (a palavra "homem" significa o que mede,[96] ele quis se *denominar* conforme a sua maior descoberta!). Com essas concepções eles se elevaram até âmbitos que são totalmente imensuráveis e "impesáveis", mas que originalmente não pareciam sê-lo.

22. *Princípio do equilíbrio.* — O salteador e o poderoso que promete à comunidade defendê-la do salteador são provavelmente, no fundo, seres muito semelhantes, apenas ocorre que o segundo obtém sua vantagem de modo diferente do primeiro: a saber, mediante contribuições regulares que a comunidade lhe paga, e não mais através de saques. (É a mesma relação que há entre comerciante e pirata, que por muito tempo são a mesma pessoa: quando uma das duas funções não lhe parece aconselhável, a pessoa exerce a outra. Na verdade, ainda hoje a moral do comerciante não é mais que um *refinamento* da moral pirata: comprar tão barato quanto possível — se possível por nada, exceto os custos do empreendimento —, e vender o mais caro possível.) O essencial é que o poderoso promete manter o *equilíbrio* em relação ao salteador, e nisso os fracos veem uma possibilidade de viver. Pois eles têm de, ou juntar-se eles próprios num poder *de peso igual*, ou submeter-se a um de peso igual (prestar-lhe serviços pelo que faz). Esse último procedimento é o preferido, porque, no fundo, mantém em xeque dois seres perigosos: o primeiro, através do segundo; e o segundo, mediante o ponto de vista da vantagem; pois ele tem seu ganho no fato de tratar piedosa ou razoavelmente os sujeitados, para que possam alimentar não apenas a si próprios, mas também seu dominador. As coisas ainda podem lhes ser bastante duras e cruéis, de fato, mas, em comparação ao total *aniquilamento* que sempre era possível antes, as pessoas já respiram aliviadas nessa condição. — No início, a comunidade é a organização dos fracos para o *equilíbrio* com os poderes ameaçadores. Uma organização para a preponderância seria mais aconselhável, se fossem fortes o bastante para *aniquilar* de uma vez o poder contrário: e, tratando-se de um único poder malfazejo, isso certamente é *tentado*. Mas, se ele é um chefe de tribo ou tem muitos seguidores, o aniquilamento rápido e decisivo é algo improvável, e deve-se esperar um longo, duradouro *conflito*: o qual, no entanto, ocasiona o estado menos desejável possível para a comunidade, pois ela perde, com ele, o tempo de que necessita para cuidar do próprio sustento com regularidade, e vê constantemente ameaçado o produto de todo o trabalho. Por isso a comunidade prefere colocar seu poder de ataque e defesa na mesma altura em que se acha o poder do vizinho perigoso, e dar-lhe a entender que no seu lado da balança está a mesma quantidade de metal: por que não devem ser bons amigos? — *Equilíbrio*, portanto, é também um conceito muito importante para a mais antiga doutrina legal e moral; equilíbrio é a base da justiça. Quando essa, em tempos mais rudes, diz "Olho por olho, dente por dente",[97] pressupõe já alcançado o equilíbrio, e deseja *conservá-lo* mediante a represália: de modo que, se um indivíduo comete algo contra outro, esse outro já não pratica uma vingança de cego amargor. Mas sim, graças ao *jus talionis* [lei de talião], é *restaurado* o equilíbrio das relações de poder contrariadas: pois um olho, um braço *mais*, naquelas condições primevas, significa um quê de poder, um peso *mais*. — No interior de uma comunidade em que todos se consideram de peso igual, acham-se, contra os delitos, ou seja, as infrações do princípio do equilíbrio, a *desonra* e o *castigo*: a desonra, um peso estabelecido contra o indivíduo usurpador, que graças à usurpação adquiriu vantagens, e graças à desonra torna a sofrer desvantagens que cancelam e *excedem* as vantagens anteriores. O mesmo se dá com o castigo: contra a preponderância que todo criminoso se arroga, ele institui um contrapeso bem maior; contra o ato de violência, o encarceramento; contra o roubo, a restituição e a multa. Assim o transgressor é *lembrado* de que, mediante seu ato, ele se *excluiu* da comunidade e de suas *vantagens* morais: ela o trata como um desigual, um fraco, que está fora dela; por isso o castigo não apenas é retribuição, mas possui algo *mais*, um tanto da *dureza do estado de natureza*; é justamente *isso* que ele pretende lembrar.

23. *Os seguidores da doutrina do livre-arbítrio podem punir?* — As pessoas que julgam e punem por profissão buscam estabelecer, em cada caso, se o réu é mesmo responsável por seu ato, se podia fazer uso da razão, se agiu com *motivos* e não inconscientemente ou por coação. Se o castigam, é por haver preferido os motivos piores aos melhores: os quais ele devia *conhecer*. Quando não há esse conhecimento, a pessoa não é livre nem responsável, conforme a visão predominante: a menos que o seu desconhecimento, sua *ignorantia legis* [ignorância da lei], por exemplo, seja consequência de uma deliberada negligência no aprender; de modo que já então, quando não quis aprender o que devia, ela preferiu os piores motivos aos melhores, e agora tem de pagar pela consequência de sua má escolha. Se, por outro lado, ela não enxergou os melhores motivos, por estupidez e obtusidade, digamos, então não se costuma punir: diz-se que lhe faltava a escolha, que agiu como um animal. A negação intencional da melhor razão é o que se pressupõe no criminoso digno de punição. Mas como pode alguém ser intencionalmente mais desarrazoado do que tem de ser? De onde vem a decisão, se os pratos da balança estão carregados de bons e maus motivos? Não do erro, portanto, não da cegueira, não de uma coação externa, tampouco de uma interna (considere-se, aliás, que a assim chamada "coação externa" nada mais é que a coação interna do medo e da dor). De onde?, pergunta-se sempre. A *razão* não deve ser a causa, porque não poderia se decidir contra os melhores motivos? Nesse ponto pede-se o socorro do "livre-arbítrio": é o *puro bel-prazer* que deve decidir, deve surgir um momento em que nenhum motivo opera, em que o ato acontece como um milagre, a partir do nada. Essa suposta *arbitrariedade* é punida, num caso em que nenhum bel-prazer deveria vigorar: a razão, que conhece lei, mandamento e proibição, não deveria ter deixado nenhuma escolha, acredita-se, e sim operar como coação e poder superior. Então o infrator é punido porque faz uso do "livre-arbítrio", ou seja, porque agiu sem motivo, quando deveria ter agido por motivos. Mas *por que* fez isso? Justamente isso já não pode sequer ser questionado: foi um ato sem "por isso", sem origem ou motivo, algo desprovido de finalidade e razão. — No entanto, segundo a primeira, supramencionada condição para a punibilidade, *um ato assim também não se poderia punir*! Tampouco pode valer a outra espécie de punibilidade, como se algo *não* tivesse sido feito, tivesse sido omitido, como se não se tivesse feito uso da razão; pois em todas as circunstâncias a omissão ocorreu *sem intenção*! E apenas a intencional omissão do que é obrigatório é considerada punível. Certamente o infrator preferiu os piores motivos aos melhores, mas *sem* motivo e intenção: certamente ele não aplicou sua razão, mas não *a fim* de não aplicá-la. Aquilo que se pressupõe no criminoso digno de punição, que ele negou intencionalmente sua razão — justamente isso é anulado com a suposição do "livre-arbítrio". Vocês, partidários da teoria do livre-arbítrio, não *podem* punir, conforme seus próprios princípios não podem punir! —

Mas esses, no fundo, não passam de uma esdrúxula mitologia conceitual; e a galinha que os gerou, chocou seus ovos bem longe da realidade.

24. *Para o julgamento do criminoso e do seu juiz.* — O criminoso que conhece todo o fluxo das circunstâncias não vê seu ato tão fora da ordem e da inteligibilidade como seus juízes e censores; mas seu castigo é mensurado justamente conforme o grau do *espanto* de que eles são tomados, ao ver o ato como algo incompreensível. — Quando o conhecimento que o defensor de um criminoso tem do caso e de sua história prévia vai longe o suficiente, as chamadas circunstâncias atenuantes, que ele apresenta uma após a outra, terminam por abolir inteiramente a culpa. Ou, de forma ainda mais clara: o defensor vai *atenuar* pouco a pouco e enfim eliminar totalmente esse *espanto* que condena e que mede o castigo, ao obrigar todo ouvinte honesto a confessar para si mesmo: "ele tinha que agir como agiu; se o castigarmos, estaremos castigando a eterna necessidade". — Medir o grau da pena segundo o *grau de conhecimento* que se tem ou se *pode obter* da história de um crime — isso não contraria toda equidade?

25. *A troca e a equidade.* — Uma troca se dá de forma honesta e legal apenas se cada um dos envolvidos exige quanto seu objeto lhe parece valer, levando em conta o trabalho de obtê-lo, a raridade, o tempo despendido, etc., juntamente com o valor afetivo. Quando ele faz o preço *tendo em vista a necessidade do outro*, é um bandido e extorsionário mais sutil. — Se dinheiro é o objeto de troca, deve-se ponderar que é diferente um táler na mão de um rico herdeiro, de um diarista, de um comerciante ou de um estudante: cada um deveria receber muito ou pouco por ele, conforme tivesse feito quase nada ou muito para obtê-lo — isso seria equitativo: na verdade, como é sabido, sucede o contrário. No grande mundo do dinheiro, o táler do mais preguiçoso rico rende mais que o do homem trabalhador e pobre.

26. *Estados de direito como meios.* — O direito, baseando-se em acordos entre *iguais*, existe enquanto o poder dos que fizeram os acordos permanece igual ou semelhante; ele foi criado pela prudência, para pôr fim à luta e à dissipação *inútil* entre poderes semelhantes. Mas essas têm um fim *igualmente definitivo* quando uma das partes *se torna* decisivamente *mais fraca* do que a outra: então ocorre a *submissão* e o direito *cessa*, mas o êxito é o mesmo que até então foi alcançado com o direito. Pois é a *prudência* do vencedor que aconselha a *poupar* a força do submisso e não desperdiçá-la inutilmente: e com frequência a situação deste é mais vantajosa do que era a do igual. — Portanto, estados de direito são *meios* temporários que a prudência aconselha, não são fins. —

27. *Explicação da alegria com o mal alheio.*[98] — A *Schadenfreude* se origina do fato de que, em vários aspectos de que tem plena consciência, cada um se encontra mal, sente aflição, dor ou arrependimento: o mal que atinge o outro o *equipara* a ele, abranda sua inveja. — Encontrando-se bem ele mesmo, ainda assim acumula a infelicidade do próximo como um capital em sua consciência, a fim de opô-la à sua própria desgraça, quando esta ocorrer; também aí tem "*Schadenfreude*". Ou seja, a disposição para a igualdade estende a sua medida para o âmbito da felicidade e do acaso: *Schadenfreude* é a mais comum expressão da vitória e restauração da igualdade, também na mais elevada organização do mundo. Apenas depois que o ser humano aprendeu a ver nos outros humanos os seus iguais, isto é, depois da fundação da sociedade, existe *Schadenfreude*.

28. *O arbitrário na atribuição do castigo.* — A maioria dos criminosos chega a ter seus castigos como as mulheres chegam a ter os filhos. Já fizeram muitas vezes a mesma coisa, sem experimentar consequências ruins; de repente há uma descoberta e, em seguida, o castigo. Mas o hábito devia fazer parecer mais escusável a culpa do ato pelo qual o criminoso é punido; pois criou-se uma inclinação, à qual é mais difícil resistir. Em vez disso, se há suspeita de crime habitual, ele é punido mais severamente; o hábito é visto como um motivo contra a atenuação. Uma vida anterior exemplar, em relação à qual o crime sobressai de forma ainda mais terrível, deveria tornar maior a culpa! Mas ela costuma atenuar a punição. Assim, tudo é medido não conforme o infrator, mas conforme a sociedade e o dano e perigo para essa: a utilidade anterior de um homem é levada em conta perante a sua nocividade numa só ocasião, a nocividade anterior é somada àquela presentemente descoberta e, desse modo, a punição é atribuída no grau máximo. Porém, se o passado de um homem é assim punido ou recompensado juntamente (isso no primeiro caso, em que a pena menor é uma recompensa), então se deveria recuar ainda mais e punir ou recompensar a causa desse ou daquele passado, quero dizer: pais, educadores, a sociedade, etc.; em muitos casos se verá, então, que de algum modo os *juízes* participam da culpa. É arbitrário parar no criminoso, quando se pune o passado: não se querendo admitir a absoluta escusabilidade de toda culpa, dever-se-ia parar em cada caso e não olhar para trás: ou seja, *isolar* a culpa e não mais relacioná-la com o passado absolutamente — senão, comete-se pecado contra a lógica. Vocês, "livre-arbitrários", deveriam antes tirar a conclusão necessária de sua teoria do livre-arbítrio, e ousadamente decretar: "*Nenhum ato tem passado*".

29. *A inveja e sua irmã mais nobre.* — Ali onde a igualdade realmente penetrou e se estabeleceu duradouramente, surge aquela inclinação, considerada imoral no todo, que no estado de natureza dificilmente se conceberia: a *inveja*. O invejoso é sensível a toda elevação do outro acima do padrão comum e deseja rebaixá-lo até esse — ou erguer-se até lá; disso resultam dois modos diferentes de agir, que Hesíodo chamou de Éris boa e Éris ruim.[99] Igualmente surge, no estado de igualdade, a indignação pelo fato de um outro passar mal, *aquém* da sua dignidade de igual, e um terceiro, bem, acima de sua medida de igual: estes são afetos de naturezas mais *nobres*. Elas sentem falta de justiça e equidade nas coisas que independem do arbítrio humano, isto é: exigem que a igualdade que o homem reconhece seja também reconhecida pela natureza e pelo acaso; exasperam-se com o fato de os iguais não passarem de modo igual.

30. *Inveja dos deuses.* — A "inveja dos deuses" nasce quando aquele inferiormente estimado se equipara de algum modo ao superior (como Ajax)[100] ou lhe é equiparado pelo favor do destino (caso de Níobe, extraordinariamente abençoada como mãe).[101] No interior da hierarquia *social*, essa inveja coloca a exigência de que ninguém obtenha um mérito *acima* de sua posição, que também sua felicidade seja conforme a esta e, sobretudo, que a consciência do seu valor não ultrapasse o limite. É frequente o general vitorioso sofrer a "inveja dos deuses", e também o discípulo que realiza uma obra de mestre.

31. *Vaidade como posterior rebento*[102] *do estado não social.* — Dado que os homens, com vistas à sua segurança, puseram-se como *iguais* uns aos outros para a fundação da comunidade, mas tal concepção vai contra a natureza do indivíduo e é algo forçado, no fundo, ocorre que novos rebentos do antigo impulso à preponderância se afirmam, quanto mais a segurança geral é garantida: na demarcação das classes, na reivindicação de dignidades e privilégios profissionais, na vaidade em geral (maneiras, indumentária, linguajar, etc.). Tão logo a comunidade volta a sentir-se em perigo, os mais numerosos, que no estado de sossego geral não podiam estabelecer sua preponderância, fazem ressurgir o estado de igualdade: os absurdos direitos especiais e vaidades desaparecem por algum tempo. Mas, se a comunidade desmorona inteiramente, se tudo cai na anarquia, imediatamente irrompe o estado de natureza, a desigualdade inconsiderada e brutal, como sucedeu em Córcira, segundo o relato de Tucídides.[103] Não há direito natural nem injustiça natural.

32. *Equidade.* — Um desenvolvimento da justiça é a equidade, nascendo entre aqueles que não infringem a igualdade comunitária: nos casos em que a lei nada prescreve, é aplicada esta sutil consideração do equilíbrio, que olha para a frente e para trás, e cuja máxima é "como tu [fizeres] a mim, eu [farei] a ti". *Aequum* significa justamente "é *conforme a nossa igualdade*; essa atenua também nossas pequenas diferenças, dando-lhes uma aparência de igualdade, e deseja que relevemos um ao outro várias coisas que não *teríamos* de relevar".

33. *Elementos da vingança.* — A palavra "vingança" é falada tão rapidamente:[104] quase pareceria que não pode conter senão uma só raiz conceitual e de sentimento. E ainda agora há o empenho de encontrar essa raiz: tal como nossos economistas ainda não se cansaram de entrever na palavra "valor" uma unidade assim e de procurar o conceito-raiz original de valor. Como se todas as palavras não fossem bolsos em que ora isso, ora aquilo, ora várias coisas de uma vez foram metidas! Assim também, "vingança" é ora isso, ora aquilo, ora algo bastante composto. Distingamos, primeiro, esse contragolpe defensivo que quase involuntariamente desferimos, também contra objetos inanimados que nos feriram (contra máquinas em movimento, por exemplo): o sentido de nosso gesto é estancar a injúria, fazendo a máquina parar. Para alcançar isso, às vezes a força do contragolpe tem de chegar ao ponto de destroçar a máquina; mas, se essa é forte demais para poder ser destruída imediatamente pelo indivíduo, ainda assim ele desfere o golpe mais forte de que é capaz — como que numa tentativa derradeira. Da mesma forma nos comportamos com pessoas que nos causam dano, ao sentirmos diretamente o dano; querendo-se chamar isso de ato de vingança, assim seja; mas considere-se que apenas a *autopreservação* pôs aí em movimento seu mecanismo de razão, e que, no fundo, não pensamos na pessoa danosa, mas apenas em nós mesmos: agimos desse modo *sem* querer causar dano em troca, apenas para *escapar* sãos e salvos. — É preciso *tempo* para transferir o pensamento de nós mesmos para o adversário e imaginar como ele pode ser atingido mais certeiramente. Isso ocorre no segundo tipo de vingança: seu pressuposto é uma reflexão sobre a vulnerabilidade e capacidade de sofrimento do outro; queremos ferir. E proteger-se de mais danos é algo que se acha tão pouco no horizonte do indivíduo que se vinga, que quase sempre ele atrai para si o novo dano, e muitas vezes o encara antecipadamente com sangue-frio. Se no primeiro tipo de vingança foi o medo do segundo golpe que tornou o mais vigoroso possível o contragolpe, nesse caso há uma indiferença quase total em relação ao que o adversário *fará*; a força do contragolpe é determinada somente pelo que ele nos *fez*. — Então o que fez ele? E de que nos adianta ele agora sofrer, depois que sofremos graças a ele? Trata-se de uma *reparação*: enquanto o ato de vingança do primeiro tipo serve apenas à *autopreservação*. Talvez o adversário nos faça perder propriedade, posição, amigos, filhos — tais perdas não nos são restituídas pela vingança, a reparação concerne apenas a uma *perda secundária* diante de todas as perdas mencionadas. A vingança da reparação não resguarda de novos danos e não compensa o dano sofrido — exceto num caso. Se nossa *honra* foi atingida pelo adversário, a vingança pode *repará-la*. De todo modo ela sofreu um dano, se nos infligiram dor intencionalmente: pois o adversário demonstrou, assim, que não nos *temia*. Com a vingança, demonstramos que também não o tememos: nisso está a quitação, a reparação. (O propósito de mostrar a completa ausência de *temor* vai tão longe, em alguns, que a periculosidade da vingança para eles mesmos (perda da saúde ou da vida, ou demais perdas) é vista como condição imprescindível de toda vingança. Por isso escolhem o caminho do duelo, embora os tribunais lhes ofereçam o braço para obterem satisfação pela ofensa: mas eles não consideram suficiente a reparação não perigosa de sua honra, pois ela não pode demonstrar a sua ausência de temor.) — No primeiro tipo de vingança mencionado é justamente o temor que efetua o contragolpe; neste, pelo contrário, é a falta de medo que deseja *evidenciar-se pelo contragolpe*, como foi dito. — Nada parece mais diverso, portanto, do que as motivações íntimas dos dois modos de agir designados pela mesma palavra, "vingança": e, no entanto, frequentemente ocorre de o que exerce a vingança não ter clareza quanto ao que determinou realmente seu ato;

talvez, por temor e a fim de se preservar, ele tenha efetuado o contragolpe, mas depois, quando teve tempo de pensar sobre o ponto de vista da honra ferida, convenceu a si próprio de haver se vingado por sua honra: — esse motivo é, em todo caso, mais *nobre* do que o outro. Nisso é também essencial examinar se ele vê sua honra ofendida aos olhos dos outros (do mundo) ou apenas aos olhos do ofensor: nesse último caso ele preferirá a vingança secreta, no primeiro, a vingança pública. Conforme ele se imagine intensamente ou fracamente no lugar do ofensor e dos espectadores, sua vingança será mais encarniçada ou mais suave; faltando-lhe inteiramente essa espécie de fantasia, ele não pensará em vingança; pois então não se acha nele o sentimento de "honra", não há o que ferir. Ele tampouco pensará em vingança se *desprezar* o ofensor e os espectadores: pois eles não são capazes de lhe dar nenhuma honra, como seres desprezados, e, portanto, também não podem lhe tirar nenhuma honra. Por fim, ele renunciará à vingança no caso, que não é incomum, de amar o ofensor: é verdade que assim ele perde algo da honra aos olhos deste, e talvez se torne menos digno de ter o amor correspondido. Mas renunciar à correspondência no amor é também um sacrifício a que o amor se dispõe, desde que *não tenha de fazer mal* ao ser amado: pois isso significaria fazer mais mal a si próprio do que esse sacrifício é capaz de fazer. — Portanto: toda pessoa se vinga, a menos que não tenha honra ou tenha muito desprezo ou muito amor por aquele que a prejudica e ofende. Ainda quando se dirige aos tribunais, deseja a vingança como pessoa privada: mas, *além disso*, como membro pensante e previdente da sociedade, quer a vingança da sociedade contra alguém que não a *honra*. Assim, mediante o castigo judicial é *reparada* tanto a honra privada como a honra social: ou seja — castigo é vingança. — Sem dúvida, nele também há aquele outro elemento da vingança primeiramente apresentado, na medida em que através dele a sociedade visa sua *autopreservação* e inflige um contragolpe em *legítima defesa*. O castigo pretende evitar *mais* danos, pretende *intimidar*. Desse modo, os dois elementos distintos da vingança se acham realmente unidos[105] no castigo, e talvez seja isso o que mais contribui para manter a mencionada confusão conceitual, graças à qual a pessoa que se vinga geralmente não sabe o que realmente quer.

34. *As virtudes que implicam perda.* — Como membros de sociedades, acreditamos não dever praticar certas virtudes que nos conferem enorme honra e algum prazer como indivíduos, por exemplo, a mercê e a indulgência para com transgressores de toda espécie — enfim, toda forma de agir em que o interesse da sociedade sofreria por causa de nossa virtude. Nenhum corpo de magistrados pode conscienciosamente se permitir a clemência: o rei é *o único indivíduo* a quem é dada essa prerrogativa; as pessoas se regozijam quando ele faz uso dela, mostrando que bem gostariam de ser clementes, mas não como sociedade. Esta reconhece, desse modo, apenas as virtudes que lhe são vantajosas ou, pelo menos, não prejudiciais (que podem ser praticadas sem perdas ou até com rendimentos, a justiça, por exemplo). Assim, as virtudes que implicam perda não podem ter surgido *na sociedade*, pois ainda hoje deparam com oposição no interior de qualquer sociedade que se forme, por menor que seja esta. Logo, são virtudes que se dão entre não iguais, inventadas pelo superior, pelo indivíduo, são virtudes do *dominador* que tem este pensamento oculto: "Sou poderoso o bastante para consentir uma perda evidente, isso é uma prova de meu poder" — ou seja, são virtudes aparentadas ao *orgulho*.

35. *Casuística da vantagem.* — Não haveria casuística da moral se não houvesse casuística da vantagem. Com frequência, o entendimento mais livre e mais refinado não basta para escolher entre duas coisas de modo que a vantagem maior esteja necessariamente na sua escolha. Nesses casos se escolhe porque é preciso escolher, e depois se tem uma espécie de enjoo do sentimento.

36. *Tornando-se um hipócrita.* — Todo pedinte se torna um hipócrita; como todo aquele que faz de uma carência, de uma

emergência (seja pessoal, seja pública) a sua profissão. — O pedinte está longe de sentir a carência como tem de *fazê-la* sentir, se quiser viver de pedir.

37. *Uma espécie de culto das paixões.* — Vocês, homens sombrios e cobras-cegas filosóficas, falam, para denunciar o caráter do universo inteiro, do *caráter horrível* das paixões humanas. Como se em toda parte onde houve paixões também tivesse havido horror! Como se sempre tivesse que haver no mundo essa espécie de horror! — Por negligência *nas pequenas coisas*, por falta de auto-observação e de observação daqueles que devem ser educados, vocês próprios deixaram as paixões crescerem e se tornarem tais monstros, que agora já são tomados de horror ante a simples palavra "paixão"! Dependia de vocês e depende de nós tirar das paixões o seu caráter terrível, assim evitando que elas se tornem torrentes devastadoras. — Não se deve inflar seus descuidos, convertendo-os em fatalidades perenes. Vamos, isto sim, cooperar honestamente na tarefa de transformar as paixões todas da humanidade em apaixonadas alegrias.[106]

38. *Remorso.*[107] — O remorso é, como a mordida do cão numa pedra, uma tolice.

39. *Origem dos direitos.* — Os direitos remontam primeiramente à *tradição*, e a tradição, a uma convenção. Em algum momento, as duas partes estavam satisfeitas com as consequências do acordo obtido e, de resto, muito indolentes para renová-lo formalmente; então continuaram a viver como se ele fosse sempre renovado e, à medida que o esquecimento estendia sua névoa sobre a origem, passaram a crer num estado sagrado, imutável, sobre o qual toda geração *tinha* de prosseguir construindo. A tradição tornou-se *coação*, mesmo se não mais trazia o benefício pelo qual originalmente se fizera o acordo. — Em todas as épocas os *fracos* tiveram aí a sua firme fortaleza: eles tendem a *perenizar* a convenção de um momento, o ato de mercê.

40. *A significação do esquecimento na sensibilidade moral.* — As mesmas ações que, no interior da sociedade original, foram primeiramente ditadas pela intenção do *proveito* comum, foram depois realizadas por outras gerações com outros motivos: por medo ou reverência ante aqueles que as exigiam e recomendavam, ou por hábito, pois desde a infância as pessoas as viam serem realizadas, ou por benevolência, porque sua execução gerava alegria e aprovação em toda parte, ou por vaidade, porque eram elogiadas. Tais ações, em que foi *esquecido* o motivo fundamental, o da utilidade, denominam-se então *morais*: não porque seriam realizadas por aqueles *outros* motivos, mas porque *não* são feitas em nome da utilidade consciente. — De onde vem esse *ódio* à utilidade que aí se manifesta, em que toda conduta louvável se diferencia formalmente da conduta por mor da utilidade? — É evidente que a sociedade, ninho de toda moral e de todos os louvores à conduta moral, teve de lutar com o interesse pessoal e a teimosia do indivíduo muito longamente e arduamente para não acabar taxando *qualquer outro* motivo de eticamente superior à utilidade. Assim veio a parecer que a moral *não* nasceu da utilidade: enquanto originalmente foi a utilidade social que teve grande empenho em impor-se contra as utilidades privadas e adquirir mais consideração.

41. *Os ricos herdeiros da moralidade.* — Também no âmbito moral há uma riqueza *hereditária*: possuem-na os mansos, de boa natureza, compassivos, caridosos, que herdaram dos seus ancestrais o bom *procedimento*, mas não a razão (a fonte dele). O agradável dessa riqueza é que a pessoa deve continuamente oferecê-la e partilhá-la, para sentir que a tem, e assim trabalha involuntariamente para reduzir a distância entre moralmente ricos e moralmente pobres: e isso, o mais notável e melhor, em favor *não* de um futuro meio-termo entre ricos e pobres, mas de um enriquecimento *geral.* — De tal maneira pode-se resumir aproximadamente a opinião dominante sobre a riqueza moral hereditária; mas quer me parecer que ela é mantida antes *in majorem gloriam* [para maior glória] da moralidade do que em honra da verdade. Pelo menos a experiência nos propõe uma tese que, se não for uma refutação, certamente valerá como significativa restrição dessa generalidade. Sem o mais refinado entendimento, assim diz a experiência, sem a capacidade da mais sutil decisão e um *forte pendor à moderação*, os ricos herdeiros morais tornam-se esbanjadores da moralidade: entregando-se a seus impulsos compassivos, caridosos, conciliadores, mitigadores, eles fazem o mundo inteiro e a si próprios mais negligentes, mais sequiosos e mais sentimentais. Por isso, os filhos de tais dissipadores morais são facilmente — e, é triste dizer, no melhor dos casos — agradáveis e frágeis inúteis.

42. *O juiz e as circunstâncias atenuantes.* — "Também com o Diabo devemos ser honestos e pagar nossas dívidas", disse um velho soldado a quem contaram mais detalhadamente a história de Fausto, "o lugar de Fausto é no Inferno!" — "Oh, que terríveis são vocês, homens!", gritou sua mulher, "como é possível isto! Ele nada fez, apenas não havia tinta em seu tinteiro![108] Escrever com sangue é um pecado, mas por isso deve arder no fogo um homem tão belo?"

43. *Problema do dever para com a verdade.* — Dever é um sentimento que coage, que impele à ação e que denominamos bom e vemos como indiscutível (— a respeito da origem, limites e justificação dele não pretendemos falar nem haver falado). Mas o pensador vê tudo como tendo se tornado, e tudo "tornado" como discutível; é, portanto, o homem sem dever — na medida em que é apenas pensador. Como tal, então, ele também não reconheceria o dever de enxergar e exprimir a verdade, e não teria esse sentimento; ele pergunta: de onde vem ela? para onde pretende ir?, mas mesmo esse questionar lhe parece questionável. A consequência disso, no entanto, não seria que a máquina do pensador não mais trabalharia direito, quando ele pudesse *sentir-se desobrigado* no ato de conhecer? Na medida em que aí parece ser necessário, para o *aquecimento* da máquina, o mesmo elemento a ser investigado por meio dela. — A fórmula seria talvez: *supondo* que exista um dever de conhecer a verdade, como é a verdade em relação a toda outra espécie de dever? — Mas um sentimento hipotético de dever não é um absurdo? —

44. *Degraus da moral.* — Moral é, primeiramente, um meio de conservar a comunidade e impedir sua ruína; depois é um meio de manter a comunidade numa certa altura e numa certa qualidade. Seus motivos são *temor* e *esperança*: e serão tanto mais rudes, vigorosos, grosseiros, quanto ainda for bastante forte a inclinação ao errado, unilateral, pessoal. Os mais horrendos meios de intimidação têm de ser aí empregados, enquanto outros mais suaves não surtirem efeito e essa dupla espécie de conservação não puder ser alcançada de outra forma (entre os meios mais fortes está a invenção de um Além com um eterno Inferno). Nisso tem de haver martírios da alma e carrascos para eles. Outros degraus da moral e, portanto, meios para os fins assinalados são as ordens de um deus (como a lei mosaica); outros mais, ainda mais elevados, são os mandamentos de uma noção absoluta do dever, com o "tu deves" — todos degraus ainda talhados grosseiramente, mas *amplos*, porque os homens ainda não sabem pôr os pés nos mais finos, mais estreitos. Depois vem uma moral da *inclinação*, do *gosto*, e enfim a da *intelecção*[109] — que está acima dos motivos ilusórios da moral, mas percebeu que durante largos períodos a humanidade não pôde ter outros.

45. *A moral da compaixão na boca dos imoderados.* — Todos aqueles que não têm a si mesmos sob controle e não conhecem a moralidade como autodomínio e autossuperação constantes, nas grandes e pequenas coisas, involuntariamente se tornam glorificadores dos impulsos bons, compassivos, benevolentes, dessa moralidade instintiva que não tem cabeça e parece compor-se apenas de coração e de mãos solícitas. Sim, é do seu interesse desconfiar de uma moralidade da razão e fazer dessa outra a única existente.

46. *Cloacas da alma.* — Também a alma tem que ter suas cloacas, em que possa verter suas imundícies: para isso servem pessoas, relações, situações, a pátria, o mundo ou, enfim, para os realmente soberbos (refiro-me a nossos caros "pessimistas" modernos) — Deus.

47. *Uma espécie de calma e de contemplação.* — Cuide para que sua calma e sua contemplação não semelhem as de um cão ante um açougue, que não vai para a frente por medo, nem para trás por desejo: e que abre os olhos como se fossem bocas.

48. *A proibição sem motivos.* — Uma proibição cujo motivo não entendemos ou não admitimos é, não só para o homem teimoso, mas também para o ávido de conhecimento, quase uma injunção: chega-se a testá-la, para assim descobrir *por que* houve a proibição. Interdições morais, como as dos dez mandamentos, são adequadas apenas para épocas de razão subjugada: hoje em dia, uma proibição como "não matarás", "não cometerás adultério", enunciada sem motivos, terá um efeito antes pernicioso do que útil.

49. *Retrato.* — Que tipo de pessoa é esta, que pode afirmar sobre si: "Eu desprezo muito facilmente, mas nunca odeio. Em cada pessoa descubro imediatamente algo a ser respeitado e pelo qual a respeito; as chamadas características afáveis me atraem bem pouco".

50. *Compaixão e desprezo.* — Manifestar compaixão é visto como sinal de desprezo, pois claramente a pessoa deixou de ser objeto de *temor*, quando alguém lhe demonstra compaixão. Ela desceu abaixo do nível de equilíbrio, ao passo que mesmo ele já não satisfaz a vaidade humana, apenas o destacar-se e inspirar temor oferece à alma o mais desejado dos sentimentos. Por isso há o problema de saber como surgiu a *estima* da compaixão, e igualmente deve ser explicado por que agora se louva o desinteressado: originalmente ele era *desprezado* ou *temido* como enganador.

51. *Saber ser pequeno.* — Deve-se estar ainda tão próximo às flores, relvas e borboletas como as crianças, que não são muito mais altas que elas. Já nós, adultos, as ultrapassamos em crescimento e temos que nos rebaixar até elas; acho que as relvas nos *odeiam*, quando confessamos nosso amor por elas. — Quem quer participar de *tudo* que é bom, tem de saber ser pequeno em alguns momentos.

52. *O conteúdo da consciência moral.*[110] — O conteúdo de nossa consciência moral é tudo que, nos anos da infância, foi de nós *exigido* regularmente e sem motivo, por seres que adorávamos ou temíamos. A partir da consciência moral é despertado, então, o sentimento de obrigação ("isso tenho que fazer, isso não") que não pergunta: *por quê?*. — Nos casos em que algo é feito com "porque" e "por que", o ser humano age *sem* consciência moral; mas nem por isso contra ela. — A crença em autoridades é a fonte da consciência moral: logo, não é a voz de Deus no coração da pessoa, mas a voz de algumas pessoas na pessoa.

53. *Superação das paixões.* — O indivíduo que superou suas paixões entrou na posse do terreno mais fértil: como o colono que dominou as florestas e pântanos. A urgente tarefa seguinte é, então, *plantar* no solo das paixões submetidas a semente das boas obras espirituais. A superação mesma é apenas um *meio*, não um fim; se não for vista dessa forma, rapidamente crescerá toda espécie de erva daninha e coisa ruim no rico solo desocupado, e em pouco tempo haverá nele mais profusão e confusão do que antes.

54. *Aptidão para servir.* — Todos os assim chamados homens práticos têm aptidão para servir: justamente isso os torna práticos, seja para outros, seja para si mesmos. Robinson tinha um servente ainda melhor do que Sexta-Feira: era Crusoé.[111]

55. *Perigo da linguagem para a liberdade espiritual.* — Toda palavra é um pré-conceito.[112]

56. *Espírito e tédio.* — O provérbio: "O magiar é preguiçoso demais para se entediar" dá o que pensar. Apenas os animais mais sutis e mais ativos são capazes de sentir tédio. — Um tema para um grande poeta seria o *tédio de Deus* no sétimo dia da Criação.

57. *O trato com os animais.* — Também se pode observar a gênese da moral em nosso comportamento com os animais. Quando *não* entram em consideração a utilidade e o dano, temos um sentimento de total irresponsabilidade; por exemplo, matamos e ferimos insetos ou os deixamos viver, e geralmente nada pensamos ao fazê-lo. Somos tão canhestros, que já nossas delicadezas com as flores e os pequenos animais são quase sempre mortais para eles: o que não prejudica absolutamente o prazer que temos com eles. — Hoje é festa para os bichos pequenos, o dia mais sufocante do ano: tudo fervilha e se mexe ao nosso redor, e nós esmagamos, sem querer, *mas também* sem dar atenção, ora um pequeno verme, ora um besourinho alado, aqui ou ali. — Se os bichos nos causam dano, empenhamo-nos no seu *extermínio*; os meios para isso são frequentemente cruéis sem o querermos: é a crueldade da irreflexão. Se nos são úteis, então os *exploramos*: até que uma prudência mais refinada nos ensina que alguns animais recompensam bastante um outro tipo de tratamento, ou seja, a criação e o disciplinamento. Apenas então surge a responsabilidade. Deixa-se de maltratar os animais domésticos; um homem se revolta quando um outro é impiedoso com sua própria vaca, totalmente conforme a primitiva moral da comunidade, que vê a utilidade *comum* em perigo, sempre que um indivíduo comete uma transgressão. Quem percebe uma transgressão na comunidade, teme o dano indireto para si: e nós tememos pela qualidade da carne, da lavoura e dos meios de transporte, quando não vemos os animais serem bem tratados. Além disso, quem é rude com eles provoca a suspeita de também ser rude com pessoas fracas, não iguais, incapazes de vingança; é tido como ignóbil, carente do orgulho refinado. Surge, assim, um começo de julgamento e sensibilidade moral:

mas o melhor é acrescentado pela superstição. Devido a olhares, sons e gestos, alguns bichos estimulam os seres humanos a *imaginar-se* dentro deles, e várias religiões ensinam a neles enxergar, em determinadas circunstâncias, a moradia das almas de homens e deuses: motivo pelo qual recomendam uma nobre cautela, ou mesmo reverente temor, no trato com os animais. Ainda após o desaparecimento dessa superstição, os sentimentos por ela ocasionados continuam a vigorar, a amadurecer e florescer. — Como se sabe, nesse ponto o cristianismo demonstrou ser uma religião pobre e retrógrada.

58. *Novos atores.* — Não há, entre os seres humanos, banalidade maior do que a morte; em segundo lugar vem o nascimento, pois nem todos os que morrem chegam a nascer;[113] depois vem o matrimônio. Mas, em todas as suas não contadas e incontáveis apresentações, essas pequenas tragicomédias são representadas por novos atores, e por isso não cessam de ter novos espectadores interessados, quando seria de crer que a plateia inteira do teatro terreno, enfastiada com ele, há muito tempo já se enforcou em todas as árvores. Tanta importância têm os novos atores, tão pouca tem a peça.

59. *Que é "obstinado"?* — O caminho mais curto não é o mais reto possível, mas aquele em que os ventos mais favoráveis inflam nossas velas: eis o que diz o ensinamento dos navegantes. Não segui-lo é ser *obstinado*: a firmeza de caráter é aí maculada pela estupidez.

60. *A palavra "vaidade".* — É lamentável que algumas palavras que nós, moralistas, não podemos absolutamente dispensar, já tenham em si uma espécie de censura ética, vinda dos tempos em que os impulsos mais imediatos e naturais do ser humano eram execrados. Assim, a convicção fundamental de que, sobre as ondas da sociedade, navegamos bem ou naufragamos muito mais pelo que *somos considerados* do que pelo que *somos* — uma convicção que deve ser o leme para toda atuação ante a sociedade —, é designada e estigmatizada com o termo genérico "vaidade", *vanitas*, uma das coisas mais plenas e ricas de conteúdo é chamada com uma expressão que designa o mesmo que o verdadeiramente vazio e nulo, algo grande é expresso com um diminutivo, e até mesmo com traços de caricatura. Não há jeito, temos de empregar tais palavras, mas fechando o ouvido às insinuações dos velhos hábitos.

61. *Fatalismo turco.* — O fatalismo turco tem o defeito fundamental de contrapor o homem e o fado como duas coisas separadas: o homem, diz ele, pode contrariar o fado, tentar frustrá-lo, mas este sempre termina vitorioso; por isso o mais sensato seria resignar-se ou viver a seu bel-prazer. Na verdade, cada ser humano é ele próprio uma porção de fado; quando ele pensa contrariar o fado da maneira mencionada, justamente nisso se realiza também o fado; a luta é uma ilusão, mas igualmente a resignação ao fado; todas essas ilusões se acham incluídas no fado. — O medo que a maioria das pessoas tem da teoria da não liberdade da vontade é o medo do fatalismo turco: elas acham que o ser humano fica débil, resignado e de mãos atadas ante o futuro, porque não consegue mudá-lo: ou então que ele afrouxará inteiramente a rédea ao seu capricho, porque tampouco esse poderá piorar o que já foi determinado. As tolices do homem são uma parcela de fado, tanto quanto suas sabedorias: também aquele medo da crença no fado é fado. Você mesmo, pobre amedrontado, é a incoercível Moira[114] que reina até sobre os deuses, para o que der e vier; você é a bênção ou maldição, e, de todo modo, o grilhão em que jaz atado o que é mais forte; em você está de antemão determinado o porvir do mundo humano, de nada lhe serve ter pavor de si mesmo.

62. *Advogada do Diabo.* — "Apenas nossa própria desgraça nos torna *sabidos*,[115] apenas a desgraça alheia nos torna *bons*" — assim reza a curiosa filosofia que faz derivar da compaixão toda moralidade e do isolamento do homem toda intelectualidade: com isso, é inconscientemente a advogada de toda desgraça terrena. Pois a compaixão necessita do sofrimento, e o isolamento, do desprezo dos outros.

63. *As máscaras de caráter morais.* — Nos tempos em que as máscaras de caráter das classes são vistas como fixadas definitivamente, de modo igual às classes mesmas, os moralistas são tentados a considerar também as máscaras de caráter morais como absolutas e assim caracterizá-las. É assim que Molière vem a ser inteligível como contemporâneo da sociedade de Luís XIV; em nossa sociedade de transições e graus intermediários ele figuraria como um pedante genial.

64. *A mais nobre virtude.* — Na primeira época da humanidade superior a valentia é considerada a mais nobre das virtudes, na segunda, a justiça, na terceira, a moderação, na quarta, a sabedoria. Em que era vivemos? Em qual vive você?

65. *O que é necessário antes.* — Um homem que não quer assenhorear-se de sua ira, de seu amargor e afã de vingança, de sua volúpia, e procura se tornar senhor em alguma outra coisa, é tão estúpido como o lavrador que cultiva seus campos junto a uma torrente bravia, sem proteger-se dela.

66. *Que é a verdade?* — *Schwarzert* (Melanchthon): "Muitas vezes um homem prega sua fé quando acabou de perdê-la e a busca em todos os cantos — e não a prega da pior maneira então!" — *Lutero*: "Hoje você fala a verdade como um anjo, irmão!" — *Schwarzert*: "Mas é o pensamento dos seus inimigos, e eles o aplicam a você." — *Lutero*: "Então é uma mentira saída do traseiro do Diabo".

67. *Hábito das oposições.* — A imprecisa observação geral enxerga em toda a natureza oposições ("quente e frio", por exemplo), onde não há oposições, mas apenas diferenças de grau. Esse mau hábito nos induziu a querer entender e decompor segundo essas oposições também a natureza interior, o mundo

ético-espiritual. Não há ideia de quanta dor, presunção, dureza, alienação e frieza foi incorporada à sensibilidade humana, ao se acreditar ver oposições, em vez de transições.

68. *Pode-se perdoar?* — Como *se pode* perdoar-lhes, se não sabem o que fazem?[116] Não se *tem* o que perdoar. — Mas alguma vez um homem *sabe inteiramente* o que faz? E, se isso é sempre *questionável*, no mínimo, então os homens nunca têm o que perdoar uns aos outros, e exercer a graça é algo impossível para o mais razoável. Por fim: se os malfeitores realmente soubessem o que fazem — então só teríamos o direito de *perdoar* se tivéssemos o direito de acusar e punir. Mas não o temos.

69. *Vergonha habitual.* — Por que sentimos vergonha quando nos é feita uma bondade ou distinção que, como se diz, "não merecemos"? Parece-nos que adentramos um terreno que não é nosso lugar, de onde devíamos ser afastados, como que um recinto sagrado que nossos pés são proibidos de pisar. Devido ao erro de outros penetramos ali: e então somos tomados de medo, de reverência e de surpresa, não sabemos se é melhor fugir ou desfrutar o abençoado instante e suas graças. Em toda vergonha há um mistério, que parece ter sido profanado por nós ou correr o perigo de sê-lo; toda *graça* produz vergonha. — Considerando, porém, que jamais "merecemos" algo, no caso de alguém adotar esse ponto de vista no interior de uma geral concepção cristã das coisas o sentimento de *vergonha* se torna *habitual*: porque Deus parece *continuamente* abençoar e exercer a graça para esse alguém. Mas, prescindindo dessa interpretação cristã, o estado de *vergonha habitual* seria possível também para o sábio completamente ateu, que se atém à fundamental irresponsabilidade e ausência de mérito de todo agir e todo ser: se ele é tratado *como se* tivesse merecido isto ou aquilo, parece ter se introduzido numa superior ordem de seres que *merecem* algo, que são livres e realmente capazes de se responsabilizar por seu próprio querer e fazer. Quem lhe diz: "Você o mereceu", parece lhe exclamar: "Você não é um homem, mas um deus".

70. *O mais inepto educador.* — Nesse, todas as suas reais virtudes se acham plantadas no solo do seu espírito de contradição; naquele, em sua incapacidade de dizer "não", em seu espírito de concordância; um terceiro desenvolveu toda a sua moralidade a partir de seu orgulho solitário, um quarto, de seu forte instinto de sociabilidade. Supondo agora que nesses quatro, devido a educadores ineptos e ao acaso, as sementes das virtudes não tivessem sido espalhadas no solo de sua natureza com a terra mais rica e fecunda: então eles seriam criaturas sem moralidade, débeis e desagradáveis. E quem teria sido justamente o mais inepto dos educadores e o mau destino desses quatro indivíduos? O fanático moral, que acredita que o bem só pode nascer do bem e crescer no bem.

71. *Estilo da cautela.* — A: Mas, se *todos* soubessem isto, seria prejudicial para *a maioria.* Você mesmo chama essas opiniões de perigosas para os que se acham em perigo, e as expressa publicamente? B: Eu escrevo de modo que nem o populacho, nem os *populi* [povos], nem os partidos de toda espécie me queiram ler. Logo, essas opiniões jamais se tornarão públicas. A: Mas como escreve você então? B: De maneira nem útil nem agradável — para o trio mencionado.

72. *Missionários divinos.* — Também Sócrates se sente como um missionário divino: mas mesmo nisso é perceptível um não sei que toque de ironia ática e gosto por brincadeira, em virtude do qual essa noção fatal e presunçosa é atenuada. Ele fala sem unção a respeito disso: suas imagens do freio e do cavalo são singelas e não sacerdotais, e a tarefa propriamente religiosa que ele sente colocada para si — *pôr* o deus *à prova* de cem maneiras diferentes, para ver se ele falou a verdade — permite inferir a atitude ousada e livre com que o missionário ali se põe junto a seu deus. Esse pôr à prova o deus é um dos mais finos compromissos entre devoção e liberdade de espírito que já foram imaginados. — Agora já não temos necessidade nem mesmo desse compromisso.

73. *Pintura honesta.* — Rafael, a quem importava muito a Igreja (na medida em que podia pagar), mas pouco os objetos da fé eclesiástica, como aos melhores homens de seu tempo, não acompanhou em nada a pretensiosa devoção extática de alguns dos seus clientes: conservou sua honestidade mesmo naquela pintura de exceção que se destinava originalmente a um estandarte de procissão, a *Madona Sistina*. Ali ele desejou pintar uma visão: mas uma tal como *também* têm e terão jovens nobres sem "fé", a visão da futura noiva, de uma mulher inteligente, de alma nobre, taciturna e muito bela, que carrega nos braços o seu primogênito. Os velhos, habituados à oração e adoração, podem aí venerar algo sobre-humano, como o venerável ancião à esquerda: nós, mais jovens, parece exclamar Rafael, ficamos com a bela garota à direita, que com seu olhar convidativo, nada devoto, diz aos espectadores do quadro: "Não é verdade? Essa mãe e seu filho — não é uma visão agradável e estimulante?". Esse rosto e esse olhar refletem a alegria no rosto dos espectadores; o artista que criou tudo isso frui desse modo a si mesmo e acrescenta sua própria alegria à alegria dos receptores da arte. — Quanto à expressão "salvadora" no rosto do menino, Rafael, o honesto, que não quis pintar um estado de alma em cuja existência não acreditava, iludiu de maneira delicada seus espectadores *crentes*; ele pintou esse capricho da natureza que não é tão raro, olhos de homem em rosto de menino, e, aliás, olhos de homem corajoso e prestativo, que percebe uma urgência. A esse olhar corresponde uma barba; a ausência desta, o fato de duas diferentes idades aí falarem de um único rosto, é o agradável paradoxo que os crentes interpretaram conforme sua fé no milagre: como o artista bem podia esperar da parte deles, da sua arte de interpretação e acrescentamento.

74. *A oração.* — Apenas sob duas premissas a oração — esse costume de tempos antigos ainda não inteiramente acabado — tinha sentido: devia ser possível mandar ou influir na divindade, e quem rezava tinha de saber melhor que ninguém aquilo de que necessitava, o que para ele era realmente desejável. Mas as duas premissas, aceitas e mantidas em todas as demais religiões, foram negadas justamente pelo cristianismo; se, no entanto, ele conservou a oração, junto à fé numa onisciente e oniprovidente razão de Deus, que, no fundo, torna sem sentido e até sacrílega essa mesma oração — também nisso ele mostra, mais uma vez, sua admirável esperteza de serpente; pois um claro mandamento, que dissesse "Não rezarás", teria levado os cristãos ao não cristianismo, graças ao tédio. No *ora et labora* [reze e trabalhe] cristão, o *ora* tem o lugar do *prazer*: e o que teriam feito sem o *ora* os infelizes que se proibiram o *labora*, os santos? — mas entreter-se com Deus, pedir-lhe toda espécie de coisas agradáveis, rir um pouco de si, por ser tão tolo de ainda ter desejos, com um pai tão excelente — isso foi uma ótima invenção para os santos.

75. *Uma mentira sagrada.* — A mentira que saiu dos lábios de Arria ao morrer (*Paete, non dolet* [Paetus, não dói])[117] ofusca todas as verdades que jamais foram ditas por moribundos. É a única *mentira* sagrada que se tornou célebre; enquanto o odor da santidade normalmente ficou ligado a *erros*.

76. *O apóstolo mais necessário.* — Em doze apóstolos, um tem de ser duro como a pedra, para que a nova Igreja seja erguida sobre ele.

77. *Qual o mais transitório, o espírito ou o corpo?* — Nas coisas legais, morais ou religiosas, o mais exterior, o visível, ou seja, o uso, o gesto, a cerimônia, é o que tem maior *duração*: ele é o *corpo*, ao qual sempre se junta uma *nova alma*. O culto é sempre reinterpretado, como um texto fixo; os conceitos e sentimentos são o fluido, os costumes, o sólido.

78. *A doença de crer na doença.* — Foi o cristianismo que pintou o Demônio na parede do mundo; foi o cristianismo que trouxe o pecado ao mundo. A crença nos remédios que ofereceu para ele foi gradualmente abalada em suas raízes profundas: mas ainda existe a *crença na doença* que ensinou e difundiu.

79. *Palavras e escritos dos religiosos.* — Quando o estilo e a expressão geral do sacerdote, falando e escrevendo, não anunciam já o homem *religioso*, então nem é preciso levar a sério suas opiniões sobre religião e em favor dela. Elas se tornaram *sem força* para o possuidor mesmo, quando ele, como revela seu estilo, tem ironia, presunção, malícia, ódio e todas as reviravoltas do ânimo, exatamente como o mais irreligioso dos homens; — e tanto menos fortes serão elas para seus ouvintes e leitores! Em suma, ele contribuirá para torná-los menos religiosos.

80. *Perigo na pessoa.* — Quanto mais Deus foi considerado como pessoa, tanto menos as pessoas lhe foram fiéis. Elas se apegam muito mais às suas ideias do que àqueles que mais amam: por esse motivo se sacrificam pelo Estado, pela Igreja e também por Deus — enquanto ele continua *seu* produto, *sua ideia*, e não é tomado muito pessoalmente. Nesse último caso, quase sempre discutem com ele: até o homem mais devoto já deixou escapar a amarga exclamação: "Meu Deus, por que me abandonaste?".

81. *A justiça mundana.* — É possível tirar dos eixos a justiça mundana — com a teoria da completa inocência e irresponsabilidade de cada pessoa: e já se fez uma tentativa na mesma direção, precisamente com base na teoria contrária, da total responsabilidade e culpabilidade de todo indivíduo. Foi o fundador do cristianismo que quis abolir a justiça mundana e retirar do mundo o julgamento e a punição. Pois entendeu toda culpa como "pecado", ou seja, como ofensa a *Deus* e não ao mundo; por outro lado, viu cada indivíduo como pecador em grau máximo e em quase todo aspecto. Mas, assim julgou sua equidade, os culpados não devem ser os juízes de quem lhes é igual. *Todos* os juízes da justiça mundana, portanto, eram tão culpados quanto aqueles por eles condenados, e seu ar de inocência lhe pareceu hipócrita e farisaico. Além disso, ele olhou para os motivos das ações, não para o êxito, e considerou um único ser perspicaz o bastante para o julgamento dos motivos: a si próprio (ou, como ele se expressava: Deus).

82. *Uma afetação na despedida.* — Quem quer se afastar de um partido ou de uma religião, acha que é preciso refutá-los. Mas esse é um pensamento orgulhoso. É necessário apenas que ele veja claramente que laços o prenderam a esse partido ou religião até agora, e que não mais o prendam, que intenções o levaram para ali, e que agora o levem para outro lugar. Não foi por *estritas razões do conhecimento* que passamos para esse partido ou essa religião: também não devemos *afetar* isso, ao nos distanciarmos deles.

83. *Redentor e médico.* — Como conhecedor da alma humana, é evidente que o fundador do cristianismo não estava livre de enormes deficiências e parcialidades, e, como médico da alma, era dado à infame e leiga crença numa medicina universal. Às vezes o seu método semelha o do dentista que pretende curar a dor com a extração do dente; como, por exemplo, ao combater a sensualidade utilizando este conselho: "Se o teu olho te escandalizar, arranca-o".[118] — Mas há a diferença de que o dentista, pelo menos, alcança o seu objetivo, que é livrar da dor o paciente; enquanto o cristão que segue o conselho e acredita haver matado sua sensualidade, se ilude: ela continua existindo de forma inquietante e vampiresca, e o atormenta sob repugnantes disfarces.

84. *Os prisioneiros.* — Uma manhã, os prisioneiros entraram no pátio onde trabalhavam; o guardião estava ausente. Alguns se puseram imediatamente a trabalhar, como era do seu feitio; outros nada fizeram, olhando desafiadoramente ao seu redor. Então um deles avançou e disse: "Trabalhem o quanto quiserem ou não façam nada: não importa. Seus planos secretos vieram à luz, o guardião os espiou ultimamente e vai enunciar um tremendo juízo sobre vocês nos próximos dias. Vocês o conhecem, ele é duro e rancoroso. Mas prestem atenção: até agora vocês se enganaram a meu respeito; eu não sou o que pareço, mas muito mais: sou o filho do guardião e posso tudo com ele. Posso salvá-los, quero salvá-los; mas, vejam bem, apenas aqueles entre vocês que *acreditam* que sou o filho do guardião; os demais colherão os frutos da sua descrença". "Ora", falou, após um instante de silêncio, um prisioneiro mais velho, "que diferença lhe faz se acreditamos ou não em você? Se é realmente o filho do guardião e consegue tudo o que diz, interceda por todos nós: seria uma grande bondade sua. Mas deixe de lado a conversa de crer ou não crer!" "Além disso", gritou um homem mais jovem, "eu não acredito nele: é somente uma coisa que ele pôs na cabeça. Aposto que em oito dias estaremos neste mesmo lugar, e o guardião não sabe *nada*." "E, se sabia, não sabe mais", disse o último dos prisioneiros, que acabava de entrar no pátio; "o guardião morreu agora, de repente." — "Olá!", gritaram vários ao mesmo tempo, "olá! Senhor filho, senhor filho, como fica a herança? Será que somos agora *seus* prisioneiros?" — "Eu lhes disse", replicou suavemente aquele que interpelavam, "vou libertar todos os que creem em mim, tão certo como meu pai ainda vive." — Os prisioneiros não riram, mas deram com os ombros e o deixaram ali parado.

85. *O perseguidor de Deus.* — Paulo concebeu, Calvino retomou a ideia de que a danação se acha eternamente aplicada a um sem-número de indivíduos, e que esse belo plano universal foi estabelecido para que nele se manifeste a glória de Deus; ou seja, céu e terra e humanidade devem existir para — satisfazer a vaidade do Senhor! Que cruel e insaciável vaidade deve ter cintilado na alma daquele que concebeu ou reconcebeu algo assim! — ou seja, Paulo continuou Saulo, afinal — *o perseguidor de Deus.*

86. *Sócrates.* — Se tudo correr bem, virá o tempo em que as pessoas, para se desenvolver moral e intelectualmente, preferirão ter os *memorabilia* de Sócrates do que a Bíblia, e em que Montaigne e Horácio serão lidos como precursores e guias para o entendimento do mais simples e menos transitório dos sábios-mediadores, Sócrates. Levam de volta a ele as trilhas dos mais diversos modos de vida filosóficos, que são, no fundo, os modos de vida dos temperamentos diversos, estabelecidos pela razão e pelo hábito e direcionados todos eles para a alegria no viver e com o próprio Eu; do que se pode concluir que o mais característico de Sócrates foi uma participação em todos os temperamentos. — Ele excede o fundador do cristianismo na jubilosa forma de seriedade e na *sabedoria travessa*, que constitui o melhor estado de alma do ser humano. Além disso, tinha um intelecto maior.

87. *Aprender a escrever bem.* — O tempo do falar bem passou, porque o tempo das culturas citadinas passou. O limite extremo que Aristóteles permitiu à grande cidade — toda a comunidade reunida devia poder ainda escutar o arauto —, esse limite nos interessa tão pouco quanto as comunidades citadinas mesmas, a nós, que queremos ser entendidos além dos povos inclusive. É por isso que, agora, todo aquele que pensar como um bom europeu terá de aprender a *escrever bem e cada vez melhor*: não há jeito, ainda que ele tenha nascido na Alemanha, onde escrever mal é tido como privilégio nacional. Mas escrever melhor significa também pensar melhor; encontrar sempre coisas mais dignas de serem transmitidas e realmente poder transmiti-las; tornar-se traduzível para os idiomas dos vizinhos; fazer-se acessível à compreensão dos estrangeiros que aprendem nosso idioma; cuidar para que tudo de bom se torne bem comum e tudo esteja à livre disposição de quem é livre; por fim, *preparar* aquele estado de coisas, ainda tão distante, em que os bons europeus recebam nas mãos a sua grande tarefa: a direção e supervisão de toda a cultura terrestre. — Quem prega o contrário, *não* se interessar por escrever bem e ler bem — as duas virtudes crescem juntas e decrescem juntas —, esse realmente indica aos povos o caminho de tornar-se cada vez mais *nacionais*: agrava a doença deste século e é inimigo dos bons europeus, inimigo dos espíritos livres.

88. *O ensino do melhor estilo.* — O ensinamento do estilo pode ser, por um lado, como achar a expressão mediante a qual se comunique *todo* estado de espírito ao leitor e ouvinte;

depois, como achar a expressão para o mais desejável estado de espírito de alguém, cuja informação e transmissão também seja, portanto, maximamente desejável: para o estado de espírito do ser profundamente comovido, de alma alegre, claro e reto, que superou as paixões. Esse será o ensinamento do melhor estilo: corresponde ao ser humano bom.

89. *Atenção para o andamento.* — O andamento das frases mostra se o autor está cansado; no entanto, a expressão isolada ainda pode ser boa e forte, porque foi achada antes, de forma independente: quando a ideia cintilou primeiramente para o autor. Assim acontece bastante em Goethe, que com muita frequência ditava, quando estava cansado.

90. *Já e ainda.* — A: A prosa alemã ainda é muito jovem: Goethe acha que Wieland é o pai dela. B: Tão jovem e já tão feia! C: Mas, pelo que sei, já o bispo Úlfila escrevia prosa alemã; então ela tem uns mil e quinhentos anos. B: Tão velha, e ainda tão feia!

91. *Originalmente alemão.* — A prosa alemã, que não se formou segundo um modelo, de fato, e que deve ser considerada um produto original do gosto alemão, pode oferecer, aos zelosos defensores de uma futura cultura alemã original, uma indicação de como pareceria, sem imitação de modelos, um vestuário realmente alemão, uma vida social alemã, uma decoração alemã, um almoço alemão. — Alguém que refletiu longamente sobre essas perspectivas, exclamou enfim, bastante assustado: "Mas, pelos céus, talvez já *tenhamos* essa cultura original — apenas preferimos não falar dela!".

92. *Livros proibidos.* — Nunca ler algo do que escrevem os arrogantes sabichões e confusos que têm o mais abominável costume, o do paradoxo lógico: eles empregam as formas *lógicas* justamente ali onde tudo, no fundo, é insolentemente improvisado e construído no ar. ("Portanto" deve significar, com eles, "leitor imbecil, para você não há 'portanto' — mas para mim, sim" — e a resposta a isso é: "autor imbecil, para que escreve você então?".)

93. *Mostrando espírito.* — Todo aquele que deseja mostrar seu espírito, deixa perceber que também tem muito do contrário. Esse mau costume por parte de franceses espirituosos, de juntar a suas melhores ideias um toque de *dédain* [desdém], tem origem na intenção de passar por mais ricos do que são: querem prodigalizar indolentemente, como que fatigados do constante despender a partir de abarrotadas salas de tesouros.

94. *Literatura alemã e literatura francesa.* — O infortúnio das literaturas alemã e francesa dos últimos cem anos está em que os alemães saíram muito cedo da escola dos franceses — e os franceses entraram muito cedo na escola dos alemães.

95. *Nossa prosa.* — Nenhum dos atuais povos civilizados tem uma prosa tão ruim como o alemão; e, quando franceses espirituosos e mimados dizem que *não há* prosa alemã — não devemos nos irritar, na verdade, pois são mais gentis do que merecemos. Indagando pelos motivos, chega-se à resposta singular de que *o alemão conhece apenas a prosa improvisada* e não tem noção de nenhuma outra. Ele simplesmente não compreende quando um italiano diz que a prosa é mais difícil que a poesia na mesma medida em que a representação da beleza nua é mais difícil, para o escultor, do que a da beleza vestida. Verso, imagem, ritmo e rima demandam um sério esforço — isso também o alemão compreende, e não se inclina a dar um valor muito alto ao improviso poético. Mas trabalhar numa página de prosa como numa estátua? — é como se lhe contassem algo do país das fábulas.

96. *O grande estilo.* — O grande estilo nasce quando o belo tem a vitória sobre o monstruoso.

97. *Desviando.* — Não sabemos onde se acha, nos espíritos notáveis, o refinamento da expressão, da locução, até que possamos dizer a que palavra chegaria inevitavelmente um escritor mediano, para expressar a mesma coisa. Todo grande artista mostra tendência, na condução do seu veículo, a desviar, a sair da pista — mas não a virar.

98. *Algo como o pão.* — O pão neutraliza o sabor de outros alimentos, apaga-o; por isso faz parte de toda refeição maior. Em toda obra de arte tem de haver algo como o pão, para que nela possa haver diferentes efeitos: que, seguindo-se imediatamente um ao outro, sem uma pausa e descanso assim, esgotariam e despertariam aversão rapidamente, de modo que uma refeição *maior* seria impossível.

99. *Jean Paul.* — Jean Paul sabia muito, mas não tinha ciência; conhecia toda espécie de artimanha nas artes, mas não tinha arte; achava quase tudo palatável, mas não tinha gosto; tinha sentimento e seriedade, mas, quando os oferecia para serem provados, vertia sobre eles um repugnante caldo de lágrimas; tinha humor, de fato — mas, infelizmente, muito pouco para sua avidez por ele: motivo pelo qual leva o leitor ao desespero justamente por sua falta de humor. No conjunto, foi a erva colorida e de forte cheiro que subitamente cresceu nos delicados pomares de Schiller e Goethe; ele foi um homem bom e acomodado, mas uma fatalidade — uma fatalidade de pijama.

100. *Poder saborear também o contrário.* — Para fruir uma obra do passado como seus contemporâneos a percebiam, é preciso ter no paladar o gosto então vigente, em relação ao qual ela *se destacou.*

101. *Autores espírito-de-vinho.* — Muitos escritores não são espírito nem vinho, mas espírito de vinho: podem se inflamar, e então oferecem calor.

102. *O sentido mediador.* — O sentido do gosto, como verdadeiro sentido mediador, frequentemente convenceu os outros sentidos a adotar seus pontos de vista sobre as coisas e lhes inculcou suas leis e seus hábitos. Na mesa pode-se obter informação sobre os mais sutis segredos das artes: observe-se o que tem gosto, quando tem gosto, de que e por quanto tempo tem gosto.

103. *Lessing.* — Lessing tem uma virtude genuinamente francesa e, como escritor, foi o mais diligente discípulo dos franceses: ele sabe ordenar e apresentar bem suas coisas na vitrine. Sem essa verdadeira *arte* seus pensamentos, tal como os objetos deles, teriam permanecido bastante na obscuridade, e sem que a perda geral fosse grande. Mas com sua *arte* aprenderam muitos (principalmente as últimas gerações de eruditos alemães), e inúmeros tiveram prazer. — É certo que esses que aprenderam não teriam necessitado, como frequentemente sucedeu, tomar dele também seu desagradável maneirismo de tom, na mistura de belicosidade e retidão. Acerca do "lírico" Lessing há hoje unanimidade: acerca do dramaturgo ainda haverá. —

104. *Leitores indesejados.* — Como atormentam o autor esses honrados leitores com alma pesada e canhestra, que sempre, ao se bater em algo, caem e se ferem.

105. *Pensamentos de poetas.* — Os verdadeiros pensamentos dos verdadeiros poetas andam todos velados, como as mulheres egípcias: apenas o profundo *olhar* do pensamento olha livremente além do véu. — Pensamentos de poetas não valem, em média, tanto quanto se crê: paga-se também pelo véu e pela própria curiosidade.

106. *Escrevam de modo simples e útil.* — Transições, desenvolvimentos, matizes do afeto — de todas essas coisas dispensamos o autor, porque as trazemos conosco e com elas beneficiamos seu livro, caso ele mesmo nos beneficie em algo.

107. *Wieland.* — Wieland escreveu alemão melhor que ninguém, e nisso teve sua satisfação e insatisfação magistral (suas traduções das cartas de Cícero e de Luciano são as melhores traduções alemãs); mas seus pensamentos não mais nos dão o que pensar. Não suportamos suas joviais moralidades nem suas joviais imoralidades: umas e outras combinam muito bem. Os homens que nelas se deleitavam eram melhores do que nós, no fundo — mas também algo mais pesados, homens que *necessitavam* de um escritor assim. — De *Goethe* os alemães não necessitavam, por isso também não souberam dele fazer uso. Observe-se, quanto a isso, nossos melhores estadistas e artistas: nenhum deles teve Goethe como educador — nem podia ter.

108. *Festa rara.* — Concisão medular, tranquilidade e madureza — onde você achar essas características num autor, pare e celebre uma demorada festa em meio ao deserto: passará muito tempo até sentir-se tão bem novamente.

109. *O tesouro da prosa alemã.* — Excetuando as obras de Goethe, principalmente suas *Conversas com Eckermann*, o melhor livro alemão que existe: que resta verdadeiramente da literatura em prosa alemã que mereça ser lido e relido sempre? Os aforismos de Lichtenberg, o primeiro livro da autobiografia de Jung-Stilling, o *Nachsommer* [Veranico], de Adalbert Stifter, e *Leute von Seldwyla* [Gente de Seldwyla], de Gottfried Keller — e isso é tudo, no momento.

110. *Estilo escrito e estilo falado.* — A arte de escrever exige, principalmente, *substitutos* para as formas de expressão que apenas quem fala tem; ou seja, para gestos, acentos, tons, olhares. Por isso o estilo escrito é muito diferente do estilo falado, e algo bem mais difícil: — quer se fazer entender tanto quanto este, mas com menos meios. Demóstenes proferia seus discursos de modo diferente de como os lemos; ele os reelaborou para serem lidos. — Os discursos de Cícero deveriam ser "demostenizados" para o mesmo fim: há muito mais fórum romano neles do que o leitor pode aguentar.

111. *Cautela ao citar.* — Os jovens autores não sabem que uma boa expressão, um bom pensamento só faz bom efeito entre os seus iguais, que uma ótima citação pode liquidar páginas inteiras, até o livro inteiro, pois parece advertir o leitor, gritando para ele: "Atenção, eu sou a pedra preciosa, ao meu redor há apenas chumbo, escuro e deplorável chumbo". Cada palavra, cada pensamento viverá apenas em *sua sociedade*: eis a moral do estilo seleto.

112. *Como falar os erros?* — Pode-se discutir se é mais prejudicial que falemos mal os erros ou que os falemos tão bem quanto as melhores verdades. É certo que no primeiro caso prejudicam duplamente a cabeça e são mais difíceis de serem dela retirados; mas também não agem de forma tão segura como no segundo caso: são menos contagiosos.

113. *Limitar e aumentar.* — Homero limitou, diminuiu o âmbito do assunto, mas deixou espontaneamente crescer e aumentou as cenas individuais — e assim fazem depois os trágicos, sempre de novo: cada qual toma o assunto em partes ainda *menores* do que o predecessor, mas cada qual obtém uma floração *mais rica* no interior desses delimitados, cercados canteiros de jardim.

114. *Literatura e moralidade explicando uma a outra.* — Pode-se mostrar, com a literatura grega, que forças fizeram o espírito grego se desenvolver, como ele encetou caminhos diversos e o que o enfraqueceu. Tudo isso produz um quadro do que, no fundo, sucedeu também à *moralidade* grega e sucederá a toda moralidade: como primeiro foi coação, primeiro mostrou dureza, depois gradualmente se tornou branda, como finalmente houve prazer com determinadas ações, determinadas formas e convenções, e a partir disso uma tendência à prática e à posse delas exclusivamente: como o caminho se enche e transborda de competidores, como sobrevém a saciedade, novos objetos de luta e de ambição são buscados e objetos envelhecidos são chamados à vida, como o espetáculo se repete e os espectadores se cansam de olhar, pois então o círculo todo parece percorrido — e vem um repouso, uma última respiração: os riachos se perdem na areia. É o fim, ao menos *um* fim.

115. *Que paisagens alegram continuamente.* — Essa paisagem tem traços significativos para um quadro, mas não consigo achar a fórmula para ela, o conjunto permanece inapreensível para mim. Noto que todos os lugares que me agradam continuamente possuem, sob toda a variedade, um simples esquema geométrico de linhas. Sem esse substrato matemático, nenhuma paisagem se torna algo artisticamente prazeroso. E talvez essa regra possa ser aplicada metaforicamente ao ser humano.

116. *Ler em voz alta.* — Ler em voz alta pressupõe saber *declamar*: é preciso utilizar cores pálidas em toda parte, mas determinar os graus de palidez em proporções exatas num fundo continuamente presente e orientador, inteira e profundamente colorido, ou seja, conforme a *dicção* da passagem. Logo, deve-se dominar esta.

117. *O sentido dramático.* — Quem não possui os quatro mais refinados sentidos da arte, procura entender tudo com o mais grosseiro, o quinto: é o sentido dramático.

118. *Herder.* — Herder não é nada do que fez crer (e que ele próprio desejou crer) de si: nenhum grande pensador e inventor, nenhum novo solo fecundo com fresca energia não aproveitada. Mas ele possuiu em altíssimo grau o sentido do faro, ele enxergou e colheu as primícias da estação antes de todos os outros, que então puderam achar que ele as havia feito medrar: como um caçador à espreita, seu espírito ficou entre o claro e o obscuro, entre o velho e o novo, e em todo lugar onde havia transições, afundamentos, abalos, indícios de irrupção e desenvolvimento internos: a inquietude da primavera o impelia, mas ele próprio não era a primavera! — Isso ele bem imaginava de quando em quando, e não queria acreditar em si mesmo, ele, o sacerdote ambicioso, que tanto gostaria de ser o papa dos espíritos de seu tempo! Eis a sua mágoa: ele parece ter vivido muito tempo como pretendente a vários reinos, talvez a um império universal, e tinha seus adeptos, que nele acreditavam: o jovem Goethe estava entre eles. Mas, quando as coroas foram afinal concedidas, ele ficou de mãos vazias: Kant, Goethe, depois os primeiros reais historiadores e filólogos alemães lhe tiraram o que ele imaginava reservado para si — mas que com frequência, no íntimo, também *não* imaginava. Justamente quando duvidava de si, cobria-se de dignidade e entusiasmo: estes eram, frequentemente, indumentárias que deviam esconder muito, iludindo e consolando ele próprio. Ele realmente possuía fogo e entusiasmo, mas a sua ambição era bastante maior! Esta soprava impaciente o fogo, que flamejava, crepitava, fumegava — seu estilo flameja, crepita, fumega —, mas ele queria a *grande* chama, e esta não veio jamais! Ele não partilhou a mesa dos verdadeiros criadores: e sua ambição não permitiu que modestamente se sentasse junto aos fruidores. Então ele foi um conviva inquieto, degustando antecipadamente os manjares intelectuais que durante meio século os alemães recolheram de todos os quadrantes e todas as épocas. Nunca realmente saciado e contente, Herder estava, além disso, frequentemente enfermo; então a inveja sentava-se às vezes junto ao seu leito, e também a hipocrisia o visitava. Ele guardou algo de ferido e de cativo; e faltou-lhe, mais que a qualquer outro dos nossos chamados "clássicos", a simples e valente hombridade.

119. *O cheiro das palavras.* — Cada palavra tem seu cheiro: há uma harmonia e uma desarmonia dos cheiros e, portanto, das palavras.

120. *O estilo rebuscado.* — O estilo bem achado é uma ofensa para o amigo do estilo rebuscado.

121. *Juramento.* — Não lerei mais nenhum autor que se percebe ter pretendido fazer um livro: mas somente aqueles cujos pensamentos se tornaram inesperadamente um livro.

122. *A convenção artística.* — Três quartos de Homero são convenção; o mesmo sucede com todos os artistas gregos, que não tinham motivos para o moderno furor de originalidade. Faltava-lhes qualquer medo à convenção; era esta que os unia a seu público. Pois as convenções são os meios artísticos *conquistados* visando à compreensão dos ouvintes, são a linguagem comum penosamente aprendida, com que o artista pode realmente se *comunicar*. Ainda mais quando ele, como o poeta e músico grego, quer triunfar *de imediato* com cada obra sua — pois está habituado a pelejar publicamente com um ou dois rivais —, a primeira condição é que também seja compreendido *de imediato*: o que se torna possível apenas através da convenção. O que o artista inventa além da convenção, ele ajunta por sua própria conta e arrisca a si mesmo, com o resultado, no melhor dos casos, de que *cria* uma nova convenção. Habitualmente, o que é original é olhado com espanto, às vezes até adorado, mas raramente compreendido; evitar obstinadamente a convenção significa não querer ser compreendido. Que indica, então, o moderno furor de originalidade?

123. *Afetação de ciência nos artistas.* — Schiller acreditava, como outros artistas alemães, que quando alguém tem espírito pode *improvisar com a pena* acerca de toda espécie de temas difíceis. E aí estão seus ensaios — exemplos, em todo aspecto, de como *não* se deve abordar questões científicas[119] de estética e moral, e um perigo para os jovens leitores, que, em sua admiração pelo poeta Schiller, não têm coragem de estimar pouco o ensaísta e pensador Schiller. — A tentação que tão facilmente e compreensivelmente acomete o artista, de penetrar a seara que é proibida justamente *para ele* e dizer algo no campo da *ciência* — pois o mais competente às vezes acha insuportáveis o seu ofício e a sua oficina —, essa tentação leva o artista ao ponto de mostrar a todo o mundo o que este não necessita ver, isto é, que seu gabinetezinho de pensar é estreito e desarrumado — por que não? ele não mora ali dentro! —, que as prateleiras do seu saber estão em parte vazias, em parte cheias de tralha — por que não? isso não cai mal, no fundo, para o artista-criança —, sobretudo, porém, que mesmo para os mais fáceis exercícios do método científico, familiares até para os iniciantes, suas articulações são muito pouco treinadas e muito pesadas — e também disso ele não precisa se envergonhar! — Por outro lado, muitas vezes ele emprega não pouca arte em *imitar* todos os defeitos, vícios e maus costumes de eruditos que se dão na corporação científica, na crença de que justamente isso faz parte, se não da coisa, então da aparência da coisa; e precisamente isso é o engraçado nesses escritos de artistas, que neles, sem o querer, o artista faz o que é da sua profissão: *parodiar* as naturezas científicas e não artísticas. Pois outra atitude que não a paródica em relação à ciência ele não deveria ter, na medida em que é artista e apenas artista.

124. *A ideia do Fausto.* — Uma costureirinha é seduzida e desgraçada; um grande erudito das quatro faculdades é o delinquente. Mas isso pode ter ocorrido em circunstâncias normais? Não, claro que não! Sem a ajuda do Diabo em pessoa o grande erudito não o teria feito.[120] — Seria realmente esta a maior "ideia trágica" alemã, como se ouve dizer entre os alemães? — Para Goethe, ela ainda era terrível demais; seu terno coração não podia deixar de pôr na vizinhança dos santos a costureirinha, "a alma boa que apenas uma vez fraquejou",[121] após a morte involuntária; e chegou a enviar também para o céu o grande erudito, "o homem bom" com o "impulso obscuro", mediante uma peça pregada no Demônio no instante decisivo: — no céu há o reencontro dos amantes. — Goethe disse uma vez que sua natureza era conciliadora demais para o verdadeiramente trágico.

125. *Existem "clássicos alemães"?* — Sainte-Beuve observa que a palavra "clássico" não condiz absolutamente com determinadas literaturas: quem se sentiria à vontade, por exemplo, para falar de "clássicos alemães"?[122] — Que dizem sobre isso os nossos livreiros, que estão em vias de acrescentar outros cinquenta clássicos alemães aos cinquenta em que já devemos crer? Parece que basta estar morto há trinta anos, à disposição pública, como uma lícita presa, para subitamente ouvir a trombeta da ressurreição, na condição de clássico! E isso numa época e num povo em que, dos seis grandes patriarcas da literatura, cinco claramente envelhecem ou já envelheceram — *sem* que essa época e esse povo tenham que se envergonhar *disso* precisamente! Pois aqueles recuaram ante os *fortes* desse tempo — considere-se com toda a equidade! — Deixo de lado Goethe, como já indiquei; ele pertence a um tipo de literatura mais elevado do que "literaturas nacionais": por isso ele não se acha, com sua *nação*, numa relação de vida, nem de novidade, nem de envelhecimento. Somente para poucos ele viveu e ainda vive: para a maioria ele nada é senão uma fanfarra da vaidade, que de vez em quando é tocada além da fronteira alemã. Goethe, não apenas um homem bom e grande, mas uma *cultura*, é um episódio sem consequências na história alemã: quem poderia mostrar, na política alemã dos últimos setenta anos, por exemplo, um traço de Goethe? (Enquanto nela esteve presente um traço de Schiller, em todo caso, e talvez até um pequenino traço de Lessing.) Mas aqueles outros cinco! Klopstock envelheceu já em vida, de modo bastante respeitável: e tão completamente, que a obra meditativa de seus últimos anos, a *República dos sábios*, não foi tomada a sério por ninguém até o dia de hoje. Herder teve a infelicidade de que seus livros sempre foram ou novos ou envelhecidos; para as mentes mais refinadas e fortes (como Lichtenberg), mesmo a obra principal de Herder, suas *Ideias sobre a história da humanidade*, já estava um tanto envelhecida ao aparecer. Wieland, que prodigamente viveu e deu vida, teve a prudência de morrer antes do fim de sua influência. — Lessing talvez viva ainda hoje — mas entre eruditos jovens, cada vez mais jovens! E Schiller saiu agora das mãos dos adolescentes para as mãos dos garotos, de todos os garotos alemães! Uma conhecida forma de envelhecer, para um livro, é descer para idades cada vez mais imaturas. — E o que empurrou para trás estes cinco, de modo a não serem mais lidos por homens informados e laboriosos? O gosto melhor, o saber melhor, a melhor atenção pelo verdadeiro e real; ou seja, virtudes que foram *implantadas* na Alemanha justamente pelos cinco (e dez ou vinte outros menos notórios), e que agora, como uma alta floresta, lança sobre os seus túmulos, juntamente com a sombra da reverência, também alguma sombra de esquecimento. — Porém, *clássicos* não são *implantadores* de virtudes intelectuais e literárias, mas seus *aperfeiçoadores* e cumes luminosos, que pairam acima das nações quando elas mesmas perecem: pois são mais leves, mais livres, mais puros do que elas. É possível uma elevada condição da humanidade, em que a Europa das nações seja um obscuro esquecimento, mas em que a Europa ainda esteja *viva* em trinta livros muito velhos, jamais envelhecidos: nos clássicos.

126. *Interessante, mas não bonito.* — Essa região esconde seu sentido, mas tem um, que gostaríamos de descobrir: para onde olho, leio palavras e acenos de palavras, mas não sei onde começa a frase que soluciona o enigma de todos esses acenos, e torno-me um torcicolo,[123] ao procurar se deve ser lida a partir daqui ou dali.

127. *Contra os inovadores da linguagem.* — Inovar ou arcaizar na linguagem, dar preferência ao raro e estranho, buscar a riqueza do vocabulário, em vez da restrição, é sempre um indício de gosto imaturo ou estragado. Uma nobre pobreza, mas uma liberdade magistral no interior da propriedade singela é o que distingue os artistas gregos do discurso: eles querem ter *menos* que o povo — pois esse é o mais rico, no antigo e no novo —, mas querem ter esse menos *melhor*. Podemos rapidamente enumerar seus arcaísmos e estranhezas, mas não tem fim a nossa admiração, quando sabemos enxergar a forma delicada e ligeira do seu trato com o que há de cotidiano e aparentemente gasto nas palavras e locuções.

128. *Os autores tristes e os sérios.* — Quem coloca no papel o que *sofre*, torna-se um autor triste: mas um autor *sério*, quando nos diz o que *sofreu* e por que agora descansa na alegria.

129. *Saúde do gosto.* — Como sucede que as saúdes não sejam contagiosas como as doenças — em geral, e sobretudo no gosto? Ou há epidemias de saúde? —

130. *Propósito.* — Não ler mais nenhum livro que nasceu e foi batizado (com tinta) ao mesmo tempo.

131. *Melhorar o pensamento.* — Melhorar o estilo — significa melhorar o pensamento, e nada senão isso! — Quem não o admite imediatamente, também jamais se convencerá disso.

132. *Livros clássicos.* — O lado mais fraco de todo livro clássico é ser demasiadamente escrito na língua do autor.

133. *Livros ruins.* — O livro deve requerer pena, tinta e escrivaninha: mas geralmente são a pena, a tinta e a escrivaninha que requerem o livro. Por isso valem tão pouco os livros agora.

134. *Presença de sentido.* — Ao refletir sobre pinturas, o público se torna poeta, e, ao refletir sobre poemas, pesquisador. No momento em que o artista solicita o público, sempre falta a este o sentido *certo*, ou seja, não a presença de espírito, mas a presença de sentido.

135. *Pensamentos seletos.* — O estilo seleto de uma época significativa escolhe não apenas as palavras, mas também os pensamentos — e ambos do que é *comum* e *vigente*: os pensamentos ousados e demasiado frescos não são menos repugnantes ao gosto maduro do que as imagens e expressões novas e temerárias. Mais tarde, tanto o pensamento seleto como a palavra seleta cheiram facilmente a coisa mediana, porque o odor do seleto desaparece rapidamente, e então sente-se ali apenas o comum e cotidiano.

136. *Motivo principal da corrupção do estilo.* — Querer *mostrar* mais sensibilidade por uma coisa do que realmente se *tem*, corrompe o estilo, na linguagem e em todas as artes. Toda grande arte tem, isto sim, a tendência contrária: adora, como todo indivíduo moralmente significativo, deter o sentimento no caminho e não deixá-lo ir até o fim. Esse pudor da semivisibilidade do sentimento se observa da maneira mais bela em Sófocles, por exemplo; e parece que os traços do sentimento se transfiguram, quando este se apresenta mais sóbrio do que é.

137. *Para desculpa dos estilistas pesados.* — O ligeiramente dito raramente cai no ouvido com o peso que realmente a coisa tem — mas isso tem a ver com os ouvidos mal treinados, que devem passar da educação mediante o que até agora foi denominado música para a escola da superior arte dos sons, ou seja, do *discurso*.

138. *Perspectiva de pássaro.* — As torrentes aqui se precipitam de vários lados num abismo: seu movimento é tão impetuoso e de tal modo arrasta consigo o olhar, que as vertentes nuas ou cobertas de árvores, ao seu redor, não parecem declinar, mas *fugir para baixo*. A visão cria em nós uma ansiosa expectativa, como se algo hostil se escondesse por trás daquilo, ao qual tudo tivesse de escapar e do qual o precipício nos protegesse. Não há como pintar essa paisagem, a menos que se paire acima dela como um pássaro. Aqui a chamada "perspectiva de pássaro"[124] não é um capricho de artista, mas a única possibilidade.

139. *Comparações ousadas.* — Quando as comparações ousadas não são prova da petulância do autor, são prova de sua fantasia cansada. Em todo caso, porém, são prova do seu mau gosto.

140. *Dançar acorrentado.* — Em cada artista grego devemos perguntar: qual é a *nova coação* que ele se impõe e que o torna atraente para seus contemporâneos (de modo que acha imitadores)? Pois o que se denomina "invenção" (na métrica, por exemplo) é sempre esse grilhão autoimposto. "Dançar acorrentado",[125] tornar a coisa difícil para si e depois estender sobre ela a ilusão da facilidade — eis o artifício que eles querem nos mostrar. Já em Homero podemos perceber uma abundância de fórmulas e leis da narrativa épica herdadas, *no interior* das quais ele tinha que dançar: e ele mesmo criou novas convenções para os que viriam depois. Esta foi a escola formadora dos poetas gregos: primeiro, deixar que os poetas anteriores lhes impusessem uma coação múltipla; depois, acrescentar uma nova coação, impô-la a si mesmos e graciosamente vencê-la: de modo que coação e vitória fossem notadas e admiradas.

141. *Abundância dos autores.* — A última coisa que um bom autor adquire é abundância; quem já a traz consigo nunca se tornará um bom autor. Os mais nobres cavalos de corrida são magros, até que podem *descansar* de suas vitórias.

142. *Heróis ofegantes.* — Poetas e artistas que sofrem de estreiteza do peito[126] são os que fazem seus heróis ofegar mais: não sabem respirar facilmente.

143. *O semicego.* — O semicego é o inimigo mortal de todos os autores que se deixam levar. Estes deveriam conhecer a raiva com que ele fecha um livro em que nota que o autor necessita de cinquenta páginas para comunicar cinco pensamentos: a raiva por ter posto em risco, quase sem recompensa, o que lhe restava de sua visão. — Disse um semicego: *todos* os autores se deixam levar. — "Também o Espírito Santo?" — Também o Espírito Santo. Mas ele podia; ele escreveu para os totalmente cegos.

144. *O estilo da imortalidade.* — Tucídides e Tácito — ambos, ao escrever suas obras, pensaram numa eterna duração para elas: isso já se notaria pelo estilo, se não o soubéssemos de outra forma. Um acreditou dar durabilidade a seus pensamentos colocando-os no sal, o outro, cozinhando-os; e, ao que parece, nenhum dos dois se equivocou.

145. *Contra imagens e símiles.* — Com imagens e símiles convencemos, mas não provamos. Por isso há tal aversão a imagens e símiles na ciência; nela *não* se quer justamente o que convence, o que torna *crente*, provoca-se, isto sim, a mais fria desconfiança, já com o modo de expressão e as paredes nuas: pois a desconfiança é a pedra de toque do ouro da certeza.

146. *Cautela.* — Quem carece de sólido saber, na Alemanha, deve tratar de não escrever. Pois nesse caso o bom alemão não diz: "ele é ignorante", mas sim: "ele é de caráter duvidoso". — Essa conclusão precipitada, aliás, honra os alemães.

147. *Esqueletos pintados.* — Esqueletos pintados: são os autores que querem substituir por cores artificiais o que lhes falta de carne.

148. *O estilo grandioso e o que é superior.* — Aprende-se mais rapidamente a escrever de modo grandioso do que a escrever de maneira leve e simples. As razões para isso se perdem no âmbito moral.

149. *Sebastian Bach.* — Desde que *não* escutemos a música de Bach como perfeitos e experimentados conhecedores do contraponto e de todas as formas do estilo fugado, e assim tenhamos de nos privar da verdadeira fruição artística, teremos, enquanto ouvintes de sua música, a impressão (exprimindo-nos grandiosamente como Goethe) de estar presentes *quando Deus criou o mundo.* Ou seja: sentimos que algo grande está ali se formando, mas ainda não é: a nossa *grande* música moderna. Ela já venceu o mundo, ao vencer a Igreja, as nacionalidades e o contraponto. Em Bach há ainda muito cristianismo cru, germanismo cru, crua escolástica; ele está no limiar da música europeia (moderna), mas daí volta o olhar para a Idade Média.

150. *Haendel.* — Haendel, ousado na invenção de sua música, inovador, verdadeiro, veemente, inclinado e aparentado ao heroico de que um *povo* é capaz — frequentemente se tornava frio e acanhado na elaboração, até mesmo cansado de si; então empregava alguns métodos provados de realização, escrevia rápido e bastante, e ficava alegre quando terminava — mas não alegre da maneira como Deus e outros criadores no fim do seu dia de trabalho.

151. *Haydn.* — Na medida em que a genialidade pode se aliar a um homem simplesmente *bom*, Haydn a teve. Ele vai precisamente até o limite que a moralidade traça para o intelecto; ele faz apenas música que "não tem passado".

152. *Beethoven e Mozart.* — A música de Beethoven frequentemente parece uma comovida *reflexão* ao inesperadamente se escutar de novo uma peça que há muito se acreditava perdida, "Inocência em Sons"; é música *sobre* música. Numa canção de mendigos e crianças na rua, nas monótonas toadas de italianos erradios, na dança de uma taberna da aldeia, nas noites de Carnaval — ali encontrava ele suas "melodias": juntava-as como uma abelha, captando ora aqui ora ali um som, uma breve sequência. São, para ele, transfiguradas *lembranças* de um "mundo melhor": tal como Platão concebia as ideias. — Mozart tem relação bem diferente com suas melodias: ele não acha suas inspirações ao ouvir música, mas ao olhar a vida, a agitada vida *meridional*: ele sempre sonhava com a Itália, quando não estava lá.

153. *Recitativo.* — Antigamente o recitativo era seco; agora vivemos na época do *recitativo molhado*: ele caiu na água, e as ondas o arrastam aonde querem.

154. *Música "jovial"*. — Após alguém haver se privado por longo tempo da música, ela entra no sangue muito rapidamente, como um pesado vinho do Sul, deixando atrás uma alma narcoticamente entorpecida, semidesperta, ávida de sono; é sobretudo a música *jovial* que faz isso, que produz ao mesmo tempo amargura e ferimento, saciedade e nostalgia, e força a bebericar tudo como uma açucarada poção venenosa. Nisso a sala da ruidosa e jovial alegria parece estreitar-se, e a luz perder claridade e amarelecer: por fim, tem-se a impressão de que a música ressoa como numa prisão, em que um pobre coitado não consegue adormecer com nostalgia.

155. *Franz Schubert*. — Franz Schubert, um artista menor do que os outros grandes compositores, nasceu, porém, com a maior *riqueza* musical de todos eles. Ele a dissipou a mãos-cheias e com enorme coração: de modo que os compositores ainda poderão *nutrir-se* de suas ideias e inspirações por alguns séculos. Em suas obras há um tesouro de invenções *não utilizadas*; outros adquirirão grandeza ao utilizá-las. — Se pudermos chamar a Beethoven o ouvinte ideal de um menestrel, Schubert terá o direito de considerar-se o menestrel ideal.

156. *A mais moderna execução da música*. — A grande execução trágico-dramática, na música, adquire seu caráter pela imitação dos gestos do *grande pecador*, tal como o imagina e deseja o cristianismo: o que anda a passos lentos e cisma apaixonadamente, que é arrebatado por tormentos da consciência, que foge horrorizado, que busca entusiasmado, que desesperado se detém — e o que mais for indício de grande pecaminosidade. Apenas sob a premissa do cristão, de que todos os homens são grandes pecadores e nada fazem senão pecar, se justificaria aplicar esse estilo de execução a *toda* a música: na medida em que a música seria reflexo de todo fazer e agir humano e, como tal, falaria continuamente a linguagem gestual do grande pecador. Um ouvinte que não fosse cristão o bastante para compreender essa lógica poderia certamente exclamar, assustado com uma tal execução: "Deus do céu, como é que o pecado passou para a música?".

157. *Felix Mendelssohn.* — A música de Felix Mendelssohn é a música do bom gosto em tudo de bom que existiu: ela sempre aponta para trás de si. Como poderia ter muito "diante-de-si", muito futuro? — Mas será que ele *quis* tê-lo? Ele possuía uma virtude rara entre artistas, a da gratidão sem outro pensamento: também essa virtude sempre aponta para trás de si.

158. *Uma mãe das artes.* — Em nossa época cética, a verdadeira *devoção* praticamente requer um brutal heroísmo da *ambição*; não é mais suficiente o fanático ajoelhar-se e fechar de olhos. Não seria possível que a ambição de ser o derradeiro em matéria de devoção se tornasse a mãe de uma derradeira música sacra católica, tal como já foi a mãe do último estilo arquitetônico religioso? (Chamam-no estilo jesuítico.)

159. *Liberdade em correntes — uma liberdade principesca.* — O último dos compositores modernos a contemplar e adorar a beleza como Leopardi, o polonês Chopin, o inimitável — nenhum dos que vieram antes e depois tem direito a esse epíteto —, Chopin tinha a mesma principesca nobreza da convenção que Rafael demonstra no uso das mais simples cores tradicionais — mas não em relação às cores, e sim às tradições melódicas e rítmicas. Essas ele admitiu, *nascido que foi na etiqueta*, mas, sendo o mais livre e mais gracioso dos espíritos, brincando e dançando com essas correntes — *sem* ridicularizá-las.

160. *A Barcarola de Chopin.* — Quase todas as condições e maneiras de vida têm um momento *feliz*. É ele que os bons artistas sabem pescar. Um tal momento possui até mesmo a vida no litoral, essa vida enfadonha, suja, insalubre, que transcorre na proximidade da mais barulhenta e ávida gentalha; esse instante feliz Chopin colocou de tal forma em sons, na *Barcarola*, que até os deuses, ao ouvi-la, teriam desejo de passar longas tardes estendidos numa canoa.

161. *Robert Schumann.* — O "Jovem", tal como o sonhavam os românticos autores de *lieder* alemães e franceses das primeiras décadas deste século; esse Jovem foi inteiramente traduzido em canto e música — por Robert Schumann, o eterno jovem, enquanto se sentiu na plenitude de sua força: pois há momentos em que sua música lembra a eterna "solteirona".

162. *Os cantores dramáticos.* — "Por que canta esse mendigo?" — Ele provavelmente não sabe gemer. — "Então ele faz bem; mas nossos cantores dramáticos, que gemem porque não sabem cantar — também fazem bem?"

163. *Música dramática.* — Para quem não vê o que sucede no palco, a música dramática é um absurdo; tal como é absurdo o comentário contínuo a um texto perdido. Ela exige verdadeiramente que tenhamos os ouvidos ali onde estão os olhos; mas assim se faz violência contra Euterpe:[127] essa pobre musa quer que seus olhos e ouvidos sejam deixados onde as outras Musas os têm.

164. *Vitória e razão.* — Infelizmente, também nos conflitos estéticos que os artistas provocam com suas obras e as apologias destas é a força que decide afinal, e não a razão. Agora todos aceitam como fato histórico que Gluck estava *certo* no embate com Piccini: em todo caso, ele *venceu*; a força estava do seu lado.[128]

165. *Sobre o princípio da execução em música.* — Então os atuais artistas da apresentação musical acreditam mesmo que o mandamento supremo da sua arte é dar a cada peça o máximo de *alto-relevo* possível, fazendo-a falar uma linguagem *dramática* a todo custo? Não é isso, aplicado a Mozart, por exemplo, um verdadeiro pecado contra o espírito, contra o sereno, ensolarado, terno e leviano espírito de Mozart, cuja seriedade é afável e não terrível, cujas imagens não procuram saltar da parede para horrorizar e afugentar sua plateia? Ou pensam vocês que a música mozartiana é sinônimo de "música do Convidado de Pedra"?[129] E não só a de Mozart, mas toda música? — Mas vocês respondem que o maior *efeito* fala em favor do seu princípio — e teriam razão, se não restasse ainda a pergunta: *em quem* se produz aí efeito e em quem um artista nobre deveria, afinal, *querer* produzir efeito? Jamais no povo! Jamais nos imaturos! Jamais nos sentimentais! Jamais nos doentios! E, sobretudo: jamais nos obtusos!

166. *A música de hoje.* — Essa música moderníssima, com seus pulmões fortes e nervos fracos, assusta primeiramente a si mesma.

167. *Onde a música está em casa.* — A música tem grande poder apenas entre pessoas que não sabem ou não podem discutir. Por isso os seus primeiros fomentadores são os príncipes, que não desejam muita crítica ao seu redor, nem sequer muito pensamento; depois as sociedades que, debaixo de alguma opressão (religiosa ou principesca), têm de se habituar ao silêncio, e então buscam poderosos sortilégios para o tédio emocional (em geral, o eterno enamoramento e a eterna música); em terceiro lugar, povos inteiros em que não há uma "sociedade", mas antes indivíduos com pendor para a solidão, para pensamentos semiobscuros e a adoração do inefável: são as almas propriamente musicais. — Os gregos, sendo um povo amante da palavra e da disputa, toleravam a música apenas como *acompanhamento* de artes sobre as quais se pode realmente falar e disputar: enquanto mal se pode *pensar* claramente sobre música. — Os pitagóricos, gregos de exceção em muitos aspectos, eram também grandes músicos, segundo consta: os mesmos que inventaram o silêncio de cinco anos, mas *não* a dialética.

168. *Sentimentalidade na música.* — Por mais que nos afeiçoemos à música rica e séria, haverá instantes em que, talvez por isso mesmo, seremos conquistados, encantados e totalmente envolvidos pelo seu oposto. Refiro-me a esses tão singelos melismas de óperas italianas, que, com toda a monotonia rítmica e infantilidade harmônica, às vezes parecem nos falar como se fossem a própria alma da música. Admitam-no ou não, vocês, fariseus do bom gosto: é assim mesmo, e vou apenas oferecer aqui, para decifração, o enigma de isto ser assim, tentando eu mesmo decifrá-lo um pouco. — Quando ainda éramos crianças, saboreamos pela primeira vez o mel de muitas coisas, mas nunca ele voltou a ser tão bom, ele incitava à vida, à vida bastante longa, sob a forma da primeira primavera, das primeiras flores, das primeiras borboletas, da primeira amizade. Naquele então — talvez por volta dos nove anos de idade — ouvimos a primeira música: foi aquela que *entendemos* primeiramente, a mais singela e infantil, portanto; não mais que um prosseguimento da canção da babá ou da melodia de um realejo. (Pois é preciso antes estar *preparado* e *treinado* inclusive para as menores "revelações" da arte: não existe absolutamente efeito "imediato" da arte, ainda que os filósofos tenham belas fabulações a respeito disso.) É a esses primeiros arrebatamentos musicais — os mais fortes de nossa vida — que se conecta a nossa sensibilidade, quando ouvimos aqueles melismas italianos: a felicidade infantil e a perda da infância, o sentimento do irrecuperável como a posse mais preciosa — isso faz vibrar as cordas de nossa alma tão fortemente como nem a mais rica e séria presença da arte é capaz de sozinha fazer. — Essa mistura de deleite estético e dissabor moral, a que agora se costuma chamar "sentimentalidade", um tanto altivamente demais, quer me parecer — é o estado de ânimo de Fausto no final da primeira cena —, essa "sentimentalidade" dos ouvintes vem a beneficiar a música italiana, que geralmente os *gourmets* da arte, os puros "estetas", amam ignorar. — Aliás, quase toda música só começa a *encantar* ali onde nela ouvimos falar a linguagem do próprio *passado*: de modo que para o leigo toda música *antiga* parece cada vez melhor, e toda aquela recente parece ter pouco valor: pois não desperta ainda a "sentimentalidade", que, como disse, é o mais essencial elemento de felicidade na música, para todo aquele que não consegue fruir puramente como artista essa arte.

169. *Enquanto amigos da música.* — Afinal, queremos bem à música assim como queremos bem ao luar. Nenhum dos dois quer desbancar o Sol — querem apenas iluminar nossas *noites*, tanto quanto são capazes. Mas podemos gracejar e rir deles, não é verdade? Um pouco, pelo menos? De vez em quando? Do homem na Lua! Da mulher na música!

170. *A arte na época do trabalho.* — Nós temos a consciência de uma época *laboriosa*: isso não nos permite dedicar à arte as melhores horas e manhãs, ainda que essa arte seja a maior e mais digna. Para nós ela faz parte do ócio, da recreação: damos-lhe o *resto* de nosso tempo, de nossas forças. — Este é o fato mais geral que alterou a posição da arte diante da vida: ao fazer *grandes* exigências de tempo e energia aos seus receptores, ela tem *contra* si a consciência dos laboriosos e capazes, é dirigida aos indolentes e sem consciência, que, no entanto, em conformidade com sua natureza, não têm ligação justamente com a *grande* arte e veem as exigências desta como pretensões. Então ela bem poderia acabar, pois faltam-lhe o ar e o espaço; ou — tentar, numa espécie de aviltamento e travestimento, aclimatar-se a esse outro ar (suportá-lo, pelo menos) que é o elemento natural apenas para a arte *pequena*, para a arte do descanso, da divertida recreação. É o que agora sucede em toda parte: também os artistas da grande arte prometem repouso e distração, também eles se dirigem ao homem cansado, também eles lhe solicitam as noites dos seus dias de trabalho — de modo igual aos artistas do entretenimento, que se satisfazem em obter uma vitória sobre o cenho franzido e os olhos fundos. Qual é, então, o artifício dos seus colegas maiores? Esses têm na sua bagagem os mais poderosos meios de excitação, que sobressaltariam até um semimorto; têm estupefações, embriaguezes, convulsões, paroxismos de lágrimas: com eles, subjugam o homem fatigado e o lançam numa vivacidade insone, num extático e atônito ausentar-se de si. Deveríamos irritar-nos com a grande arte tal como ela agora existe, como ópera, música e tragédia, devido ao caráter perigoso de seus meios — como sendo uma astuciosa pecadora? Certamente não: ela mesma preferiria mil vezes habitar o puro elemento da quietude matinal e dirigir-se às expectantes, frescas e vigorosas almas dos ouvintes e espectadores matutinos. Nós lhe somos gratos por escolher viver assim, em vez de ir embora: mas confessemos a nós mesmos, por outro lado, que nossa grande arte será inútil num tempo que reintroduza na vida momentos de festa e alegria plenos e livres.

171. *Os empregados da ciência e os outros.* — Podemos designar os eruditos propriamente capazes e bem-sucedidos como "empregados", em suma. Quando, nos anos da juventude, sua inteligência está suficientemente treinada e sua memória preenchida, quando a mão e o olho adquiriram segurança, um erudito veterano lhes indica um lugar da ciência em que suas qualidades podem ser úteis; mais tarde, depois que percebem as lacunas e os pontos defeituosos de sua ciência, eles mesmos se colocam ali onde são necessários. Todas essas naturezas existem pela ciência; mas há outras, mais raras, raramente bem-sucedidas e amadurecidas, "pelas quais a ciência existe" — ao menos assim lhes parece —: pessoas muitas vezes desagradáveis, presunçosas, teimosas, mas quase sempre fascinantes até certo ponto. Não são empregados e tampouco empregadores, utilizam-se do que foi trabalhado e assegurado por aqueles, com certa principesca naturalidade e parcos elogios: como se aqueles fizessem parte de uma mais baixa espécie de seres. No entanto, possuem as *mesmas* qualidades com que os outros se distinguem, às vezes até não muito desenvolvidas: além disso, é-lhes peculiar uma *limitação* que falta àqueles, devido à qual é impossível colocá-los num lugar e neles enxergar instrumentos úteis — eles podem viver apenas *em sua própria atmosfera* e em seu próprio solo. Essa limitação lhes sugere tudo o que de uma ciência "lhes pertence", isto é, o que podem transportar para sua atmosfera e seu lar; acreditam sempre estar juntando suas "posses" dispersas.

Sendo impedidos de construir seu próprio ninho, eles perecem, como pássaros sem abrigo; a falta de liberdade é para eles uma tísica. Se cultivam regiões específicas da ciência, à maneira dos outros, são apenas aquelas em que crescem os frutos e sementes que lhes são necessários; que lhes importa que a ciência, vista como um todo, tenha regiões não cultivadas ou malcuidadas? Falta-lhes qualquer interesse *impessoal* em algum problema da ciência: como são inteiramente pessoas, todos os seus discernimentos e conhecimentos se fundem numa pessoa, numa viva pluralidade, cujas partes dependem umas das outras, penetram umas nas outras, são conjuntamente alimentadas, que tem, sendo um todo, um ar e um cheiro próprios. — Naturezas como essas produzem, com suas construções intelectuais *pessoais*, aquela *ilusão* de que uma ciência (ou mesmo a filosofia inteira) está pronta e atingiu sua meta; a *vida* que há em sua criação exerce esse encanto: o qual foi, às vezes, bastante funesto para a ciência e enganoso para os trabalhadores do espírito realmente capazes mencionados acima e, em outras ocasiões, quando reinavam a secura e a fadiga, agiu como um bálsamo e como a aragem de um fresco e ameno oásis. — Geralmente esses homens são chamados *filósofos*.

172. *Reconhecimento do talento.* — Quando eu passava pela aldeia de S., um menino principiou a estalar um chicote com todas as forças — ele já desenvolvera bastante essa arte, e tinha consciência disso. Lancei-lhe um olhar de reconhecimento — no fundo, porém, aquilo me fazia *bastante mal.* Assim procedemos ao reconhecer muitos talentos. Nós lhes fazemos bem quando eles nos fazem mal.

173. *Rir e sorrir.* — Quanto mais alegre e seguro se torna o espírito, tanto mais a pessoa desaprende a gargalhar; em vez disso, brota-lhe constantemente um sorriso mais espiritual, um sinal do seu assombro ante as inúmeras amenidades ocultas da boa existência.

174. *Entretenimento dos enfermos.* — Assim como os desgostos do espírito nos levam a arrancar os cabelos, bater na fronte, dilacerar o rosto ou até mesmo extrair os olhos, como Édipo: assim também recorremos às vezes, contra fortes dores físicas, a um forte sentimento amargo, relembrando caluniadores e detratores, turvando nosso próprio futuro, imaginando punhaladas e maldades contra pessoas ausentes. E ocasionalmente é verdade que um demônio afasta o outro — mas então temos o outro. — Portanto, deve-se recomendar aos enfermos esse outro entretenimento que parece mitigar a dor: refletir sobre atos de favor e delicadeza que podemos dispensar a amigos e inimigos.

175. *Mediocridade como máscara.* — A mediocridade é a melhor máscara que o espírito superior pode usar, pois faz a grande maioria, ou seja, os medíocres, não pensar que há um mascaramento —: e, no entanto, ele a exibe justamente por causa deles — para não irritá-los, às vezes por compaixão e bondade.

176. *Os pacientes.* — O pinheiro parece escutar, o abeto, esperar: os dois sem nenhuma impaciência —: não pensam no pequenino ser humano embaixo deles, que é devorado pela impaciência e pela curiosidade.

177. *Os melhores gracejos.* — O gracejo mais bem-vindo, para mim, é o que se acha no lugar de um pensamento grave e hesitante, como aceno da mão e piscadela do olho ao mesmo tempo.

178. *Acessórios de toda veneração.* — Onde quer que se venere o passado, não se deve permitir a entrada dos que limpam esmeradamente. A piedade não fica à vontade sem um pouco de poeira, sujeira e porcaria.

179. *O grande perigo dos eruditos.* — Justamente os mais capazes e escrupulosos eruditos correm o perigo de ver seu obje-

tivo na vida ser situado cada vez mais baixo e, com o sentimento disso, tornar-se cada vez mais aborrecidos e intratáveis na segunda metade da vida. Primeiro jogam-se na ciência com largas esperanças e se atribuem tarefas ousadas, cujos objetivos são às vezes antecipados pela sua imaginação: depois há momentos tais como ocorrem nas vidas dos grandes navegantes e descobridores — saber, intuição e energia elevam-se mutuamente cada vez mais, até que um novo, longínquo litoral se lhes apresenta pela primeira vez aos olhos. Mas o homem rigoroso percebe sempre mais, de ano a ano, como é importante que a tarefa particular do pesquisador seja acometida da maneira mais limitada possível, para que possa ser realizada inteiramente, sem restos, e seja evitado o intolerável esbanjamento de energia de que sofreram períodos anteriores da ciência: em que os trabalhos eram feitos dez vezes e o décimo primeiro ainda tinha a última e melhor palavra a dizer. Mas, quanto mais o erudito conhece e exercita este solucionar de enigmas sem deixar restos, tanto maior é também seu prazer nisso: de igual modo cresce também o rigor de suas exigências em relação ao que aqui denominamos "sem restos". Ele deixa de lado tudo o que tem de ficar incompleto nesse sentido, adquire aversão e faro para o que é semirresolvível — para tudo que pode dar uma espécie de certeza apenas no todo e no indeterminado. Seus planos de juventude desmoronam ante o seu olhar: deles sobram, quando muito, alguns nós e nódulos, em cujo desatar o mestre tem agora seu prazer e demonstra sua força. E então, em meio a essa tão útil, tão incessante atividade, ele, o envelhecido, é subitamente e cada vez mais frequentemente assaltado de um profundo mau humor, uma espécie de tortura da consciência: ele olha para si como para alguém transformado, como se estivesse diminuído, rebaixado, convertido em hábil *anão*, ele se pergunta se o magistral domínio na pequena escala não seria uma comodidade, uma escapatória ante a exortação à grandeza no viver e no configurar. Mas já não pode passar *para o outro lado* — o tempo acabou.

180. *Os mestres na época dos livros.* — Como o autodidatismo e a educação em grupo se generalizam, o mestre, em sua forma costumeira, deve se tornar praticamente supérfluo. Amigos sequiosos de aprender, que querem juntos apropriar-se de um saber, encontram, em nossa época dos livros, uma via mais curta e mais natural do que a da "escola" e do "professor".

181. *A vaidade como a grande utilidade.* — Originalmente o indivíduo forte trata não só a natureza, mas também a sociedade e os indivíduos mais fracos como terrenos de uso intensivo: ele os explora ao máximo e depois segue adiante. Vivendo de modo incerto, alternando carência e abundância, ele mata mais animais do que pode consumir, saqueia e maltrata os homens mais do que seria necessário. Sua manifestação de poder é também expressão de vingança contra seu estado de dor e de angústia: ele quer ser tido por mais poderoso do que é, e por isso abusa das ocasiões: o acréscimo de medo que ele produz é o seu acréscimo de poder. Logo ele percebe o que o sustenta ou o derruba: não aquilo que *é*, mas aquilo pelo que *é tido* — eis a origem da *vaidade*. O poderoso busca, com todos os meios, aumentar a *crença* no seu poder. — Os assujeitados, que o servem e tremem diante dele, também sabem que valem exatamente aquilo pelo que *são tidos* por ele: de modo que trabalham em vista dessa apreciação, e não de sua própria satisfação. Conhecemos a vaidade apenas em suas formas atenuadas, em suas sublimações e doses mínimas, pois vivemos num estado da sociedade tardio e bastante suavizado: originalmente ela é a grande utilidade, o mais forte meio de conservação. E a vaidade será tanto maior quanto mais sagaz for o indivíduo: pois o aumento da crença no poder é mais fácil que o aumento do poder, mas apenas para aquele que tem espírito — ou, como deve ser em condições primitivas, que é *astuto* e *dissimulado*.

182. *Sinais do tempo na cultura.* — Há tão poucos decisivos sinais do tempo na cultura, que devemos ficar contentes de ter em mãos *um só* sinal infalível, para uso na própria casa e jardim.

Para verificar se alguém é ou não um de nós — quero dizer, um dos espíritos livres —, veja-se o seu sentimento em relação ao cristianismo. Se adota perante esse uma atitude qualquer que não seja *crítica*, voltemos-lhe as costas: esse alguém só nos traz ar impuro e mau tempo. — *Nossa* tarefa não é mais ensinar a pessoas assim o que é o vento siroco; elas têm Moisés e os profetas do tempo e do Iluminismo: se não querem escutar esses, então —

183. *A cólera e o castigo têm seu tempo.* — A cólera e o castigo são prendas que nos vêm da animalidade. O homem só atinge a maioridade quando devolve aos animais essa dádiva de berço. — Isso esconde um dos maiores pensamentos que os homens podem ter, o pensamento de um *progresso de todos os progressos*. — Avancemos juntos alguns milênios, caros amigos! Aos homens ainda está reservada *muita alegria*, de que os atuais não fazem ideia! E é lícito nos prometermos essa alegria, até mesmo predizê-la e invocá-la como algo necessário, desde que o desenvolvimento da razão humana *não pare*! Um dia não mais ousaremos cometer o pecado *lógico* que encerram a cólera e o castigo, exercidos individualmente ou em sociedade: um dia, quando coração e cabeça tiverem aprendido a viver tão próximos quanto hoje ainda se acham distantes. O fato de que *não mais* se acham tão distantes como originalmente é bem visível se lançamos um olhar sobre a inteira marcha da humanidade; e o indivíduo que pode contemplar toda uma vida de trabalho interior terá consciência, com soberba alegria, da distância superada, da proximidade alcançada, para então se atrever a abrigar esperanças ainda maiores.

184. *A origem dos "pessimistas".* — Com frequência, uma porção de boa comida é o que determina se olhamos para o futuro com o olhar vazio ou esperançosamente: isso vale até para as coisas mais altas e espirituais. A insatisfação e a visão negra do mundo foram *herdadas* dos esfomeados de outrora pela geração atual. Também em nossos artistas e poetas notamos frequentemente que, embora vivam de maneira opulenta, não são de boa origem, que receberam no sangue e no cérebro, de antepassados mal alimentados e oprimidos, muita coisa que em suas obras se torna visível enquanto assunto e cor escolhida. A cultura dos gregos é a dos abastados, dos de fortuna antiga, além disso: por alguns séculos eles viveram *melhor* do que nós (melhor em todo sentido, especialmente com alimentação e bebida mais simples): os cérebros tornaram-se enfim tão plenos e tão refinados ao mesmo tempo, o sangue lhes fluiu tão rapidamente, semelhante a um alegre e claro vinho, que o bom e o melhor já não emergiam deles de modo sombrio, violento e arrebatado, mas belo e ensolarado.

185. *A morte racional.* — O que é mais racional, parar a máquina, quando a obra que dela se exigia foi completada — ou deixá-la funcionando até que pare por si mesma, isto é, até que se estrague? O segundo caso não é um esbanjamento dos custos de manutenção, um abuso da energia e atenção daqueles que dela cuidam? Não é aí jogado fora o que muito se necessita em outra parte? Não se cria até mesmo uma espécie de desdém pelas máquinas, quando muitas delas são mantidas e entretidas inutilmente? — Estou falando da morte involuntária (natural) e da morte voluntária (racional). A morte natural é aquela independente de toda razão, a propriamente *irracional*, em que a miserável substância da casca determina quanto tempo deve existir o núcleo: ou seja, em que o minguado, enfermo, obtuso guardião da cadeia é o senhor que designa o instante em que o seu nobre prisioneiro deve morrer. A morte natural é o suicídio da natureza, isto é, a destruição do ser mais racional pelo elemento mais irracional que a ele está ligado. Apenas sob a luz da religião pode parecer o contrário: porque então, como é de esperar, a razão superior (de Deus) dá suas ordens, a que a razão inferior deve se dobrar. Fora da religião, a morte natural não é digna de glorificação. — A sábia organização e disposição da morte faz parte da moral do futuro, agora incompreensível e imoral na aparência, mas cuja aurora é uma indescritível felicidade observar.

186. *Regressivo.* — Todo criminoso faz a sociedade retroceder a estágios da cultura anteriores àquele em que ela está; tem efeito regressivo. Lembremos os instrumentos que a sociedade tem de produzir e manter para a sua defesa: o policial ladino, o carcereiro, o carrasco, não esquecendo o promotor público e o advogado; perguntemo-nos, enfim, se o próprio juiz, o castigo e todo o procedimento judicial não são fenômenos que têm efeito muito mais deprimente que edificante sobre os não criminosos; pois a autodefesa e a vingança jamais se poderão cobrir com os panos da inocência; e, sempre que o ser humano é usado e sacrificado como um meio para os fins da sociedade, toda humanidade[130] superior se entristece.

187. *A guerra como remédio.* — Aos povos que se tornam débeis e deploráveis, a guerra pode ser aconselhada como remédio: caso eles realmente queiram prosseguir vivendo; pois para a tísica dos povos há também um tratamento brutal. Mas o perene querer-viver e não-poder-morrer já é um indício de senilidade do sentimento: quanto mais plena e vigorosamente alguém vive, tanto mais está disposto a dar a vida por *uma só* sensação boa. Um povo que assim vive e sente não necessita de guerras.

188. *O transplante espiritual e físico como remédio.* — As diferentes culturas são diferentes climas espirituais, cada um dos quais é particularmente danoso ou salutar para esse ou aquele organismo. A história em seu conjunto, enquanto saber sobre as diferentes culturas, é a *farmacologia*, mas não a ciência médica mesma. É necessário antes o médico, que se utilize dessa farmacologia para enviar cada qual ao clima que lhe for proveitoso — temporariamente ou para sempre. Viver no presente, no interior de uma única cultura, não basta como prescrição geral, aí pereceriam muitas espécies de homens extremamente úteis, que nela não podem respirar de modo saudável. Com a história devemos lhes fornecer *ar* e procurar mantê-las; também os homens das culturas que ficaram para trás têm seu valor. — Ao lado desse tratamento dos espíritos, a humanidade deve procurar, no tocante ao corpo, mediante uma geografia médica, descobrir quais degenerações e enfermidades cada região da Terra ocasiona e, inversamente, quais fatores curativos oferece; então, gradualmente, povos, famílias e indivíduos devem ser transplantados, de forma demorada e contínua, até que sejam dominadas as doenças físicas hereditárias. A Terra inteira será, enfim, um conjunto de estações de saúde.

189. *A árvore da humanidade e a razão.* — Aquilo que vocês, com decrépita miopia, temem como sendo a superpopulação da Terra, é justamente o que proporciona ao mais esperançoso a sua grande tarefa: um dia, a humanidade deve se tornar uma árvore que cubra a Terra inteira, com muitos bilhões de brotos que devem conjuntamente se tornar frutos, e a Terra deve ser preparada para nutrir essa árvore. Fazer com que o atual esboço, ainda pequeno, aumente em seiva e força; com que circule em inúmeros canais a seiva para a alimentação do todo — dessas tarefas, e de outras assim, é que se há de extrair o *critério* segundo o qual um homem de hoje é útil ou inútil. A tarefa é indizivelmente grande e ousada: todos queremos contribuir para que a árvore não apodreça antes do tempo! Uma mente histórica talvez consiga imaginar o ser e o fazer humanos, no conjunto do tempo, tal como aparecem a nossos olhos as formigas, com seus montes artisticamente edificados. Julgando superficialmente, poder-se-ia falar de "instinto" em relação a toda a humanidade, assim como em relação às formigas. Num exame mais detido, percebemos que povos inteiros, séculos inteiros se esforçam em descobrir e *experimentar* novos meios com que seja possível beneficiar um grande conjunto humano e, por fim, a grande árvore frutífera total da humanidade; e, não importando os danos que indivíduos, povos e épocas sofram com esse experimentar, sempre há indivíduos que se tornam mais inteligentes com o sofrer, e a partir deles essa inteligência vai lentamente extravasando para as medidas tomadas por povos inteiros, épocas inteiras. Também as formigas erram e se equivocam; a humanidade bem pode se deteriorar e emurchecer antes do tempo, graças à estupidez dos meios — nem para aquelas nem para essa existe um instinto que conduz seguramente. Temos, isto sim, que *olhar de frente* a grande tarefa de *preparar* a Terra para uma vegetação da máxima e mais jubilosa fecundidade — uma tarefa da razão em prol da razão!

190. *O elogio do desinteresse e sua origem.* — Entre dois chefes vizinhos havia uma prolongada contenda: devastavam as plantações, roubavam-se o gado, queimavam-se as casas um do outro, sem resultado definitivo, pois o poder de cada um era quase equivalente. Um terceiro chefe, que pôde manter-se fora desses conflitos graças à localização isolada de sua propriedade, mas que tinha razões para temer o dia em que um desses belicosos vizinhos chegasse a predominar, pôs-se finalmente entre os contendores, de modo solene e benevolente: e, em particular, conferiu à sua proposta de paz um peso sério, dando a entender a cada um que futuramente interviria contra aquele que se opusesse à paz, alinhando-se com o outro. Reuniram-se com ele, hesitantemente colocaram em sua mão as mãos que haviam sido o instrumento e muitas vezes a causa do ódio — e, de fato, buscaram seriamente a paz. Cada qual viu, surpreso, como repentinamente aumentaram seu bem-estar e sua prosperidade, como passou a ter, no vizinho, um comerciante disposto a vender e a comprar, em vez de um pérfido ou escarninho malfeitor, como foi possível até se ajudarem mutuamente em casos imprevistos de necessidade, em vez de, como até então sucedera, aproveitar-se dos apuros do vizinho e exacerbá-los; sim, parecia que nas duas regiões a espécie humana havia se tornado mais bela desde então: pois os olhos haviam se iluminado, as frontes, se desenrugado, todos haviam adquirido confiança no futuro — e nada é mais propício para as almas e os corpos dos homens do que essa confiança. A cada ano se reencontravam no dia da aliança, tanto os chefes como os seguidores, e isso na presença do mediador: cuja forma de agir admiravam e respeitavam sempre mais, na medida do proveito que lhe deviam. Chamavam-na *desinteressada* — tinham os olhos demasiadamente fixos nas vantagens próprias que desde então obtinham, para ver no modo de agir do vizinho outra coisa que não o fato de que a situação desse não havia mudado tanto quanto a sua própria: havia continuado a mesma, parecendo, assim, que ele não tinha visado o proveito. Pela primeira vez se achou que o desinteresse é uma virtude: coisas semelhantes podiam ter lhes sucedido bastante, em escala pequena e particular, mas só houve atenção para essa virtude quando, pela primeira vez, ela foi pintada na parede em letras enormes, legíveis para toda a comunidade. Os atributos morais só foram reconhecidos como virtudes, dotados de nomes, apreciados, recomendados, a partir do momento em que *visivelmente* determinaram a sorte e a ruína de sociedades inteiras: pois então a intensidade do sentimento e a excitação das energias criadoras internas foram tão grandes, em *tantos* indivíduos, que se levaram dádivas a esse atributo, a melhor que cada um tinha: o sério deitou-lhe aos pés sua seriedade, o digno, sua dignidade, as mulheres, sua brandura, os jovens, toda a pletora de esperança e porvir do seu ser; o poeta lhe empresta palavras e nomes, inscreve-o na roda dos seres semelhantes, dá-lhe uma árvore genealógica e, por fim, como costumam fazer os artistas, venera o produto de sua fantasia como uma nova divindade — *ensina* a venerá-la. De modo que uma virtude, pelo fato de o amor e a gratidão de todos terem nela trabalhado, como numa estátua, acaba por ser um ajuntamento do que é bom e digno de adoração, uma espécie de templo e pessoa divina ao mesmo tempo. Passa a existir como virtude específica, como entidade própria, algo que não era até então, e a exercer os direitos e o poder de uma supra-humanidade santificada. — Na Grécia tardia, as cidades estavam plenas dessas abstrações "divinumanizadas" (escuse-se o termo singular, por mor de um conceito singular); o povo construiu para si, à sua maneira, um platônico "céu de ideias" no meio da Terra, e não creio que os habitantes dele fossem considerados menos vivos que qualquer divindade homérica antiga.

191. *Tempo escuro.* — Chama-se "tempo escuro", na Noruega, àquele em que o sol permanece o dia inteiro abaixo do horizonte: enquanto isso, a temperatura cai lentamente. — Uma bela imagem para todos os pensadores para quem o sol do futuro humano desapareceu momentaneamente.

192. *O filósofo da opulência.* — Um pequeno jardim, figos, porções de queijo e três ou quatro bons amigos — esta foi a opulência de Epicuro.

193. *As épocas da vida.* — As verdadeiras épocas da vida são os breves períodos de interrupção, em meio ao subir e descer de um pensamento ou sentimento dominante. Aí há novamente *saciedade*: tudo o mais é sede e fome — ou fastio.

194. *O sonho.* — Os nossos sonhos são, quando excepcionalmente bem logrados e inteiros — de ordinário o sonho é uma coisa malfeita —, simbólicas cadeias de cenas e imagens em vez de poética linguagem narrativa, eles parafraseiam nossas vivências, expectativas ou circunstâncias com ousadia e certeza poética, de modo que na manhã seguinte nos espantamos conosco, ao recordarmos nossos sonhos. Gastamos muita arte no sonho — e, por isso, frequentemente somos pobres dela durante o dia.

195. *Natureza e ciência.* — Assim como na natureza, também na ciência as áreas piores e mais infecundas são trabalhadas primeiramente — pois para isso bastam mais ou menos os recursos da ciência *incipiente*. O cultivo das áreas mais fecundas pressupõe uma força enorme e cuidadosamente desenvolvida nos métodos, a obtenção de resultados específicos e uma organizada coorte de trabalhadores bem treinados — tudo isso se encontra reunido somente mais tarde. — A impaciência e a ambição frequentemente investem cedo demais sobre as áreas mais fecundas, mas os resultados são nulos. Na natureza, essas tentativas seriam vingadas com a morte dos colonos por inanição.

196. *Viver simplesmente.* — Um modo de vida simples é agora difícil: pede mais reflexão e inventividade do que mesmo as pessoas mais inteligentes possuem. A mais franca entre elas talvez diga: "Não tenho tempo para refletir tanto sobre isso. O modo de vida simples é um objetivo nobre demais para mim; esperarei até que pessoas mais sábias do que eu o encontrem".

197. *Cumes e montículos.* — A pouca fecundidade, o frequente celibato e, em geral, a frieza sexual dos espíritos mais altos e cultivados, assim como das classes que lhes correspondem, são essenciais na economia da humanidade: a razão reconhece e utiliza o fato de que num ponto extremo da evolução intelectual é grande o perigo de ter uma descendência *nervosa*: tais indivíduos são *cumes* da humanidade — não devem se prolongar em montículos.

198. *Nenhuma natureza faz saltos.* — Ainda quando o homem parece desenvolver-se muito e pular de uma coisa para o seu oposto: uma observação mais detida revelará os *encaixes* onde o novo edifício cresce a partir do velho. Eis a tarefa do biógrafo: ele tem de pensar a vida conforme o princípio de que nenhuma natureza faz saltos.

199. *Limpo, é verdade.* — Quem se veste de trapos bem lavados veste-se limpamente, é verdade; mas como um maltrapilho.

200. *Fala o solitário.* — Como pagamento pelo muito fastio, tédio, desalento — que uma solidão sem amigos, livros, obrigações e paixões traz inevitavelmente consigo —, colhem-se aqueles instantes de profundo recolhimento em si e na natureza. Quem se entrincheira totalmente contra o tédio, entrincheira-se também contra si mesmo: nunca lhe será dado beber a mais tonificante poção do seu próprio manancial íntimo.

201. *Falsa celebridade.* — Odeio as pretensas belezas naturais que, no fundo, significam algo apenas devido ao saber, ao conhecimento geográfico, mas continuam insatisfatórias, em si, para o sentido ávido de beleza: por exemplo, a vista do

Mont Blanc a partir de Genebra — algo irrelevante, se não lhe corre em ajuda a cerebral alegria do saber; os montes vizinhos são todos mais belos e mais expressivos — mas "não tão altos", como acrescenta, para diminuí-los, este absurdo saber. Nisso o olhar contradiz o saber: como pode ele realmente se alegrar na contradição?

202. *Excursionistas.* — Eles sobem a montanha como bichos, estupidamente e banhados em suor; não lhes foi dito que há belas vistas no trajeto.

203. *Demasiado e muito pouco.* — Agora as pessoas vivem muita coisa e pensam muito pouco: têm fome e cólica ao mesmo tempo, e por isso emagrecem cada vez mais, ainda que muito comam. — Quem agora diz que nada viveu é um imbecil.

204. *Fim e meta.* — Nem todo fim é uma meta. O fim da melodia não é sua meta; no entanto: se a melodia não alcançou seu fim, tampouco atingiu sua meta. Um símile.

205. *A indiferença da grande natureza.* — A indiferença da grande natureza (em montes, florestas, deserto e mar) é agradável, mas somente por pouco tempo: depois ficamos impacientes. "Então essas coisas não querem nos dizer nada? Não existimos para elas?" Nasce um sentimento de *crimen laesae majestatis humanae* [crime de lesa-majestade humana].

206. *Esquecendo as intenções.* — Durante a viagem, geralmente esquecemos a sua meta. Quase toda profissão é escolhida e iniciada como meio para uma finalidade, mas levada adiante como finalidade última. O esquecimento das intenções é a mais frequente estupidez que se comete.

207. *Eclíptica da ideia.* — Quando uma ideia está nascendo no horizonte, geralmente a temperatura da alma é bastante fria. Somente aos poucos a ideia desenvolve seu calor, e esse é extremo (ou seja, ela tem seu maior efeito) quando a crença na ideia já se acha novamente em declínio.

208. *Como se teria todos contra si.* — Se agora alguém ousasse dizer: "Quem não está comigo está contra mim",[131] teria todos imediatamente contra si. — Este sentimento honra o nosso tempo.

209. *Envergonhando-se da riqueza.* — Nosso tempo tolera apenas uma espécie de ricos, aqueles que *se envergonham* de sua riqueza. Se ouvimos falar de alguém: "É muito rico", somos tomados de um sentimento análogo ao que se tem à visão de uma enfermidade repulsiva que produz inchamento, uma obesidade ou hidropisia: temos de nos recordar vivamente de nossa própria humanidade, para lidar com essa pessoa rica de modo que ela não perceba o nosso asco. No entanto, se ela chega a se orgulhar da própria riqueza, junta-se a nosso sentimento um espanto quase misericordioso ante um tão elevado grau de insensatez humana: de maneira que somos tentados a erguer as mãos para o céu e exclamar: "Pobre ser deformado, sobrecarregado, mil vezes agrilhoado, a quem cada momento traz ou *pode trazer* algo desagradável, cujos membros são convulsionados por *cada* evento de vinte povos diferentes, como pode você nos fazer acreditar que se sente bem na sua condição? Quando você aparece em algum local, sabemos que é como passar por uma fileira de açoitadores, sob olhares que têm apenas frio ódio e indiscrição ou silencioso escárnio. Pode lhe ser mais fácil adquirir coisas, mas é um adquirir supérfluo, que traz pouca alegria, e *conservar* tudo que foi adquirido é agora para você, em todo caso, algo mais penoso do que qualquer outro penoso adquirir. Você sofre continuamente, pois perde continuamente. Que adianta o novo sangue artificial que sempre lhe é dado: nem por isso doem menos as ventosas que lhe ficam incessantemente na nuca! — Mas, para não sermos injustos, é difícil, talvez impossível, para você, *não* ser rico: você *tem* de conservar, *tem* de adquirir mais, o hereditário pendor de sua natureza é o jugo sobre sua cabeça — por isso não nos engane, e se envergonhe francamente e visivelmente do jugo que carrega: pois no fundo de sua alma você está cansado e aborrecido de carregá-lo. Essa vergonha não desonra".

210. *Esbanjamento na presunção.* — Há indivíduos tão presunçosos que, ao admirar publicamente algo grande, não sabem louvá-lo senão apresentando-o como degrau e ponte que leva até *eles*.

211. *No solo da vergonha.* — Quem quer tirar dos homens uma ideia, habitualmente não se satisfaz em refutá-la e extrair o verme de não lógica existente nela, mas, depois de liquidar o verme, joga o fruto inteiro na lama, para torná-lo desagradável aos homens e infundir-lhes nojo por ele. Assim acredita haver encontrado o meio de tornar impossível a "ressurreição no terceiro dia", tão comum nas ideias refutadas. — Engana-se, pois é justamente *no solo da vergonha*, em meio à imundície, que o âmago da ideia rapidamente gera novos rebentos —. Portanto: não escarnecer, não sujar o que se quer definitivamente eliminar, e sim *pô-lo respeitosamente no gelo*, sempre de novo, considerando que as ideias são teimosas em viver. Nisso deve-se agir segundo a máxima: "Uma só refutação não é refutação".

212. *Sina da moralidade.* — Como diminui a sujeição dos espíritos, certamente a moralidade (o modo de agir herdado, transmitido, instintivo, *segundo sentimentos morais*) também se acha em declínio: mas não as virtudes específicas, moderação, senso de justiça, tranquilidade de alma — pois a maior liberdade do espírito consciente já conduz naturalmente a elas, e também as aconselha como *úteis*.

213. *O fanático da desconfiança e sua garantia.*[132] — *O velho*: Você quer lançar-se à tremenda tarefa de instruir os homens na grandeza? Onde está sua garantia? — *Pirro*: Aqui está ela: eu quero advertir os homens quanto a mim mesmo, quero expor publicamente todos os defeitos de minha natureza e desnudar ante todos os olhos minhas precipitações, contradições e tolices. Não me escutem, eu lhes direi, até que eu tenha me tornado igual ao menor entre vocês, e seja ainda menor que ele; revoltem-se contra a verdade tanto quanto puderem, por nojo daquele que a defende. Serei seu sedutor e fraudador, se ainda notarem o menor brilho de respeitabilidade e dignidade em mim. *O velho*: Você fala demais; não consegue suportar esse fardo. — *Pirro*: Então direi também isso aos homens, que sou fraco demais e não consigo manter o que prometo. Quanto maior minha indignidade, tanto mais desconfiarão eles da verdade, quando ela passar por minha boca. — *O velho*: Então você quer ser o mestre da desconfiança em relação à verdade? — *Pirro*: Da desconfiança tal como ela nunca existiu no mundo, da desconfiança de tudo e todos. É a única via para a verdade. O olho direito não pode confiar no esquerdo, e a luz terá de se chamar trevas por algum tempo: este é o caminho que vocês têm de seguir. Não creiam que ele os conduza a árvores frutíferas e belos prados. Nele acharão pequenos grãos duros — são as verdades: ao longo de décadas terão que engolir punhados de mentiras para não morrer de fome, embora saibam que são mentiras. Mas aqueles grãos serão semeados e sepultados, e talvez, talvez venha o dia da colheita: ninguém pode *prometê-lo*, a menos que seja um fanático. — *O velho*: Amigo! Amigo! Também suas palavras são as de um fanático! — *Pirro*: Tem razão! Quero desconfiar de todas as palavras. — *O velho*: Então você terá que manter silêncio. — *Pirro*: Direi aos homens que tenho de silenciar e que eles devem desconfiar de meu silêncio. *O velho*: Você recua de seu empreendimento, portanto? — *Pirro*: Pelo contrário — você acaba de me indicar a porta por onde devo ir. — *O velho*: Não sei —: ainda nos entendemos completamente? — *Pirro*: Provavelmente não. — *O velho*: Desde que você se entenda completamente! — *Pirro* se volta e ri. — *O velho*: Oh, amigo! Silenciar e sorrir — é essa agora toda a sua filosofia? — *Pirro*: Não seria a pior. —

214. *Livros europeus.* — Ao ler Montaigne, La Rochefoucauld, La Bruyère, Fontenelle (sobretudo o *Dialogue des morts*), Vauvenargues, Chamfort, estamos mais próximos da Antiguidade do que com qualquer grupo de seis autores de outros povos. Através desses seis, *o espírito dos últimos séculos* da idade *antiga* ressuscitou — juntos eles formam um elo importante na grande, contínua cadeia da Renascença. Seus livros se erguem acima das variações do gosto nacional e do colorido filosófico, em que agora todo livro habitualmente reluz e tem de reluzir, para tornar-se famoso: eles contêm mais *pensamentos reais* do que todos os livros dos filósofos alemães reunidos: pensamentos do tipo que gera pensamentos, e que — acho-me em dificuldade para terminar a definição; basta dizer que me parecem autores que não escreveram para crianças nem para entusiastas, nem para virgens nem para cristãos, nem para alemães nem para — novamente estou em dificuldade para concluir a lista. — Mas, para dizer um claríssimo louvor: eles seriam, tendo escrito em grego, entendidos também pelos gregos. O quanto, por outro lado, mesmo um Platão *poderia* entender dos escritos de nossos melhores pensadores alemães, de Goethe e Schopenhauer, por exemplo? Sem falar da repulsa que seu modo de escrever nele despertaria, ou seja, o que têm de obscuro, exagerado, ocasionalmente seco e duro — defeitos de que os mencionados são os que menos sofrem, entre os pensadores alemães, mas de que ainda sofrem muito (como pensador, Goethe se compraz em abraçar as nuvens mais do que o admissível, e não é impunemente que Schopenhauer quase sempre anda entre os símiles das coisas,[133] em vez de entre as coisas mesmas). — Por outro lado, que luminosidade e elegante precisão naqueles franceses! Até os gregos de mais fino ouvido aprovariam essa arte, e uma coisa eles teriam que admirar e venerar, a espirituosidade francesa da expressão: algo assim eles *amavam* bastante, sem aí serem particularmente fortes.

215. *Moda e modernidade.* — Em toda parte onde a ignorância, o desasseio, a superstição ainda são correntes, onde as trocas são magras, a agricultura, pobre, o clero, poderoso, ainda se acham também os *trajes nacionais*. Já onde há indícios do contrário, domina a *moda*. Portanto, a moda se encontra junto às *virtudes* da Europa de hoje: seria ela realmente o seu lado reverso? — A roupa *masculina*, que é da moda e não mais nacional, diz primeiramente, sobre aquele que a usa, que o europeu não quer chamar a atenção como *indivíduo* nem como *membro de uma classe* e de *um povo*, que ele tornou lei, para si, a atenuação proposital dessas formas de vaidade; depois, que é laborioso e pouco tempo tem para vestir-se e adornar-se, e que tudo o que é custoso e luxurioso no tecido e no corte se acha em contradição com seu trabalho; por fim, que através de sua indumentária ele aponta para as profissões mais doutas e espirituais, como aquelas de que, como europeu, está ou gostaria de estar mais próximo: enquanto pelos trajes nacionais ainda existentes são o bandoleiro, o pastor e o soldado que aparecem como as mais desejáveis e decisivas posições na vida. No interior desse caráter geral da moda masculina há também as pequenas variações produzidas pela vaidade dos homens jovens, dos dândis e desocupados das grandes cidades, ou seja, *daqueles que, como europeus, ainda não amadureceram*. — As mulheres europeias *bem menos ainda*, motivo pelo qual as variações são muito maiores entre elas: também não querem o traje nacional, e detestam serem reconhecidas como alemãs, francesas ou russas pela indumentária, mas bem gostam de chamar a atenção como indivíduos; do mesmo modo, ninguém deve ficar em dúvida, pela sua roupa, de que pertencem a uma classe bem-vista (à sociedade "boa", "alta" ou "respeitável"), e mais ainda querem dar essa impressão quando não pertencem ou mal pertencem a tal classe. Mas, sobretudo, a mulher jovem não quer nada usar que a mulher um tanto mais velha use, pois acredita valer menos com a suspeita de ter mais idade: a mais velha, por sua vez, gostaria de enganar com roupa mais juvenil, por tanto tempo quanto for possível — e dessa competição sempre resultam modas em que o verdadeiramente juvenil se torna visível de forma inequívoca e inevitável. Tendo o espírito inventivo das jovens artistas se regalado por algum tempo nesses desnudamentos da juventude, ou, para dizer toda a verdade: tendo-se mais uma vez consultado o espírito inventivo das antigas culturas cortesãs, assim como das nações ainda existentes e mesmo de todo o orbe que se traja, e, digamos, reunido os espanhóis, os turcos e os gregos antigos para pôr em cena a bela carne, enfim sempre se descobre novamente que não se compreendeu muito bem o mais vantajoso para si, que, para causar efeito sobre os homens, o jogo de esconder as belas formas funciona melhor que a nua ou seminua franqueza; e agora gira no sentido contrário a roda do gosto e da vaidade; as jovens mulheres um tanto mais velhas acreditam que seu reino chegou, e a peleja das mais graciosas e absurdas criaturas recrudesce a valer. Porém, *quanto mais* as mulheres crescem interiormente e deixam de conceder primazia às idades imaturas, como até então fizeram, tanto menores são tais oscilações em sua indumentária, mais simples o seu ornamento: acerca do qual, como é razoável, *não* se deve emitir julgamento segundo padrões antigos, ou seja, *não* segundo a norma de vestuário das habitantes das costas meridionais, mas atentando para as condições climáticas das regiões do Centro e Norte da Europa, aquelas em que hoje tem seu lar o gênio europeu inventor de espírito e de formas. — No conjunto, portanto, *não* será justamente a *mudança* o signo característico da *moda* e do *moderno*, pois precisamente a mudança é algo retrógrado, que designa os homens e mulheres europeus ainda *não amadurecidos*: mas sim a rejeição da vaidade nacional, de classe e individual. Consequentemente, deve-se louvar, porque representa economia de tempo e de forças, quando algumas cidades e regiões da Europa pensam e inventam por todas as demais em questões de vestuário, tendo em vista que o sentido da forma não costuma ser dado a qualquer um: nem é realmente uma ambição excessiva que Paris, por exemplo, enquanto houver tais oscilações, reivindique ser a única inventora e inovadora nesse reino. Se um alemão, por ódio a essa reivindicação de uma cidade francesa, quiser vestir-se de forma diferente, tal como fez Albrecht Dürer, por exemplo, ele deve ponderar que então possui um traje usado por alemães de outrora, mas que tampouco foi inventado por alemães — *nunca* houve uma indumentária que caracterizasse o alemão como alemão; e ele observe também como ficará nesse traje, e se uma cabeça inteiramente moderna, com toda a escritura de linhas e rugas que o século XIX nela gravou, não levanta objeções a uma roupa como a de Dürer. — Aqui, em que as noções de "moderno" e "europeu" são quase equivalentes, compreende-se por Europa muito mais que as terras abrangidas pela Europa geográfica, essa pequena península da Ásia: ou seja, também a América está incluída, enquanto filha de nossa cultura. Por outro lado, nem toda a Europa se insere na noção cultural de "Europa"; apenas as nações ou partes de nações que têm seu passado comum em Grécia, Roma, judaísmo e cristianismo.

216. *A "virtude alemã"*. — Não se pode negar que desde o início do século passado uma corrente de redespertar moral atravessa a Europa. Somente então a virtude voltou a ser eloquente; aprendeu a encontrar os espontâneos gestos da elevação, da comoção, não mais se envergonhou de si mesma, e concebeu filosofias e poemas para sua própria glorificação. Se procuramos as fontes dessa corrente, encontramos Rousseau; mas o Rousseau mítico, que foi inventado segundo a impressão dada por suas obras — quase poderíamos também dizer: por suas obras miticamente interpretadas — e as indicações que ele próprio forneceu (ele e seu público trabalharam continuamente nessa figura ideal). A outra origem está na ressurreição da grande romanidade estoica, com a qual os franceses prosseguiram a tarefa da Renascença do modo mais digno. Da recriação das formas antigas eles passaram, com êxito formidável, à recriação dos caracteres antigos: de modo que sempre terão direito às mais altas honras, como o povo que até agora deu à humanidade recente os melhores livros e os melhores homens. Como agiram sobre os vizinhos mais fracos esses dois modelos, o mítico Rousseau e o ressuscitado espírito romano, é algo que se vê principalmente no caso da Alemanha — que, em consequência de seu novo e inusitado impulso para a seriedade e grandeza da vontade e do autocontrole, assombrou-se enfim com sua própria virtude nova e lançou ao mundo o conceito de "virtude alemã", como se não pudesse haver nada mais primordial, mais hereditário do que essa. Os primeiros grandes homens que tomaram para si esse estímulo francês à grandeza e consciência na vontade moral foram mais honestos e não esqueceram a gratidão. O moralismo de Kant — de onde vem? Ele repetidamente o dá a entender: de Rousseau e da ressuscitada Roma estoica. O moralismo de Schiller: mesma fonte, mesma glorificação da fonte. O moralismo em sons de Beethoven: é a perene louvação de Rousseau, dos franceses antigos e de Schiller. O "Jovem alemão" foi o primeiro a esquecer a gratidão, naquele ínterim os ouvidos tinham se voltado para os pregadores do ódio aos franceses:[134] esse Jovem alemão que por algum tempo se pôs em primeiro plano, com mais consciência do que se julga admissível em outros jovens. Procurando seus pais, podia justificadamente pensar na proximidade de Schiller, Fichte e Schleiermacher: mas seus avôs ele teria de buscar em Paris, em Genebra, e foi bastante míope acreditar, como ele acreditou, que a virtude não tinha mais que trinta anos de idade. Naquela época as pessoas se habituaram a exigir que, com o termo "alemão", se entendesse também a virtude — e até hoje não desaprenderam isso totalmente. — Observemos, de passagem, que o assim chamado redespertar moral teve, para o *conhecimento* dos fenômenos morais, apenas desvantagens e movimentos regressivos, como se pode imaginar. O que é toda a filosofia moral alemã, contada a partir de Kant, com todos os seus ramos e rebentos franceses, ingleses e italianos? Um atentado semiteológico contra Helvétius, uma recusa das visões ou assinalamentos do caminho certo, longa e duramente conquistados, que ele enfim reuniu e enunciou. Até o dia de hoje, na Alemanha, Helvétius é o mais bem xingado de todos os bons moralistas e bons homens.

217. *Clássico e romântico.* — Tanto os espíritos de tendência clássica como os românticos — duas categorias que sempre existirão — entretêm uma visão do futuro: mas os primeiros a partir de uma *força* de seu tempo, os outros a partir da *fraqueza* deste.

218. *A máquina como mestra.* — A máquina ensina, por si mesma, o encadeamento das multidões humanas, em operações em que cada um só tem de fazer uma coisa; ela fornece o modelo da organização de partido e da condução de guerra. Por outro lado, não ensina a soberania individual: faz de muitos uma só máquina, e de cada um, um instrumento para uma só meta. Seu efeito mais amplo é ensinar a utilidade da centralização.

219. *Não sedentários.* — Gostamos de viver numa cidade pequena; mas, de quando em quando, justamente ela nos empurra para a mais recôndita e solitária natureza: isso ocorre quando mais uma vez ela se tornou transparente para nós. Afinal vamos para a cidade grande, para nos *recuperarmos* dessa natureza. Alguns tragos dela — e pressentimos a borra no fundo da taça —, o ciclo começa de novo, com a cidade pequena no início. — Assim vivem os homens modernos, que em tudo são muito *radicais*,[135] para serem *sedentários* como os homens de outros tempos.

220. *Reação à cultura da máquina.* — A máquina, ela mesma um produto da máxima energia intelectual, põe em movimento, nas pessoas que a utilizam, quase que só as energias inferiores, sem pensamento. Nisso libera uma infinidade de energia que senão permaneceria dormente, é verdade; mas não dá o impulso para subir mais alto, fazer melhor, tornar-se artista. Faz as pessoas *ativas* e *uniformes* — mas isso produz, a longo prazo, um efeito contrário, um desesperado tédio da alma, que por meio dela ensina a aspirar por um ócio pleno de mudança.

221. *O caráter perigoso do Iluminismo.* — Tudo aquilo meio louco, histriônico, cruel-animal, voluptuoso, principalmente sentimental e autoembriagante, que constitui a *substância* propriamente *revolucionária* e que em Rousseau, antes da Revolução, se tornara corpo e alma — todo este ser colocou também, com pérfido entusiasmo, o *Iluminismo* em sua cabeça fanática, que assim começou a brilhar ela mesma, como numa glória transfiguradora: o *Iluminismo*, que é, no fundo, tão alheio a esse modo de ser, e que, por si mesmo, passaria pelas nuvens tranquilo como um raio de luz, durante muito tempo satisfeito em transformar apenas os indivíduos: de modo que apenas lentamente transformaria também os costumes e instituições dos povos. Mas então, unido a algo violento e brusco, o próprio Iluminismo se tornou violento e brusco. Sua periculosidade se tornou, assim, quase maior do que a utilidade emancipadora e clarificadora que ele introduziu no grande movimento da revolução. Quem isso compreende, também saberá de qual mistura é preciso extraí-lo, de qual turvação é preciso filtrá-lo: para *prosseguir a obra* do Iluminismo *em si mesma* e sufocar no berço a revolução *a posteriori*, fazer com que não tenha sido.

222. *A paixão na Idade Média.* — A Idade Média é o tempo das maiores paixões. Nem a Antiguidade nem a nossa época têm essa amplidão de alma: seu *espaço* nunca foi tão grande, nem medido em escalas tão vastas. A corporeidade de floresta primeva dos povos bárbaros e os olhos sobredespertos, demasiado brilhantes e cheios de alma dos iniciados em mistérios cristãos, o elemento mais infantil, mais jovem e também mais maduro e decrépito, a crueza do animal de rapina e o embrandecimento e aguçamento do espírito da Antiguidade tardia — não era raro que tudo isso se juntasse então numa única pessoa: de modo que, se alguém era tomado de paixão, a correnteza do sentimento tinha de ser mais rápida, o torvelinho mais tumultuoso e a queda mais funda do que nunca. Nós, homens modernos, devemos estar contentes com o que aí foi perdido.

223. *Roubar e poupar.* — Vão adiante todos os movimentos espirituais em virtude dos quais os grandes esperam poder *roubar*, e os pequenos, *poupar*. Por isso a Reforma alemã, por exemplo, foi adiante.

224. *Almas alegres.* — Quando se aludia, mesmo que de longe, a bebida, bebedeira e uma espécie de malcheirosa porcaria, então as almas dos antigos alemães se alegravam — de outro modo se aborreciam; mas naquilo tinham sua maneira de íntima compreensão.

225. *A Atenas dissoluta.* — Mesmo quando o mercado de peixes de Atenas teve seus pensadores e poetas, a dissolução grega ainda possuía uma aparência mais idílica e refinada do que jamais teve a dissolução romana ou alemã. A voz de Juvenal, ali, soaria como uma trombeta oca: uma risada amável e quase infantil lhe responderia.

226. *Prudência dos gregos.* — Como o desejo de vencer e sobressair é um traço indelével da natureza, mais antigo e primordial do que todo respeito e alegria pela igualdade, o Estado grego sancionou a competição ginástica e artística entre os iguais, ou seja, delimitou uma arena em que aquele impulso podia se desafogar sem pôr em perigo a ordem política. Com o declínio final da competição ginástica e artística, o Estado grego caiu na inquietude interior e na desagregação.

227. "*O eterno Epicuro*". — Em todos os tempos Epicuro viveu e ainda vive, desconhecido daqueles que se chamavam e se chamam epicuristas, e sem reputação entre os filósofos. Além disso, ele esqueceu o próprio nome: foi a bagagem mais pesada que algum dia lançou fora.

228. *O estilo da superioridade.* — O alemão estudantil, o modo de falar do estudante alemão, tem sua origem com os estudantes que não estudavam, que souberam adquirir uma espécie de preponderância sobre seus camaradas mais sérios, ao desnudar o que havia de mascarado na educação, decência, erudição, ordem, moderação, e que igualmente tinham sempre na língua as palavras desses âmbitos, tanto quanto os melhores e mais doutos, mas com malícia no olhar e uma careta de acom-

panhamento. Nessa língua da superioridade — a única original na Alemanha — falam agora também os estadistas e os críticos nos jornais: é um constante citar ironicamente, um inquieto, insatisfeito olhar de soslaio para a direita e a esquerda, um alemão de aspas e caretas.

229. *Os enterrados.* — Nós nos recolhemos e nos ocultamos: mas não por algum mau humor pessoal, como se as condições políticas e sociais do presente não nos satisfizessem, mas sim por querermos, com nosso recolhimento, poupar e reunir forças de que *depois* a cultura terá necessidade, quanto mais este presente for *este* presente e, como tal, cumprir *sua* tarefa. Nós formamos um capital e procuramos pô-lo em lugar seguro: mas, como se faz em tempos muito perigosos, *enterrando-o*.

230. *Tiranos do espírito.* — Em nossa época, todo aquele que fosse tão fortemente a expressão de um único traço moral, como os personagens de Teofrasto e Molière, seria tido por doente e se falaria de "ideia fixa" no seu caso. A Atenas do século III nos pareceria como que povoada de loucos, se pudéssemos visitá-la. Agora impera a democracia dos *conceitos* em cada cabeça — *muitos juntos* são o senhor: *um único* conceito que *quisesse* ser senhor é agora chamado, como disse, de "ideia fixa". Esta é a *nossa* maneira de assassinar os tiranos — nós acenamos para o hospício.[136]

231. *A mais perigosa emigração.* — Na Rússia há uma emigração da inteligência: as pessoas cruzam a fronteira para ler e escrever bons livros. Mas assim se contribui para fazer cada vez mais, da pátria abandonada pelo espírito, a goela avançada da Ásia, querendo engolir a pequena Europa.

232. *Os loucos pelo Estado.* — Entre os gregos, o amor quase religioso que tinham pelo rei passou para a pólis, quando findou a monarquia. E, como um conceito suporta mais amor do que uma pessoa, e sobretudo não apoquenta o amante tão frequentemente como fazem os que são amados (— pois, quanto mais se sabem eles amados, mais desconsiderados se tornam geralmente, até que não mais dignos do amor, e acontece de fato uma ruptura), a adoração da pólis e do Estado foi maior do que jamais fora a adoração dos príncipes. Os gregos são os *loucos pelo Estado* na história antiga — na história moderna, outros povos o são.

233. *Contra a negligência da visão.* — Não se poderia demonstrar, nas classes cultas da Inglaterra que leem o *Times*, uma diminuição da acuidade visual a cada dez anos?

234. *Grandes obras e grande fé.* — Aquele homem tinha as grandes obras, mas seu camarada tinha a grande fé em suas obras. Eles eram inseparáveis: mas é claro que o primeiro dependia inteiramente do segundo.

235. *O sociável.* — "Eu não me tolero bem", disse alguém, para explicar sua inclinação pela sociedade. "O estômago da sociedade é mais forte que o meu, ele me aguenta."

236. *Fechando os olhos do espírito.* — Ainda que treinados e habituados a refletir sobre as ações, temos de fechar o olho interior durante o agir mesmo (seja este apenas escrever cartas, comer ou beber). E na conversa com pessoas medianas é preciso saber *pensar* com os olhos de pensador fechados — a fim de alcançar e compreender o pensar mediano. Este fechar de olhos é um ato perceptível, que se pode realizar com a vontade.

237. *A mais terrível vingança.* — Se queremos absolutamente nos *vingar* de um adversário, devemos esperar até dispormos de muitas verdades e justiças que possamos tranquilamente utilizar contra ele: de modo que coincidam o exercício da vingança e o exercício da justiça. É a espécie mais terrível de vingança, pois não tem instância acima de si, à qual se pudesse ainda apelar. Assim se vingou Voltaire de Piron, em cinco linhas que

condenavam toda a vida, a obra e a vontade desse: tantas palavras, tantas verdades; assim vingou-se ele também de Frederico, o Grande (numa carta que lhe enviou de Ferney).[137]

238. *Imposto do luxo.* — Compramos nas lojas o mais necessário e imediato e temos de pagar caro por ele, porque pagamos, ao mesmo tempo, o que ali está à venda, mas tem pouca saída: o luxuoso e prazeroso. Desse modo, o luxo impõe continuamente um tributo às pessoas simples que dele prescindem.

239. *Por que ainda existem mendigos.* — Se todas as esmolas fossem dadas apenas por compaixão, os mendigos já teriam todos morrido de fome.

240. *Por que ainda existem mendigos.* — A maior dispensadora de esmolas é a covardia.

241. *Como o pensador utiliza uma conversa.* — Ainda sem ser um espreitador, pode-se ouvir muita coisa, quando se sabe ver bem, mas perdendo-se de vista por instantes. As pessoas não sabem utilizar uma conversa, no entanto; aplicam demasiada atenção ao que querem dizer e responder, enquanto o verdadeiro *ouvinte* se contenta, muitas vezes, em responder de modo provisório e dizer alguma coisa como paga de cortesia, enquanto, com sua fina memória, guarda tudo o que o outro falou, juntamente com o tom e os gestos de *como* ele falou. — Na conversa habitual, cada um acredita ser aquele que a conduz, como dois navios que andam um ao lado do outro e aqui e ali se tocam, ambos na crença de que o outro navio o segue ou até mesmo é rebocado.

242. *A arte de se desculpar.* — Se alguém se desculpa diante de nós, tem que fazê-lo muito bem: de outro modo, pensamos facilmente que somos nós os culpados e temos uma sensação desagradável.

243. *Relações impossíveis.* — O barco de teus pensamentos tem muito calado para que possas andar com ele nas águas dessas pessoas afáveis, decentes, condescendentes. Ali há muitos baixios e bancos de areia: terias que virar e serpentear e estar continuamente embaraçado, e logo elas também ficariam embaraçadas — com teu embaraço, cujas causas não poderiam adivinhar.

244. *Raposa das raposas.* — Uma autêntica raposa chama de azedas não apenas as uvas que não pode alcançar, mas também as que alcançou na frente dos outros.

245. *Nas relações íntimas.* — Mesmo que as pessoas sejam bastante próximas: dentro do seu horizonte comum ainda existem os quatro pontos cardeais, e há momentos em que elas notam isso.

246. *O silêncio do asco.* — Alguém sofre, como pensador e ser humano, uma profunda e dolorosa transformação, e dá testemunho público disso. Mas os ouvintes nada percebem! Ainda acham que é exatamente o mesmo! — Essa experiência habitual já produziu asco em não poucos escritores: eles haviam estimado exageradamente a intelectualidade humana e, ao se dar conta do erro, juraram a si mesmos guardar silêncio.

247. *Seriedade nos negócios.* — Os negócios de muitos ricos e nobres são uma espécie de *repouso* de uma prolongada e costumeira *ociosidade*: por isso eles os tratam com tanta seriedade e paixão, como outras pessoas os seus raros lazeres e passatempos.

248. *Ambiguidade da visão.* — Assim como passa, pela água a teus pés, um súbito estremecimento que rebrilha, também existem, no olho humano, tais súbitas incertezas e duplicidades, em que o indivíduo se pergunta: é um arrepio? é um sorriso? são as duas coisas?

249. *Positivo e negativo.* — Esse pensador não necessita de ninguém que o refute: para isso ele se basta.

250. *A vingança da rede vazia.* — Tome-se cuidado com todos aqueles que têm o amargo sentimento do pescador que, após um dia de grande esforço, volta para casa com a rede vazia.

251. *Não fazendo valer seu direito.* — Exercer o poder custa empenho e requer coragem. Por isso, muitos não fazem valer seu bom direito, porque esse direito é uma espécie de *poder*, mas eles são muito preguiçosos ou muito covardes para exercê-lo. *Indulgência* e *paciência* chamam-se as virtudes encobridoras desses erros.

252. *Portadores de luz.* — Não haveria luz de sol na sociedade se não a trouxessem os lisonjeadores natos, quero dizer, os que chamamos de pessoas amáveis.

253. *O mais caridoso possível.* — Quando um homem acabou de ser bastante homenageado e de comer um pouco, ele é o mais caridoso possível.

254. *Em direção à luz.* — As pessoas não se comprimem em direção à luz para ver melhor, mas para brilhar melhor. — Gostamos de ver como luz aquele diante de quem brilhamos.

255. *O hipocondríaco.* — O hipocondríaco é uma pessoa que tem espírito e gosto pelo espírito que bastam justamente para tomar a sério seus sofrimentos, sua perda, seus erros: mas o terreno em que se nutre é pequeno demais: ele o forrageia de tal modo, que enfim tem de buscar os talos um a um. Nisso acaba por tornar-se invejoso e avarento — e só então é insuportável.

256. *Restituição.* — Hesíodo aconselha,[138] quando um vizinho nos ajudou, pagar-lhe na exata medida e, se possível, até mais, tão logo possamos fazê-lo. Assim o vizinho tem prazer, pois a bondade que teve lhe traz dividendos; mas também aquele que paga tem prazer, na medida em que, através de um pequeno excesso, resgata a pequena humilhação de ter sido ajudado.

257. *Mais sutil que o necessário.* — Nossa capacidade de observar se os outros percebem nossas fraquezas é muito mais sutil do que nossa capacidade de observar as fraquezas dos outros: do que resulta que é muito mais sutil que o necessário.

258. *Uma espécie luminosa de sombra.* — Bem junto às pessoas inteiramente soturnas se acha quase sempre, como que atada a elas, uma alma luminosa. É como que a sombra negativa que elas lançam.

259. *Não se vingar?* — Há tantas espécies finas de vingança, que alguém que tenha motivo para vingar-se pode fazer ou deixar de fazer o que quiser: o mundo inteiro concordará, depois de algum tempo, que ele se *vingou*. Portanto, não se vingar não depende praticamente do arbítrio de um homem: ele não pode sequer afirmar que não *quer* fazê-lo, pois o desprezo da vingança é interpretado e *sentido* como uma sublime e dolorosa vingança. — Do que resulta que não se deve fazer nada *supérfluo* — —[139]

260. *Erro na homenagem.* — Cada qual acredita dizer algo de honroso e simpático a um pensador, ao lhe mostrar como chegou, por si próprio, justamente ao mesmo pensamento e até à mesma expressão. No entanto, raramente o pensador se alegra com tais manifestações; frequentemente, isto sim, fica desconfiado do seu pensamento e da expressão deste: e decide, em segredo, revisar os dois. — É preciso, quando se deseja homenagear alguém, evitar exprimir concordância: ela situa os dois lados no mesmo nível. — Em muitos casos, é uma questão de decoro social ouvir uma opinião como se não fosse a nossa, e até como se estivesse além do nosso horizonte: por exemplo, quando um homem idoso e de vasta experiência nos abre, de modo excepcional, o escrínio de seus conhecimentos.

261. *Carta.* — A carta é uma visita não anunciada, o carteiro é o mediador de indelicadas surpresas. Deveríamos ter uma hora por semana para receber cartas, e depois tomar um banho.

262. *O prevenido.* — Alguém disse: sou *prevenido* contra mim desde criança: por isso vejo em cada censura alguma verdade, e em cada elogio alguma estupidez. Em geral, estimo demasiadamente a censura e demasiado pouco o elogio.

263. *O caminho para a igualdade.* — Algumas horas subindo uma montanha fazem de um patife e de um santo criaturas mais ou menos iguais. O cansaço é o caminho mais curto para a *igualdade* e a *fraternidade* — e, por fim, a *liberdade* é trazida pelo sono.

264. *Calúnia.* — Achando traços de uma suspeita realmente infamante, não devemos buscar sua origem em nossos *inimigos*; pois eles perderiam o crédito como inimigos, se inventassem algo assim sobre nós. No entanto, aqueles para quem fomos utilíssimos durante um certo tempo, mas que, por algum motivo, secretamente podem estar seguros de nada mais obter de nós — esses são capazes de fazer circular a infâmia: eles inspiram crédito, primeiro porque se supõe que nada inventariam que pudesse prejudicar também eles mesmos; e, depois, por terem nos conhecido mais de perto. — Como consolo, o indivíduo gravemente caluniado pode dizer a si mesmo: calúnias são doenças de outros que se manifestam no teu corpo; elas mostram que a sociedade é um só corpo (moral), de maneira que podes empreender *em ti* o tratamento que deve ajudar os outros.

265. *O reino do céu infantil.* — A felicidade das crianças é um mito, tanto como a felicidade dos hiperbóreos, de que falavam os gregos.[140] Se existe felicidade na Terra, acreditavam eles, certamente seria o mais longe possível de nós, nos confins da Terra. De modo semelhante pensam os mais velhos: se alguém pode ser feliz, certamente será o mais longe possível de *nossa* idade, no limite ou começo da vida. Para muitas pessoas, a visão das crianças, *através* do véu desse mito, é a maior felicidade de que podem participar: elas próprias chegam ao vestíbulo do céu, ao dizerem: "Deixai vir a mim as crianças, pois delas é o reino do céu".[141] — O mito do reino do céu infantil sempre vigora de alguma maneira, onde quer que haja sentimentalismo no mundo moderno.

266. *Os impacientes.* — Precisamente quem está vindo a ser não admite o vir-a-ser: é impaciente demais para isso. O jovem não quer esperar até que, após longos estudos, sofrimentos e privações, seu quadro das pessoas e das coisas esteja completo: então aceita, de boa-fé, um outro que está pronto e lhe é oferecido, como se este lhe antecipasse as linhas e cores do *seu* quadro, ele se entrega a um filósofo, um poeta, e durante muito tempo tem que labutar como um servo e negar a si mesmo. Nisso, um jovem aprende muita coisa: mas frequentemente esquece o mais digno de aprendizado e conhecimento: esquece a si mesmo; pelo resto da vida continua a ser um partidário. Ah, é grande o tédio a vencer, é preciso muito suor, até alguém achar suas cores, seu pincel, sua tela! — E ainda está longe de ser mestre em sua arte de viver — mas, pelo menos, é senhor em sua própria oficina.

267. *Não há educadores.* — Como pensador, só se deveria falar de educação por si próprio. A educação da juventude por outros é ou um experimento realizado em alguém desconhecido, incognoscível, ou uma nivelação por princípio, para adequar o novo ser, seja qual for, aos hábitos e costumes vigentes: nos dois casos, portanto, algo indigno do pensador, obra de pais e professores, que um desses audazes honestos[142] chamou de *nos ennemis naturels* [nossos inimigos naturais]. — Um dia, quando há muito tempo estamos educados, segundo a opinião do mundo, *descobrimos a nós mesmos*: começa então a tarefa do pensador, é tempo de solicitar-lhe ajuda — não como um educador, mas como um autoeducado que tem experiência.

268. *Compaixão pela juventude.* — Causa-nos pena saber que um jovem já perde os dentes, que um outro já fica cego. Se soubéssemos tudo o que há de irrevogável e desesperançado em sua vida, como seria grande então a pena! — Por que *sofremos* aí realmente? Porque a juventude deve prosseguir o que *nós* empreendemos, e toda ruptura e diminuição de sua força prejudicará a *nossa* obra, que passa para as suas mãos. É a pena pela má garantia de nossa imortalidade: ou, se nos sentirmos apenas cumpridores da missão da humanidade, a pena de que essa missão tenha de cair em mãos mais fracas do que as nossas.

269. *As idades da vida.* — A comparação das quatro estações do ano com as quatro idades da vida é uma veneranda tolice. Nem os primeiros vinte anos nem os últimos vinte correspondem a uma estação do ano: desde que não nos limitemos, na comparação, ao branco dos cabelos e da neve e semelhantes brincadeiras de cores. Os primeiros vinte anos são uma preparação para o conjunto da vida, para o inteiro ano da vida, como uma espécie de longo dia de Ano-Novo; e os últimos vinte anos passam em revista, interiorizam, ordenam e harmonizam tudo o que antes se viveu: tal como se faz, em menor escala, com todo o ano que passou, em cada véspera de Ano-Novo. Mas entre eles há, de fato, um período de tempo que sugere a comparação com as estações do ano: o período entre os vinte e os cinquenta anos (calculando aqui em bloco, por decênios, quando é claro que cada um deve refinar essas vagas indicações conforme a sua experiência). Esse triplo espaço de dez anos corresponde a três estações: o verão, a primavera e o outono — na vida humana não há inverno, a menos que se queira aplicar o termo aos frios, solitários, faltos de esperança, infecundos *períodos de doença*, infelizmente nada raros. Dos vinte aos trinta: anos quentes, incômodos, tempestuosos, luxuriantes, fatigantes, em que à noite louvamos o dia, quando ele chega ao fim, e enxugamos a testa: anos em que o trabalho nos parece duro, mas necessário — esses anos vinte são o *verão* da vida. Os anos trinta, por outro lado, são a *primavera*: o ar é ora muito quente ora muito frio, sempre inquieto e estimulante, seiva a brotar, exuberância de folhas, aroma de flores, muitas manhãs e noites encantadoras, o trabalho, para o qual o canto das aves nos desperta, um verdadeiro trabalho do coração, uma espécie de fruição do próprio vigor, fortalecido por esperanças antegozadas. Por fim, os anos quarenta: misteriosos, como tudo que não se move; semelhantes a um vasto altiplano em que sopra um vento fresco; com um claro céu sem nuvens, que durante o dia e noite adentro sempre olha com mansidão: o tempo da colheita e mais afetuosa serenidade — o *outono* da vida.

270. *O espírito das mulheres na sociedade de hoje.* — O que as mulheres pensam hoje do espírito dos homens pode ser percebido do fato de que, em sua arte do adorno, a última coisa em que se preocupam é enfatizar o espírito de seus traços ou as particularidades espirituosas de seu rosto: elas antes ocultam essas coisas, e sabem — pelo arranjo dos cabelos sobre a testa, por exemplo — exprimir uma sensualidade e não espiritualidade ávida e vivaz, justamente quando possuem pouco essas características. Sua convicção de que o espírito, na mulher, assusta os homens, vai ao ponto de elas mesmas preferirem negar a agudeza de seu espírito e intencionalmente atraírem a reputação de *estreiteza*; assim elas creem tornar os homens mais confiantes: é como se ao seu redor se espalhasse uma branda e convidativa penumbra.

271. *Grande e fugaz.* — Aquilo que move o observador até as lágrimas é o encantado olhar de felicidade com que uma mulher jovem e bela olha para seu esposo. Sente-se, ali, toda a melancolia outonal, tanto pela grandeza como pela transitoriedade da felicidade humana.

272. *Senso de sacrifício.* — Mais de uma mulher tem o *intelletto del sacrifizio*, e não mais se alegra na vida se o esposo não quer sacrificá-la: então não sabe o que fazer com seu entendimento, e súbito se transforma de sacrificada em sacrificante.

273. *O não feminino.* — "Tolo como um homem", dizem as mulheres; "covarde como uma mulher", dizem os homens. A tolice é, na mulher, o *não feminino.*

274. *Os temperamentos masculino e feminino e a mortalidade.* — O fato de o sexo masculino ter um temperamento pior que o feminino também deriva de os garotos serem mais passíveis de morrer que as garotas, claramente porque "arrebentam de raiva" com mais facilidade: sua selvageria e incompatibilidade exacerbam facilmente todos os males e os tornam mortais.

275. *O tempo das construções ciclópicas.* — A democratização da Europa é irresistível: quem a ela se opõe, adota precisamente os meios que só a ideia democrática pôs ao alcance de todos, e torna esses próprios meios mais manejáveis e eficazes: e os adversários por princípio da democracia (quero dizer, os espíritos subversores) parecem existir apenas para, através do medo que inspiram, impulsionar os diferentes partidos cada vez mais pelo caminho democrático. Mas é possível, de fato, sentir medo aos que agora trabalham consciente e honestamente em prol desse futuro: há algo desolado e uniforme em seus rostos, e o pó cinzento parece haver penetrado até seus cérebros. No entanto, pode ser que a posteridade ria desse nosso medo, e veja o trabalho democrático de uma série de gerações mais ou menos como nós vemos a construção de barragens e muralhas — como uma atividade que necessariamente lança muita poeira sobre os rostos e vestes e inevitavelmente torna os trabalhadores um tanto estúpidos; mas quem desejaria que, por causa disso, essas obras não tivessem sido feitas? Parece que a democratização da Europa é um elo na cadeia das tremendas *medidas profiláticas* que são a ideia do novo tempo e com que nos distinguimos da Idade Média. Agora é o tempo das construções ciclópicas! Derradeira segurança nos alicerces, para que todo futuro possa construir sobre eles sem perigo! Impossibilidade, doravante, de os campos da cultura serem novamente destruídos, da noite para o dia, por selvagens e absurdas torrentes da montanha! Barragens e muralhas contra os bárbaros, contra as pestes, contra a *servidão física e espiritual*! E tudo isso compreendido de forma literal e grosseira de início, mas gradualmente de forma cada vez mais elevada e espiritual, de modo que todas as medidas aqui indicadas pareçam ser a engenhosa preparação geral do supremo artista da jardinagem, que poderá voltar-se para sua verdadeira tarefa apenas quando aquela estiver plenamente realizada! — É certo que, dados os amplos períodos que aqui se estendem entre os meios e os fins, o grande, enorme esforço, mobilizador da força e do espírito de séculos inteiros, que já é necessário para criar ou arranjar cada um desses meios, não se pode julgar muito severamente os que trabalham com o presente, quando declaram que o muro e a treliça já são a meta e o objetivo final; pois ninguém vê ainda o jardineiro e as plantas frutíferas, *devido aos quais* existe a treliça.

276. *O direito do sufrágio universal.* O povo não deu a si próprio o sufrágio universal, ele o recebeu e aceitou provisoriamente, em toda parte onde hoje vigora; em todo caso, tem o direito de devolvê-lo, se não satisfizer suas esperanças. É o que parece acontecer agora em toda parte: pois, se em qualquer ocasião em que é utilizado, mal vão às urnas dois terços, talvez nem a maioria dos habilitados a votar, então esse é um voto *contra* o inteiro sistema eleitoral. — Deve-se julgar ainda mais severamente nesse ponto. Uma lei que determina que a maioria tem a decisão última acerca do bem de todos, não pode ser edificada sobre a base que apenas ela mesma proporciona: requer necessariamente uma base mais ampla, e esta é o *consenso unânime*. O sufrágio universal não pode ser apenas a expressão de uma vontade da maioria: a nação inteira precisa desejá-lo. Por isso basta a oposição de uma pequena minoria para rejeitá-lo como sendo impraticável: e a *abstenção* numa eleição constitui precisamente uma tal oposição, que faz cair todo o sistema do voto. O "veto absoluto" do indivíduo, ou, para não cair em miudeza, o veto de uns poucos milhares, paira sobre esse sistema, na coerência

da justiça: a cada utilização que dele se faz, ele tem de provar, conforme a natureza da participação, que *existe por direito*.

277. *O mau raciocínio.* — Como raciocinamos mal em áreas onde não nos sentimos em casa, ainda que, como homens de ciência, estejamos bem acostumados ao bom raciocínio! É vergonhoso! E está claro que no grande movimento do mundo, nas questões da política, nas coisas súbitas e prementes que quase todo dia aparecem, é justamente o *mau raciocínio que decide*: pois ninguém se acha inteiramente em casa naquilo que irrompeu da noite para o dia; toda atividade política, mesmo entre os maiores estadistas, é improvisação ao deus-dará.

278. *Premissas da era da máquina.* — A imprensa, as máquinas, a ferrovia, o telégrafo são premissas, cuja conclusão milenar ninguém ousou ainda tirar.

279. *O freio da cultura.* — Quando escutamos que ali os homens não têm tempo para negócios produtivos; exercícios militares e desfiles lhes tomam o dia inteiro, e o resto da população tem que alimentá-los e vesti-los, mas seu traje é chamativo, muitas vezes colorido e cheio de extravagâncias; que ali são reconhecidos poucos traços diferenciadores, os indivíduos se parecem mais que em outros lugares, ou, de toda forma, são tratados como iguais; que ali se exige e se presta obediência sem compreensão: ordena-se, mas evita-se convencer; ali as punições são poucas, mas essas poucas são duras e rapidamente chegam ao extremo, ao mais terrível; ali a traição é vista como o maior dos crimes, só os mais corajosos se atrevem à simples crítica dos males; que uma vida humana é barata, e a ambição frequentemente assume uma forma que põe em perigo a vida; — quem ouve tudo isso, logo diz: "É o quadro de uma *sociedade bárbara, que se acha em perigo*". Talvez alguém acrescente: "É o retrato de Esparta"; mas um outro pode ficar pensativo e acreditar que seja *nosso moderno militarismo*, tal como existe no meio de nossa cultura e sociedade de natureza diferente, como um

vivo anacronismo, como o quadro, já se disse, de uma sociedade bárbara, que se acha em perigo, como uma obra póstuma do passado, que pode ter apenas o valor de um freio para as rodas do presente. — Mas, às vezes, também um freio é altamente necessário para a cultura: quando a descida ou, como pode ser o caso, a *subida* é rápida demais.

280. *Mais respeito pelos que sabem!* — Na concorrência que sofrem o trabalho e os vendedores, o *público* tornou-se o juiz do produto do trabalho: mas não tem saber profissional, julgando conforme a *aparência* de qualidade. Em consequência, a arte da aparência (e talvez o gosto) deverá crescer, sob o império da competição, e, por outro lado, a qualidade dos produtos todos deverá cair. Portanto, desde que a razão não perca seu valor, em algum momento se acabará essa competição e um novo princípio triunfará sobre ela. Apenas o mestre fabricante deveria julgar a obra, e o público dependeria da confiança na pessoa do julgador e em sua probidade. Logo, nada de trabalho anônimo! Pelo menos, um especialista deveria figurar como avalista dele e dar o *seu* nome como penhor, quando falta ou não tem ressonância o nome do autor. O *baixo preço* de uma obra é, para o leigo, outra forma de engano, pois apenas a *durabilidade* determina se e até que ponto uma coisa é barata; mas ela é de avaliação difícil e, para o leigo, impossível. — Ou seja: o que impressiona a vista e custa pouco é o que agora predomina — e, naturalmente, isso será o produto da máquina. Por sua vez, a máquina, isto é, a causa da maior rapidez e facilidade na produção, também favorece o tipo mais *vendável*: de outro modo não se faz um ganho considerável com ela; seria muito pouco utilizada e ficaria frequentemente parada. Mas, como disse, é o público que determina o que é mais vendável: tem de ser o que mais engana, ou seja, o que *parece* bom e também *parece* barato. Logo, também no âmbito do trabalho nosso lema deve ser: "Mais respeito pelos que sabem!".

281. *O perigo para os reis.* — A democracia é capaz, sem meio violento algum, apenas por uma contínua pressão legal, de *solapar* a monarquia ou império: até que venha a sobrar um zero, talvez, *querendo-se*, com o significado de todo zero, de nada ser em si, mas, posto do lado direito, multiplicar por dez o *efeito* de um número. A monarquia permaneceria como um esplêndido ornamento no traje simples e prático da democracia, a bela superfluidade que esta se permite, o resíduo dos adornos ancestrais historicamente veneráveis, o símbolo mesmo da própria história — e, nessa particularidade, algo bastante eficaz, se, como disse, não figurar por si só, mas for *situado* corretamente. — A fim de evitar o perigo do solapamento, os reis agora se apegam, com unhas e dentes, à sua dignidade de *príncipes guerreiros*: para isso necessitam de guerras, ou seja, estados de exceção em que é interrompida a lenta pressão legal das forças democráticas.

282. *O professor, um mal necessário.* — O menor número possível de pessoas entre os espíritos produtivos e os espíritos famintos e receptivos! Pois os *mediadores* falseiam quase automaticamente a nutrição que transmitem: e querem, como pagamento por sua intermediação, muita coisa *para si*, que então é tirada dos espíritos originais, produtivos: a saber, interesse, admiração, tempo, dinheiro, etc. — Portanto: veja-se o *professor* como um mal necessário, exatamente igual ao comerciante: como um mal que devemos tornar o *menor* possível! — Se a miséria das condições alemãs atuais talvez tenha sua principal razão no fato de muitos quererem viver — e viver bem — do comércio (ou seja, de procurarem diminuir ao máximo os preços do produtor e subir ao máximo os preços para o consumidor, beneficiando-se da máxima desvantagem de ambos): então podemos ver no grande número de professores uma das principais razões da miséria intelectual: por causa disso aprende-se tão pouco e tão mal.

283. *O imposto da estima.* — Se alguém que conhecemos e respeitamos, um médico, artista, artesão, faz alguma coisa para nós, de boa vontade lhe pagamos bem, às vezes até além de nossos meios: por outro lado, a um desconhecido pagamos o mínimo que podemos; eis uma luta em que cada qual combate e se faz combater por um palmo de terreno. No trabalho que o conhecido faz *para nós* há algo de *impagável*, o sentimento e a invenção nele colocados *por nossa causa*: nós acreditamos só poder exprimir a percepção que temos disso por uma espécie de *sacrifício* de nossa parte. — O mais alto imposto é o da *estima*. Quanto mais vigora a concorrência e as pessoas compram de desconhecidos e trabalham para desconhecidos, tanto mais baixo se torna esse imposto, quando ele é justamente a medida para a altura das *trocas* entre as almas humanas.

284. *O meio para a paz verdadeira.* — Nenhum governo admite, atualmente, que mantém um exército para satisfazer eventuais desejos de conquista; é para a defesa que ele deve servir. A moral que aprova a legítima defesa é chamada como advogada. Mas isso significa reservar para si a moralidade e para o vizinho a imoralidade, pois ele tem de ser imaginado como sequioso de ataque e de conquista, se o nosso Estado deve necessariamente pensar nos meios de legítima defesa; além disso, se, exatamente como o nosso Estado, ele nega a ânsia de ataque e mantém o exército supostamente por motivos de defesa, com nossa explicação de por que precisamos de um exército nós o declaramos um hipócrita e um astuto criminoso, que bem gostaria de *surpreender*, sem luta, uma vítima inofensiva e canhestra. Assim se colocam atualmente os Estados: cada qual pressupõe a má disposição do vizinho e a boa disposição própria. Mas tal pressuposição é uma *desumanidade* tão ruim ou pior do que a guerra: no fundo, já constitui até mesmo incitação e causa para a guerra, porque, como disse, atribui ao vizinho a imoralidade, e com isso parece provocar a atitude e os atos hostis. Deve-se renunciar à doutrina do exército como meio de defesa tão radicalmente quanto aos anseios de conquista. E virá talvez o grande dia em que um povo, tendo se distinguido por guerras e triunfos, pelo mais alto desenvolvimento da ordem e da inteligência militares, e habituado a fazer os maiores sacrifícios por tais coisas, proclamará espontaneamente: "*Estamos quebrando a espada*" — e desmontará por completo as suas forças armadas. *Fazer-se indefeso quando se era o mais armado*, a partir da *altura* do sentimento — este é o meio para a paz *verdadeira*, que sempre deve assentar numa paz da disposição: enquanto a assim chamada paz armada, tal como agora se vê em todos os países, é a disposição para a cizânia, que não confia em si nem no vizinho e, meio por ódio, meio por medo, não depõe suas armas. É melhor perecer do que odiar e temer, e *duas vezes melhor perecer do que fazer-se odiado e temido* — essa deverá ser também, algum dia, a máxima suprema de toda sociedade-Estado! Como se sabe, nossos representantes do povo liberais não têm tempo para refletir sobre a natureza humana: senão saberiam que trabalham em vão, ao se empenhar numa "gradual diminuição do lastro militar". Apenas quando essa espécie de problema atingir o máximo estará também próxima a espécie de deus que pode ajudar. A árvore da glória militar pode ser destruída apenas de uma vez, através de um raio: mas o raio, como vocês sabem, vem das nuvens — das alturas. —

285. *A propriedade pode se conciliar com a justiça?* — Se a injustiça da propriedade é fortemente sentida — o ponteiro do grande relógio está novamente nessa posição —, fala-se em dois meios para remediá-la: primeiro, uma distribuição igual; depois, a abolição da propriedade e o retorno dos bens à comunidade. Esse último é particularmente caro aos nossos socialistas, que estão zangados com aquele antigo judeu, por haver dito: "Não roubarás". Segundo eles, o sétimo mandamento deveria ser: "Não possuirás". A primeira receita foi experimentada com frequência na Antiguidade, sempre em pequena escala, é verdade, mas com um insucesso que também para nós pode ser instrutivo. — "Lotes de terra iguais" é coisa fácil de dizer; mas quanta amargura não é gerada pelo dividir e separar que então se faz necessário, pela perda de bens há muito venerados, quanta devoção não é ferida e sacrificada! Revolve-se a moralidade, quando se revolvem os marcos de limites. E quanta amargura, novamente, entre os novos proprietários, quanto ciúme e olhar oblíquo, pois jamais existiram dois lotes de terra verdadeiramente iguais e, se existissem, a inveja humana ao vizinho não acreditaria em sua igualdade. E quanto tempo durou essa igualdade malsã e já envenenada na raiz? Em poucas gerações, aqui um lote foi legado em herança para cinco pessoas, ali passaram cinco lotes para uma pessoa: e, se esses males fossem evitados mediante severas leis de herança, continuaria havendo os lotes iguais, mas também necessitados e insatisfeitos que nada possuiriam, exceto o desgosto com parentes e vizinhos e o desejo de subversão das coisas. — Mas, se, conforme a *segunda* receita, pretende-se restituir a propriedade à *comunidade* e fazer do indivíduo apenas um rendeiro temporário, destrói-se com isso a terra de cultivo. Pois o homem lida sem cuidado e sacrifício com o que possui apenas provisoriamente, age de forma predadora, como bandoleiro ou negligente esbanjador. Se Platão acha que o egoísmo é abolido juntamente com a abolição da propriedade, devemos lhe responder que, retirado o egoísmo do ser humano, de todo modo não lhe restarão as quatro virtudes cardinais — assim como se deve dizer que a pior peste não prejudicaria tanto a humanidade quanto se a vaidade desta desaparecesse um dia. Sem vaidade e egoísmo — que são as virtudes humanas? Com o que nem de longe se pretende dizer que sejam apenas nomes e máscaras daqueles. O refrão básico da utopia de Platão, que ainda hoje continua a ser cantado pelos socialistas, repousa num conhecimento falho do ser humano: nele falta o exame histórico dos sentimentos morais, a penetração na origem dos atributos bons e úteis da alma humana. Como toda a Antiguidade, ele acreditava no bem e no mal como no preto e no branco: ou seja, numa radical diferença entre homens bons e maus, atributos bons e ruins. — Para que, de ora em diante, a propriedade inspire mais confiança e se torne mais moral, mantenham-se abertas as vias que, pelo trabalho, levem à *pequena* fortuna, mas impeça-se o enriquecimento repentino e sem esforço; sejam tirados das mãos de particulares e sociedades privadas todos os ramos do transporte e do comércio que favorecem o acúmulo de *grandes* fortunas, sobretudo o comércio de dinheiro — e sejam vistos como seres perigosos para a comunidade tanto aquele que possui demais como aquele que nada possui.

286. *O valor do trabalho.* — Se quisermos determinar o valor do trabalho segundo a quantidade de tempo, aplicação, boa ou má vontade, coação, inventividade ou preguiça, honestidade ou dissimulação que nele é empregada, então o valor jamais pode ser *justo*; pois teríamos de colocar a pessoa inteira na balança, o que é impossível. Nisso devemos dizer: "Não julguem!". Mas é precisamente o apelo por justiça que agora ouvimos daqueles que estão insatisfeitos com a avaliação do trabalho. Pensando um pouco mais, vemos cada personalidade como não responsável por seu produto, o trabalho: logo, nunca se pode deduzir um *mérito* dele, cada trabalho é tão bom ou tão ruim quanto tem de ser nessa ou naquela constelação necessária de forças e fraquezas, conhecimentos e anseios. Não é a seu bel-prazer que o trabalhador decide se trabalha, nem *como* trabalha. Apenas os critérios de *utilidade*, mais estreitos ou mais amplos, criaram valorações do trabalho. O que agora denominamos justiça vem a propósito nesse terreno, como uma bem refinada utilidade que não apenas considera o momento e explora a ocasião, mas visa a permanência de todas as condições e, por isso, leva em conta o bem do trabalhador, sua satisfação física e psíquica — *para que* ele e seus descendentes trabalhem bem para os nossos descendentes também, e sejam confiáveis por períodos de tempo mais longos do que o da vida humana individual. A *exploração* do trabalhador foi, como se compreende agora, uma estupidez, um esgotamento do solo às expensas do futuro, um grande risco para a sociedade. Hoje em dia temos quase guerra: e, em todo caso, os custos para manter a paz, para fechar acordos e inspirar confiança serão imensos de agora em diante, porque imensa e prolongada foi a tolice dos exploradores.

287. *O estudo do corpo social.* — O pior, para quem hoje quer estudar economia e política na Europa, em especial na

Alemanha, está em que as reais condições, em vez de exemplificar as *regras*, exemplificam a *exceção* ou os estágios de *transição e desenlace*. Por isso deve-se antes aprender a enxergar além do real imediato e, por exemplo, dirigir o olhar mais ao longe, à América do Norte — onde se pode, *querendo-se*, ver com os olhos e procurar os movimentos incipientes e normais do corpo social — enquanto na Alemanha, para isso, são necessários difíceis estudos históricos ou, como disse, binóculos.

288. *Até que ponto a máquina humilha.* — A máquina é impessoal, subtrai à obra seu orgulho, o que tem de individualmente *bom* e *defeituoso*, o que é inerente a todo trabalho não realizado à máquina — ou seja, seu tanto de humanidade. Antes, toda compra feita a artesãos era uma *distinção da pessoa*, e o comprador cercava-se de distintivos dela: os móveis, utensílios e vestimentas tornaram-se, dessa maneira, símbolos de mútua apreciação e afinidade pessoal, enquanto hoje parecemos viver apenas em meio a uma anônima e impessoal escravidão. — Não se deve pagar um preço alto demais pela facilitação do trabalho.

289. *Quarentena de cem anos.* — As instituições democráticas são medidas de quarentena para a antiga peste dos desejos tirânicos: como tais, são muito úteis e muito enfadonhas.

290. *O adepto mais perigoso.* — O adepto mais perigoso é aquele cuja defecção aniquilaria o partido: ou seja, o melhor adepto.

291. *O destino e o estômago.* — Um pão com manteiga a mais ou a menos no corpo do jóquei pode decidir corridas e apostas, ou seja, a felicidade ou desgraça de milhares de pessoas. — Enquanto o destino das nações ainda depender dos diplomatas, os estômagos dos diplomatas sempre serão objeto de patriótica aflição. *Quousque tandem* —[143]

292. *Vitória da democracia.* — Atualmente todos os poderes políticos buscam explorar o medo do socialismo, a fim de se fortalecer. A longo prazo, no entanto, apenas a democracia tira vantagem disso: pois *todos* os partidos são agora obrigados a lisonjear o "povo" e lhe proporcionar facilidades e liberdades de todo tipo, com as quais, enfim, ele se torna onipotente. O povo se acha bem distante do socialismo enquanto doutrina da mudança na aquisição da propriedade: e, quando, graças às maiorias em seus parlamentos, tiver em mãos o torniquete dos impostos, atacará a elite capitalista, comercial e financeira com o imposto progressivo e, aos poucos, criará realmente uma classe média que estará em condição de *esquecer* o socialismo, como uma doença superada. — O resultado prático dessa democratização que se espraia será, inicialmente, uma liga europeia de nações, em que cada nação, delimitada segundo as conveniências geográficas, terá a posição e os direitos especiais de um cantão: já não serão muito consideradas as lembranças históricas das nações até então havidas, pois o senso de devoção para com elas será gradualmente erradicado, sob o governo do princípio democrático, sequioso de novidades e experimentos. As correções de fronteiras, que se farão aí necessárias, serão feitas de modo a servir ao *interesse* dos cantões grandes e de toda a associação ao mesmo tempo, mas não à memória de algum passado envelhecido; achar os critérios para essas correções será tarefa dos futuros *diplomatas*, que terão de ser estudiosos da cultura, agrônomos e especialistas em comunicações ao mesmo tempo, e de contar com o apoio de motivos e utilidades. Só então a política *exterior* será indissoluvelmente ligada à política *interna*: enquanto agora essa última sempre corre atrás de sua orgulhosa senhora, juntando numa miserável cestinha os tocos de espigas que sobraram da colheita daquela.

293. *Fins e meios da democracia.* — A democracia quer criar e garantir *independência* para o maior número possível de pessoas: independência de opiniões, de modo de viver e de ganhar a vida. Para isso ela necessita privar tanto os despossuídos como os realmente ricos do direito de voto: são as duas classes de pessoas não permitidas, em cuja eliminação ela tem de se empenhar continuamente, pois elas sempre colocam em questão a sua tarefa. Tem que impedir, igualmente, tudo o que parece visar à organização de partidos. Pois os três grandes inimigos da independência mencionada são os indigentes, os ricos e os partidos. — Falo da democracia como de algo ainda por vir. O que agora assim é chamado se distingue das formas de governo mais velhas apenas por andar com *cavalos novos*: as ruas são ainda as mesmas, e também as rodas. — O perigo realmente se tornou menor com *esses* veículos do bem-estar dos povos?

294. *A ponderação e o êxito.* — Essa grande característica da ponderação, que é, no fundo, a virtude das virtudes, sua bisavó e rainha, não tem sempre o êxito a seu lado, de maneira alguma; e o pretendente que a cortejasse apenas para alcançar o êxito ficaria decepcionado. Pois entre as pessoas *práticas* ela é tida por suspeita e confundida com perfídia e astúcia hipócrita: quem claramente carece de ponderação — o homem que age de modo rápido e, às vezes, atabalhoado, tem a seu favor o preconceito de que é um camarada sincero e confiável. As pessoas práticas não gostam do indivíduo ponderado, ele é, acreditam, um perigo para elas. Por outro lado, ele é facilmente considerado medroso, acanhado, pedante — as pessoas pouco práticas e que gozam a vida o acham incômodo, pois não vive ligeiramente como elas, sem pensar nos atos e deveres: parece-lhes sua consciência encarnada, e, quando o veem, o dia claro se lhes torna pálido. Se, portanto, faltam-lhe o sucesso e a estima geral, ele sempre pode dizer, consolando-se: “São assim altos os *impostos* que você tem de pagar pela posse do bem mais precioso entre os homens — ele vale a pena!”.

295. *Et in Arcadia ego.*[144] — Olhei para baixo, por sobre ondas de colinas, em direção a um lago verde-leitoso, através de abetos e pinheiros graves e idosos: em torno a mim, rochas de todo tipo e tamanho, e o chão colorido de flores e ervas. Um rebanho se movia, estendendo-se à minha frente; algumas vacas e grupos de vacas mais ao longe, na intensa luz vespertina, junto ao pinhal; outras mais próximas, mais obscuras; tudo em paz, no contentamento vespertino. O relógio apontava cerca de cinco e meia. O touro do rebanho entrara no riacho branco, espumante, e lentamente seguia, resistindo ou cedendo, seu curso impetuoso: era a sua espécie de furioso prazer. Duas criaturas morenas, de origem bergamasca, eram os pastores: a garota vestida quase como rapaz. À esquerda, encostas e campos de neve, sobre largos cinturões de bosque; à direita, dois picos nevados, muito acima de mim, pairando no véu da bruma solar — tudo grande, silencioso e claro. A beleza do todo produzia tremor, e muda adoração do momento de sua revelação: involuntariamente, como se nada fosse mais natural, imaginava-se heróis gregos nesse puro, intenso mundo luminoso (que nada tinha de nostálgico, expectante, que olhasse para a frente e para trás); era inevitável sentir como Poussin e seu aluno: de maneira idílica e heroica ao mesmo tempo.[145] — E assim *viveram* também certos indivíduos, que permanentemente *sentiram* a si no mundo e o mundo em si, e entre eles um dos maiores homens, o inventor de um modo heroico-idílico de filosofar: Epicuro.

296. *Calcular e medir.* — Ver muitas coisas, sopesá-las, descontar umas das outras e delas tirar uma rápida conclusão, uma soma razoavelmente segura — isso produz o grande político, general, comerciante: — ou seja, a velocidade numa espécie de cálculo mental. Ver *uma só* coisa, nela encontrar o único motivo para agir, o juiz de todo o agir restante, isso produz o herói, e também o fanático — ou seja, a facilidade para medir com uma só vara.

297. *Não querer ver prematuramente.* — Enquanto vivenciamos algo, devemos nos entregar à vivência e fechar os olhos, isto é, não agir como observador já *dentro* dela. Pois isso atrapalharia a boa assimilação da vivência: em vez de uma sabedoria, obteríamos dela uma indigestão.

298. *Da prática do sábio.* — Para se tornar sábio, é preciso *querer* experimentar certas vivências, ou seja, cair deliberadamente em suas goelas. Algo certamente muito perigoso: mais de um "sábio" já foi aí devorado.

299. *O cansaço do espírito.* — Nossa ocasional indiferença e frieza para com as pessoas, que é interpretada como dureza e deficiência de caráter em nós, muitas vezes é apenas cansaço do espírito: nesse caso, os outros, assim como nós mesmos, nos são indiferentes ou importunos.

300. *"Uma só coisa é necessária."*[146] — Quando se é inteligente, a única coisa que importa fazer é ter alegria no coração. — Oh, acrescentou alguém, quando se é inteligente, o melhor a fazer é ser sábio.

301. *Um atestado de amor.* — Alguém disse: "Acerca de duas pessoas nunca refleti profundamente: é o atestado de meu amor por elas".

302. *Como procuramos melhorar maus argumentos.* — Alguns enviam atrás de seus maus argumentos um tanto de sua personalidade, como se assim estes percorressem melhor sua trajetória e se tornassem argumentos retos e bons; como os jogadores de boliche que, após o arremesso, procuram dar direção à bola mediante gestos e acenos.

303. *A honestidade.* — Ainda é pouco, quando alguém é uma pessoa exemplar no tocante a direitos e propriedade; quando, por exemplo, o menino nunca retira frutas de pomares alheios, e o homem não corre sobre campos não ceifados — para tomar coisas pequenas, que, como se sabe, são uma prova melhor dessa espécie de exemplaridade do que as grandes. Ainda é pouco: não se é mais, então, que uma "pessoa jurídica", com esse grau de moralidade de que até uma "sociedade", uma aglomeração humana, é capaz.

304. *Homem!* — Que é a vaidade do mais vaidoso ser humano ante a vaidade que tem o mais modesto deles, ao sentir-se como "homem" na natureza e no mundo!

305. *A ginástica mais necessária.* — Devido à ausência de autocontrole nas pequenas coisas, esfarela-se a capacidade para o grande autocontrole. Cada dia em que, ao menos uma vez, não nos privamos de algo pequeno, é mal aproveitado e um perigo para o dia seguinte: essa ginástica é indispensável, quando se quer manter a alegria de ser senhor de si.

306.[147] *Perder a si mesmo.* — Uma vez tendo se encontrado, é preciso saber *perder-se* de vez em quando — e depois novamente se encontrar: contanto que se seja um pensador. Pois para este é prejudicial estar sempre ligado a uma só pessoa.

307. *Quando é necessário despedir-se.* — Daquilo que você quer conhecer e medir é necessário despedir-se, ao menos por algum tempo. Apenas depois de abandonar a cidade você percebe como as torres se erguem acima das casas.

308. *No meio-dia.* — A quem foi dada uma ativa e tempestuosa manhã da vida, a alma é tomada, no meio-dia da vida, de um peculiar anseio de repouso, que pode durar meses e anos. Faz-se silêncio em torno dele, as vozes soam cada vez mais distantes; o sol cai a pique sobre ele. Numa oculta clareira do bosque, ele vê o grande Pã a dormir; todas as coisas da natureza adormeceram juntamente com ele, uma expressão de eternidade no rosto — assim lhe parece. Ele nada quer, com nada se preocupa, seu coração está parado, apenas o olhar está vivo — é uma morte de olhos abertos. O homem vê, então, muita coisa que nunca viu, e, até onde enxerga, tudo está envolto numa rede de luz e como que nela sepultado. Ele se sente feliz, mas é uma felicidade pesada. — Enfim o vento se ergue nas árvores, o meio-dia passou, a *vida* o arrebata novamente para si, a vida de olhos cegos, atrás da qual se precipita seu cortejo: desejo, engano, esquecimento, fruição, aniquilação, transitoriedade. E assim vem a tarde, mais tempestuosa e mais plena de ações do que até mesmo a manhã. — Para os homens verdadeiramente ativos, os estados de conhecimento mais prolongados parecem quase inquietantes e doentios, mas não desagradáveis.

309. *Evitar seu pintor.* — Um grande pintor, que descobriu e fixou num retrato a expressão e o instante mais plenos de que um homem é capaz, quase sempre acreditará ver apenas uma caricatura desse homem, ao reencontrá-lo depois na vida real.

310. *Os dois princípios da nova vida.* — *Primeiro princípio*: deve-se organizar a vida tendo em vista o que é mais seguro, mais demonstrável: não, como até agora, pelo que é mais distante, mais indefinido, de horizonte mais nublado. *Segundo princípio*: deve-se estabelecer a *sequência* do muito próximo e do próximo, do seguro e do menos seguro, antes de organizar e dar uma orientação definitiva à própria vida.

311. *Perigosa irritabilidade.* — Indivíduos talentosos, mas indolentes, sempre ficam um tanto irritados quando um de seus amigos conclui um bom trabalho. Seu ciúme é despertado, eles se envergonham de sua preguiça — ou melhor, temem que o indivíduo ativo os despreze *mais* ainda então. Nesse estado de espírito eles criticam a nova obra — e sua crítica se converte em vingança, para suprema estranheza do autor.

312. *Destruição de ilusões.* — As ilusões são, sem dúvida, diversões custosas: mas destruir as ilusões é ainda mais custoso — considerado como diversão, o que é, inegavelmente, para muitas pessoas.

313. *A monotonia do sábio.* — As vacas têm, às vezes, uma expressão de surpresa, que se detém a meio caminho de se tornar pergunta. Já no olhar da inteligência superior, o *nil admirari* [nada admirar][148] se acha difundido como a monotonia de um céu sem nuvens.

314. *Não ficar doente por muito tempo.* — Evite-se ficar doente por muito tempo: pois logo os espectadores se impacientam com a habitual obrigação de mostrar compaixão, já que lhes custa um bom esforço manter longamente esse estado — e passam diretamente a suspeitar do seu caráter, concluindo: "você *merece* estar doente, e não precisamos mais nos empenhar na compaixão".

315. *Aviso aos entusiastas.* — Quem gosta de ser arrebatado e deseja ser facilmente levado às alturas, deve atentar para que não venha a *pesar* demais, que, por exemplo, não aprenda bastante e se deixe *preencher* pela ciência. Pois ela torna pesado! — cuidado, entusiastas!

316. *Saber surpreender-se.* — Quem quiser se ver tal como é, deve saber *surpreender-se*, com uma tocha na mão. Pois com o espiritual sucede o mesmo que com o físico: quem está habituado a se olhar no espelho sempre esquece a própria feiura: somente através de um pintor pode reaver a impressão dela. Mas habitua-se também ao quadro e esquece pela segunda vez a sua feiura. — Isso conforme a lei geral de que o homem não *suporta* o feio-inalterável: a menos que seja por um instante; ele o esquece ou o nega em todos os casos. — Os moralistas têm de contar com esse instante para expor suas verdades.

317. *Opiniões e peixes.* — Possuímos nossas opiniões como possuímos peixes — na medida em que somos proprietários de um viveiro. Temos de sair para pescar e ter sorte — então temos *nossos* peixes, *nossas* opiniões. Falo de opiniões vivas, de peixes vivos. Outros se satisfazem em possuir uma coleção de fósseis — "convicções", em sua cabeça.

318. *Indícios de liberdade e não liberdade.* — Satisfazer suas necessidades tanto quanto possível sozinho, embora imperfeitamente, eis a orientação para a *liberdade do espírito e da pessoa.* Deixar que muitas necessidades suas sejam satisfeitas, também as supérfluas, e tão perfeitamente quanto for possível — isso educa para a *não liberdade.* O sofista Hípias, o qual tudo o que carregava, por dentro e por fora, havia adquirido ou feito ele próprio, corresponde assim à orientação para o máximo de liberdade do espírito e da pessoa. Pouco importa que não seja tudo perfeitamente trabalhado: o orgulho remenda as partes defeituosas.

319. *Crer em si mesmo.* — Em nossa época, desconfia-se de todo aquele que acredita em si mesmo; outrora, isso bastava para fazer acreditar em si. A receita para *agora* ser acreditado é: "Não poupe a si mesmo! Se quiser colocar sua opinião numa luz digna de crédito, incendeie primeiramente sua própria casa!".

320. *Mais rico e mais pobre simultaneamente.* — Conheço alguém que já quando criança se habituara a pensar bem do intelecto dos homens, ou seja, da verdadeira dedicação deles em matéria de coisas do espírito, de sua desinteressada preferência pelo que foi reconhecido como verdadeiro e assim por diante, mas a ter em conta modesta, e até mesmo pobre, sua própria cabeça (julgamento, memória, presença de espírito, fantasia). Dava-se pouco valor, comparando-se aos outros. Mas viu-se obrigado, primeiro numa ocasião e depois repetidamente, no decorrer dos anos, a mudar de opinião nesse ponto — para sua enorme alegria e satisfação, deveríamos pensar. De fato, houve algo assim; mas "também ali misturado", disse ele uma vez, "um amargor da pior espécie, que eu não conhecia antes na vida: pois, desde que avalio mais corretamente os homens e a mim próprio, no tocante às coisas espirituais, meu espírito me parece menos útil; creio ser difícil poder fazer ainda algo de bom com ele, pois o espírito dos outros não é capaz de aceitá-lo: agora sempre vejo à minha frente o terrível abismo entre o que pode ajudar e o necessitado de ajuda. E assim me atormenta a miséria de ter meu espírito para mim e desfrutá-lo sozinho, tanto quanto seja desfrutável. Mas *dar* é mais ditoso do que *ter*: e o que é o mais rico dos homens na solidão de um deserto?".

321. *Como se deve atacar.* — Em raríssimas pessoas as razões pelas quais se crê ou não em algo são fortes *como poderiam ser*. A fim de abalar a fé em algo, normalmente não é preciso logo recorrer à mais pesada artilharia de ataque; no caso de muitas pessoas, já se atinge o objetivo atacando com algum barulho: de modo que frequentemente bastam estalinhos. Contra as muito vaidosas é suficiente a *cara* do ataque mais pesado: elas se veem tomadas bastante a sério — e cedem de bom grado.

322. *Morte.* — Com a perspectiva certa da morte, uma deliciosa, odorosa gota de leviandade poderia ser mesclada a cada vida — mas vocês, estranhas almas de farmacêutico, dela fizeram uma gota de veneno de mau sabor, com que toda a vida se torna repugnante!

323. *Arrependimento.* — Nunca ceder ao arrependimento, e sim dizer imediatamente a si próprio: "isto significaria juntar uma segunda estupidez à primeira". Tendo-se feito um mal, cuide-se então de fazer um bem. — Se alguém é punido por seus atos, suporte o castigo com o sentimento de que assim faz algo de bom: desencoraja os outros de incorrer na mesma tolice. Todo malfeitor castigado deve se sentir como um benfeitor da humanidade.

324. *Tornar-se pensador.* — Como pode alguém se tornar um pensador, se não passar ao menos um terço de cada dia sem paixões, pessoas e livros?

325. *O melhor remédio.* — Um pouco de saúde de vez em quando é o melhor remédio para um doente.

326. *Não tocar!* — Há pessoas terríveis, que, em vez de solucionar um problema, o tornam mais intrincado e difícil para aqueles que o querem abordar. Devemos pedir, a quem não sabe acertar o prego na cabeça, que nem sequer o acerte.

327. *A natureza esquecida.* — Falamos da natureza e, ao fazê-lo, esquecemos de nós: nós mesmos somos natureza, *quand même* [apesar de tudo] —. Portanto, natureza é algo muito diferente daquilo que sentimos ao dizer seu nome.

328. *Profundidade e tédio.* — Em pessoas profundas, como em fontes profundas, demora bastante até que algo que nelas caiu atinja o fundo. Os espectadores, que geralmente não aguardam o bastante, facilmente veem tais pessoas como duras e imóveis — ou também como tediosas.

329. *Quando é tempo de jurar lealdade a si mesmo.* — Às vezes nos perdemos numa direção espiritual que contradiz nosso talento; por algum tempo lutamos heroicamente contra a maré e o vento, contra nós mesmos: ficamos cansados, ofegantes; aquilo que realizamos não nos dá prazer verdadeiro, acreditamos ter perdido muito com tais sucessos. Sim, chegamos a nos *desesperar* com nossa fecundidade, nosso porvir, talvez em pleno triunfo. Finalmente *viramos* — e então o vento sopra *em* nossa vela e nos impele em *nossas* águas. Que felicidade! Como nos sentimos *seguros da vitória*! Apenas então sabemos o que somos e o que queremos, agora juramos lealdade a nós mesmos e *podemos* fazê-lo — com conhecimento.

330. *Profetas do tempo.* — Assim como as nuvens nos dizem para onde correm os ventos bem acima de nós, também os espíritos mais leves e mais livres anunciam, nas suas direções, o tempo que virá. O vento no vale e as opiniões do mercado de hoje nada significam para o que virá, apenas para o que já foi.

331. *Aceleração constante.* — As pessoas que começam lentamente e têm dificuldade em se familiarizar com algo às vezes possuem, depois, a característica da aceleração constante — de modo que ninguém sabe, afinal, para onde a corrente ainda pode arrastá-las.

332. *As três coisas boas.* — Calma, grandeza, luz do sol — essas três coisas abrangem tudo o que um pensador deseja e também requer de si mesmo: suas esperanças e obrigações, suas pretensões na esfera intelectual e moral, até no modo de vida cotidiano e mesmo na paisagem de sua residência. A elas correspondem, primeiro, pensamentos *que elevam*, depois, *que sossegam*, em terceiro lugar, *que iluminam* — em quarto lugar, no entanto, pensamentos que partilham todas as três características em que tudo terreno se transfigura: é o reino onde vigora a grande *trindade da alegria*.

333. *Morrer pela "verdade".* — Não nos deixaríamos queimar por nossas opiniões: não somos tão seguros delas; mas talvez por podermos ter e alterar nossas opiniões.

334. *Ter seu preço.* — Quando se quer *valer* exatamente o que se *é*, é preciso ser algo que tem *seu preço.* Mas apenas o ordinário tem seu preço. Assim, esse desejo é ou consequência de uma modéstia inteligente — ou de uma estúpida imodéstia.

335. *Moral para os que constroem casas.* — É preciso retirar os andaimes quando a casa está pronta.

336. *Sofocleísmo.* — Quem misturou mais água ao vinho do que os gregos? Sobriedade e graça combinadas — eis o privilégio aristocrático do ateniense no tempo de Sófocles e depois dele. Imita quem puder! Na vida e na obra!

337. *O heroico.* — O heroico consiste em fazer coisas grandes (ou *não* fazer algo de maneira grande) sem sentir-se em competição *com* outros, *diante* de outros. O herói sempre leva consigo, aonde quer que vá, o deserto e a sagrada fronteira inviolável.

338. *Sósias na natureza.* — Em alguns sítios naturais redescobrimos a nós mesmos, com agradável assombro; é a mais bonita espécie de sósias. — Como deve poder ser feliz quem tem esta sensação precisamente aqui, nesse ar de outubro continuamente ensolarado, nesse feliz e travesso brincar do vento, desde cedo até o entardecer, nessa pura claridade e moderado frescor, na severa graça das colinas, florestas e lagos desse altiplano, que impavidamente se estendeu junto ao horror das neves eternas, em que Itália e Finlândia formaram uma aliança e que parece ser a pátria de todos os tons prateados da natureza — como deve ser feliz quem pode dizer: "certamente há coisas muito maiores e mais belas na natureza, mas *isso* me é íntimo e familiar, aparentado pelo sangue, e mais ainda até".

339. *Afabilidade do sábio.* — Espontaneamente o sábio lidará com as outras pessoas do mesmo modo afável que um príncipe, e as tratará como iguais, não obstante todas as diferenças de talento, posição e maneiras: algo que lhe levarão a mal, assim que o percebam.

340. *Ouro.* — Tudo que é ouro não brilha. Uma suave irradiação é própria do mais nobre metal.

341. *Roda e freio.* — A roda e o freio têm diferentes deveres, mas têm um igual: magoar um ao outro.

342. *Estorvos do pensador.* — O pensador deve olhar calmamente para tudo que o interrompe (estorva, como se diz) em seus pensamentos, como um novo modelo que se oferece ao artista para posar. As interrupções são os corvos que trazem alimento ao solitário.

343. *Ter muito espírito.* — Ter muito espírito conserva *jovem*: mas é preciso tolerar ser visto como *mais velho* do que se é. Pois as pessoas leem os traços do espírito como rastros da *experiência de vida*, ou seja, de ter vivido muitas coisas e coisas ruins, de sofrimentos, erros e arrependimentos. Portanto: elas nos têm como mais velhos e também como *piores* do que somos, quando temos e mostramos muito espírito.

344. *Como é preciso vencer.* — Não se deve querer vencer, quando se tem somente a perspectiva de superar o adversário *por um fio de cabelo*. A boa vitória precisa deixar o vencido com disposição alegre, ela precisa ter algo de divino, que evita a *humilhação*.

345. *Ilusão dos espíritos superiores.* — Os espíritos superiores têm dificuldade em livrar-se de uma ilusão: eles creem que suscitam inveja nos medíocres e são tidos como exceção. Na verdade, porém, são vistos como algo supérfluo, de que não se sentiria falta, se não existisse.

346. *Exigência de limpeza.* — O fato de alguém mudar as opiniões é, para algumas naturezas, uma exigência de limpeza, tal como a de mudar as roupas: para outras naturezas, no entanto, é apenas uma exigência de sua vaidade.

347. *Também digno de um herói.* — Eis aqui um herói que nada fez senão sacudir a árvore quando os frutos estavam maduros. Vocês acham que isso é pouco? Olhem a árvore que ele sacudiu.

348. *Como medir a sabedoria.* — O acréscimo da sabedoria pode ser medido exatamente pela diminuição da bílis.

349. *Dizer o erro desagradavelmente.* — Não é do gosto de todo o mundo que a verdade seja dita de forma agradável. Mas ninguém creia que o erro se torna verdade quando é dito de forma *desagradável*.

350. *A senha de ouro.* — Muitas cadeias foram postas no homem, para que ele desaprendesse de se comportar como um animal: e, de fato, ele se tornou mais brando, mais espiritual, mais alegre do que todos os animais. Mas ele ainda sofre por haver carregado tanto tempo essas cadeias, por haver lhe faltado ar puro e livre movimento por tanto tempo: — mas elas são, estou sempre a repetir, aqueles pesados e convenientes[149] erros das concepções morais, religiosas, metafísicas. Somente quando a *enfermidade das cadeias* também for superada será atingida a primeira grande meta: a separação do homem dos animais. — Agora estamos em meio ao nosso trabalho de tirar as cadeias, e nisso necessitamos o máximo de cuidado. Apenas *ao homem enobrecido pode-se dar a liberdade de espírito*; apenas dele se aproxima o *aliviamento da vida*, pondo bálsamo em suas feridas; ele será o primeiro a poder dizer que vive pela *alegria* e por nenhuma outra meta; e em qualquer outra boca seu lema seria perigoso: *paz ao meu redor e boa vontade com todas as coisas próximas*. Com esse lema para indivíduos ele se recorda de uma antiga, grande e comovedora frase que dizia respeito a *todos* e que permaneceu acima da humanidade inteira, como lema e emblema graças ao qual deve sucumbir todo aquele que com ele adorna prematuramente sua bandeira — graças ao qual sucumbiu o cristianismo. Ainda não chegou, parece, *ainda não chegou o tempo* em que a *todos* os homens possa suceder como aos pastores que viram se iluminar o céu sobre eles e ouviram aquela frase: "Paz na Terra e boa vontade aos homens uns com os outros".[150] — Ainda é o *tempo dos indivíduos.*

A sombra: De tudo que disseste, nada me agradou *mais* do que uma promessa: vós quereis ser novamente bons vizinhos das coisas mais próximas. Isso será bom também para nós, pobres sombras. Pois, admite-o, até agora tivestes prazer em nos caluniar.

O andarilho: Caluniar? Mas por que nunca vos defendestes? Tínheis nossos ouvidos bem próximos, afinal.

A sombra: Achamos que estávamos demasiado próximas para poder falar de nós mesmas.

O andarilho: Delicadas, muito delicadas! Ah, vós, sombras, sois "pessoas melhores" do que nós, já percebo.

A sombra: No entanto, chamai-nos de "importunas" — a nós, que ao menos uma coisa sabemos fazer: calar e esperar — um inglês não faz isso melhor. É verdade, com muita frequência nos veem seguindo os homens, mas não como suas servas. Quando o homem evita a luz, nós evitamos o homem: pelo menos até aí vai a nossa liberdade.

O andarilho: Ah, a luz se esquiva bem mais frequentemente do homem, e então vós também o deixais.

A sombra: Com frequência me foi doloroso te deixar: para mim, que sou ávida de saber, há muita coisa que permanece obscura no homem, pois não posso estar sempre com ele. Ao preço do conhecimento cabal do homem, de bom grado seria eu tua escrava.

O andarilho: Mas sabes tu, sei eu por acaso, se com isso não passarias repentinamente de escrava a senhora? Ou continuarias escrava, mas, desprezando teu senhor, levarias uma vida de nojo e humilhação? Fiquemos os dois satisfeitos com a liberdade que te coube — a ti e a mim! Pois a visão de um cativo me estragaria as maiores alegrias; a melhor coisa me seria repugnante, se alguém *tivesse* que partilhá-la comigo — não quero escravos ao meu redor. Por isso também não gosto do cão, o indolente parasita que agita a cauda, que apenas como servo dos homens se tornou "canino", e que eles costumam louvar como sendo fiel ao senhor, dizendo que o acompanha como sua —

A sombra: Como sua sombra, é o que dizem. Talvez eu hoje te acompanhe já por tempo demais? Foi o dia mais longo, mas estamos quase no fim dele, tem paciência um pouco mais. A relva está úmida, estou tiritando.

O andarilho: Oh, já é tempo de nos separarmos? E eu tinha que te magoar ainda; vi que ficaste mais sombria.

A sombra: Eu enrubesci, na cor que me é possível. Ocorreu-me que muitas vezes fiquei a teus pés como um cão, e que tu, então —

O andarilho: Eu não poderia rapidamente fazer algo para te agradar? Não tens nenhum desejo?

A sombra: Nenhum, exceto, talvez, o que o "cão" filosófico desejou do grande Alexandre: sai um pouco da frente do sol, está muito frio para mim.

O andarilho: Que devo fazer?

A sombra: Anda sob esses pinheiros e olha para as montanhas em torno; o sol se põe.

O andarilho: — Onde estás? Onde estás?

NOTAS

A tradução foi feita com base no texto da edição de Karl Schlechta (*Werke*, Frankfurt, Ullstein, 1979, vol. I, pp. 737-1008), sempre cotejado com o da edição de G. Colli e M. Montinari (*Kritische Studienausgabe*, 2ª ed. rev., Munique, DTV/de Gruyter, 1988, vol. 2, pp. 366-704).

As seguintes versões estrangeiras também foram consultadas: uma espanhola, feita por Alfredo Brotons Muñoz (Madri, Akal, 2001, incluindo seleção de fragmentos póstumos de 1878-79); uma italiana, por Sossio Giametta (Milão, Oscar Mondadori, 1970, também com seleção de fragmentos de 1878--79); duas francesas: uma antiga, por Henri Albert, em dois volumes independentes (*Opinions et sentences mêlées* e *Le voyageur et son ombre*, Paris, Denoël/Gonthier, 1975 [1902]), e uma nova, por Robert Rovini, num só volume (*Humain, trop humain II*, Paris, Gallimard Folio, 1988); e uma inglesa, por R. J. Hollingdale (Cambridge, Cambridge University Press, 1986, junto com o volume I de *Humano, demasiado humano*). Foi encontrada uma edição brasileira da segunda parte, com o título de *O viandante e sua sombra* (São Paulo, Ed. Brasil, s. d. [1939]), mas constatou-se que é apenas uma (má) tradução da antiga versão francesa, e por isso não foi utilizada.

Esta tradução beneficiou-se de uma estadia do tradutor — em setembro-outubro de 2007 — no Colégio Europeu de Tradutores (Europäisches Übersetzer-Kollegium), na cidadezinha de Straelen, no estado da Renânia do Norte-Vestfália, Alemanha, com uma bolsa de trabalho do DAAD (Serviço Alemão de Intercâmbio Acadêmico).

OPINIÕES E SENTENÇAS DIVERSAS

(1) O número de página referido é o da primeira edição de *Richard Wagner em Bayreuth* (1876), a última das *Considerações extemporâneas*; a frase se encontra na página inicial da seção 7.

(2) Alusão à última ópera de Wagner, *Parsifal*, encenada em 1882.

(3) "simpatia": *Mitgefühl*, termo composto de *Gefühl*, "sentimento", mais *mit*, "com"; as versões estrangeiras consultadas recorreram a: *conmoción*, *pietà*, *pitié*, *sympathie*, *empathy*.

(4) "seu 'eterno-feminino' nos atrai — para baixo!": citação e paródia dos

versos finais do *Fausto II*, de Goethe: "*Das Ewig-Weibliche/ Zieht uns hinan*" ("O eterno-feminino nos atrai/ para cima").

(5) "barril": alusão a Diógenes, o Cínico (*c.* 412-323 a.C.), que teve por morada um barril, segundo a tradição.

(6) Cf. João 18, 38.

(7) "Dobrada à história": tradução para a frase *Der Historie verfallen*, que nas edições estrangeiras consultadas foi vertida por: *A merced de la historia*, *Commessa alla storia*, *Échu à l'histoire*, *Sous la coupe de l'histoire*, *Forfeit to history*.

(8) "trasmundanos": *Hinterweltler*, no original; cunhagem de Nietzsche, provável tradução do termo "metafísicos" ("que estão além do mundo físico"), de origem grega; pode também aludir a *Hinterwäldler*, os habitantes do *Hinterwald* (algo como "floresta profunda"). Cf. *Assim falou Zaratustra*, I, "Dos trasmundanos", tradução, notas e posfácio de Paulo César de Souza (São Paulo, Companhia das Letras, 2011; Companhia de Bolso, 2017).

(9) Cf. João 1, 1. Nietzsche leu essa paródia numa carta de seu amigo Carl Fuchs, músico e teórico, em junho de 1878; ela é mais compreensível se lembramos que o vocábulo grego normalmente traduzido por "palavra" ("No começo era a Palavra"), *logos*, também significa "razão, senso", o oposto de "absurdo".

(10) "Aplaudam, amigos!": foram as últimas palavras de Augusto César, segundo o biógrafo Suetônio (*c.* 69 - *c.* 125 d.C.).

(11) Cf. Schopenhauer, *Ética*, 266; *Parerga et paralipomena*, 2, 236.

(12) "a mola deste vício": *dieses triebkräftige Laster* — nas versões consultadas: *este vicio impulsor*, *questo vizio pieno di forza impulsiva*, *ce vice fécond*, *le puissant moteur de ce vice*, *the motive power of this vice*; o adjetivo *triebkräftig* vem do substantivo *Triebkraft* (em que *Trieb* = impulso, instinto; *Kraft* = força, energia), tradicionalmente vertido por "força motriz".

(13) Cf. Mateus 26, 40.

(14) Schopenhauer, *Ética*, 185.

(15) Idem, ibidem, 109.

(16) Inversão de João 1, 29: "Eis o cordeiro de Deus, que tira ["carrega", na versão alemã de Lutero] o pecado do mundo".

(17) Cf. Mateus 7, 1.

(18) "Dente de serpente": *Schlangenzahn*, no original; as versões francesas e a inglesa também são literais neste ponto; já o tradutor espanhol usa *Colmillo retorcido*, e o italiano, *Avere il dente avvelenato* ("ter o dente envenenado").

(19) "autoengano, egoísmo": *Selbstbetrug*, *Selbstsucht*; cf. nota 26 da nossa tradução de *Ecce homo* (São Paulo, Companhia de Bolso, 2008 [1985]).

(20) A tendência dos gramáticos é usar o verbo na terceira pessoa do plural ("se devem dar ouvidos a uma arte"), pois ele estaria na "voz passiva sintética". Mas preferimos aqui a terceira pessoa do singular, tomando o "se" como índice de indeterminação do sujeito, equivalente ao *uno* espanhol, ao *on*

francês e ao *man* alemão. Cf. Rodrigues Lapa, *Estilística da língua portuguesa* (São Paulo, Martins Fontes, 1988, p. 164). Há gramáticos que consideram a passiva sintética uma construção artificial. Para uma síntese do problema, ver Cláudio Moreno, *Guia prático do português correto. Vol. 3*: *Sintaxe* (Porto Alegre, L&PM, 2006, pp. 165-71).

(21) Cf. Horácio, *Epodo*, I, 1.

(22) "prazer da santidade mediante as obras": *Lust der Werkheiligkeit*; esse último termo, que não se acha em dicionários, é composto de *Werk*, "trabalho, obra", e *Heiligkeit*, "santidade" — nas versões consultadas temos: *placer de las buenas obras*, *piacere della santità delle opere*, *la joie que procurent les bonnes oeuvres*, *ce plaisir de se justifier par ses oeuvres*, *the joy attending the performance of good works*.

(23) Cf. Romanos 12, 20: "Portanto, se o teu inimigo tiver fome, dá-lhe de comer; se tiver sede, dá-lhe de beber; porque, fazendo isto, amontoarás brasas de fogo sobre a sua cabeça" (versão de João Ferreira de Almeida). Numa versão mais nova: "[...] amontoarás carvões acesos na cabeça dele" (Paulinas, Pontifício Instituto Bíblico, s.d.).

(24) "partilha da alegria": no original, *Mitfreude*, literalmente "alegria-com", sobre o modelo de *Mitleid*, "sofrimento-com", isto é, "compaixão", "partilha do sofrimento"; os dois termos (o primeiro, cunhado por Nietzsche) já aparecem em *Humano, demasiado humano*, § 499.

(25) Erostrato (século IV a.C.) foi um grego que, para imortalizar seu nome, pôs fogo no célebre templo de Ártemis em Éfeso.

(26) "Por que os céticos da moral desagradam": *Warum die Skeptiker der Moral missfallen*, no original. É interessante notar que, com exceção do italiano, os tradutores estrangeiros consultados utilizaram "Por que os céticos desagradam à moral", entendendo o artigo *der* como dativo ("à"), em vez de genitivo ("da"). O fato de essas duas declinações do artigo feminino *die* (*die Moral*) terem a mesma forma levou-os a tal confusão, acreditamos. Desvinculada do contexto, essa outra versão também seria correta. Mas uma leitura atenta do aforismo não a favorece.

(27) "Queixar-se é sempre acusar": no original há um jogo de palavras irreproduzível: *Alles Klagen ist Anklagen* — nas versões consultadas, mais literais: *Toda queja es acusación*, *Ogni lamentarsi è accusare*, *Toute plainte est une accusation*, idem, *All complaining is accusation*.

(28) "*Parvenu* [fr.] *s. m.* pessoa que atingiu súbita ou recentemente riqueza e/ou posição social de proeminência, sem no entanto ter adquirido os modos convencionais adequados" (*Dicionário Eletrônico Houaiss*, Rio de Janeiro, Objetiva, 2002).

(29) A palavra alemã *Opfer* significa tanto "sacrifício" como "vítima".

(30) "costume": *Sitte*, "moralidade": *Sittlichkeit*; ver notas 44 e 5, respectivamente, em nossas traduções de *Humano, demasiado humano* (São Paulo, Companhia de Bolso, 2005) e *Aurora* (São Paulo, Companhia de Bolso, 2016).

(31) "Cristianistas, não cristãos": *Christentümler, nicht Christen*; a primeira palavra foi cunhada pelo autor a partir de *Christentum*, "cristianismo". As versões consultadas trazem: *cristianistas*; *cristomani*; *christianistes*; *chrétiens de bouche, non de coeur* ("cristãos de boca, não de coração" — para o título inteiro do aforismo); *affecters of Christianity*.

(32) Nietzsche se refere, como bem sabem seus leitores contumazes, à morte de Sócrates e à de Jesus de Nazaré.

(33) "sexualidade sublimada": *sublimierte Geschlechtlichkeit*; cf. *Além do bem e do mal* (trad. Paulo César de Souza, São Paulo, Companhia de Bolso, 2005), § 189 e nota correspondente.

(34) "disposição": tradução aqui dada a *Gesinnung*; as versões consultadas trazem cinco traduções diferentes: *talante*, *modo di pensare*, *sentiment*, *forme d'esprit*, *point-of-view*.

(35) Cf. Mateus 5, 48.

(36) As palavras "como a verdade derradeira" (*als der letzten Wahrheit*) se encontram na edição de Colli e Montinari, mas não na de Karl Schlechta.

(37) "*científico*": *wissenschaftlich* — o leitor deve sempre ter em mente que a palavra alemã *Wissenschaft* designa tanto as ciências chamadas "exatas" como as simplesmente "humanas".

(38) Pentesileia: na mitologia grega, líder das amazonas que participaram da Guerra de Troia, lutando contra os gregos; sucumbiu diante de Aquiles, que se apaixonou pela moribunda.

(39) Citação da peça *Wallenstein*, de Schiller (Prólogo): "Quem fez o bastante para os melhores de seu tempo/ Viveu para todos os tempos".

(40) "gregos e romanos": na edição de Colli e Montinari lê-se apenas "gregos" nesse ponto; na de Schlechta, "gregos e romanos"; naquelas ostensivamente baseadas em Colli e Montinari lemos: na espanhola e na nova francesa, "gregos", mas na italiana — surpreendentemente —, "gregos e romanos", sem nota explicativa alguma; nas duas versões que não explicitaram o texto original utilizado (a antiga francesa e a inglesa) se acha "gregos e romanos". À luz do que Nietzsche revela sobre suas influências como prosador, no capítulo "O que devo aos antigos", de *Crepúsculo dos ídolos*, é razoável concluir que "romanos" devem estar ao lado de "gregos" nesta passagem. E não é descabido supor que o termo tenha sido acrescentado nas provas do livro, já que a edição de Colli e Montinari se baseia no manuscrito, e a de Schlechta (assim como a de Kröner e outras), na primeira impressão do livro.

(41) "e quem está vivo tem razão": *und der Lebende hat Recht* — citação de um poema de Schiller, *An die Freunde* ("Aos amigos"), que não deve ser confundido, como fazem as edições espanhola e francesa recentes, com outro poema de Schiller, mais famoso, intitulado *An die Freude* ("À alegria"), musicado por Beethoven no quarto movimento da *Nona sinfonia*. Logo antes, "Mas atentem vocês para o que fazem" é alusão a um verso de Goethe, do poema *Beherzigung* (1777).

(42) "pedaços" e "obra aos pedaços": tradução aqui dada a *Stücke* (que significa "fragmentos, pedaços") e *Stückwerk* (que significa "obra malfeita"); a versão por "fragmentos" e "obra fragmentária", geralmente encontrada, não considera o jogo de palavras e o sentido do aforismo — dirigido aos que torcem o nariz para uma obra em aforismos.

(43) "asianismo": *Asianismus*, termo com que os alemães designam o estilo empolado predominante na retórica greco-romana entre os séculos III a.C. e I d.C.; o oposto de "aticismo", a elegância e sobriedade que caracterizavam os gregos da Ática.

(44) Nietzsche reutilizou esta seção em *Nietzsche contra Wagner* (1888), com ligeiras mudanças, alterando-lhe o título para "Wagner como perigo".

(45) "Livro bom pede tempo": "*Gut Buch will Weile haben* — paródia do provérbio "*Gut Ding will Weile haben*", "Coisa boa pede tempo", que corresponde ao nosso "A pressa é inimiga da perfeição".

(46) Na *Odisseia*, Calipso é a ninfa que retém Ulisses na ilha de Ogígia (canto V). Depois que Zeus ordena que ela solte o guerreiro, este começa o aventuroso regresso para a ilha de Ítaca, onde o aguarda Penélope, sua esposa. A nova música a que o aforismo se refere é a de Wagner, sem dúvida.

(47) *Sibi scribere*: uma nota de Colli e Montinari esclarece que já em suas anotações de 1867-68 Nietzsche havia copiado e comentado a expressão "*sibi quisque scribit*" [cada qual escreve para si mesmo], lida numa obra do erudito Valentin Rose, e também nessa época transcrevera, de um volume de Emerson, a frase: "Quem escreve para si mesmo, escreve para um público imortal"; por fim, numa carta para o amigo Erwin Rohde, de 15 de julho de 1882, disse: "*Mihi ipsi scripsi* [Escrevi para mim mesmo] — é assim, afinal".

(48) "caráter alemão": *Deutschtum* — três das versões consultadas preferiram "germanismo", enquanto a inglesa e a nova francesa também utilizaram "caráter alemão"; trata-se de um substantivo como *Griechentum* (usado no subtítulo de *O nascimento da tragédia*: "helenismo, helenidade") e *Christentum*, "cristianismo, cristandade".

(49) "*espiritualidade*": *Geistigkeit* — em alemão, *Geist* pode significar tanto "espírito" como "intelecto"; nas traduções consultadas também se acha "espiritualidade" nesse caso, com exceção da antiga versão francesa, que prefere *intellectualité*.

(50) É certo que, conforme o *Dicionário grego-português*, de Isidro Pereira (5. ed., Porto, Apostolado da Imprensa, s.d.) — e dicionários gregos em geral —, *sophia* quer dizer "habilidade manual; conhecimento, saber, ciência; prudência, penetração; sagacidade, astúcia"; mas leia-se o que diz Nietzsche sobre a etimologia do termo, numa obra da juventude que não chegou a publicar: "A palavra grega que designa o 'sábio' prende-se etimologicamente a *sapio*, eu saboreio, *sapiens*, o degustador, *sisyphos*, o homem do gosto mais apurado; um apurado degustar e escolher, um significativo discernimento constitui, pois, segundo a consciência do povo, a arte própria do filósofo" (*A filosofia na época trágica dos*

gregos, em *Obras incompletas*, Col. Os Pensadores, trad. Rubens Rodrigues Torres Filho, 2. ed., São Paulo, Abril, 1978, pp. 32-3; o texto original se acha no primeiro volume da *Kritische Studienausgabe* de Colli e Montinari, p. 816). É de esperar que a consulta a um moderno dicionário etimológico da língua grega corrobore o que diz Nietzsche; se não for *vero*, será *ben trovato*.

(51) Esta seção foi reutilizada em *Nietzsche contra Wagner*, § 4, com pequenas mudanças e com o título de "Uma música sem futuro".

(52) "martírio ultramontano" — "ultramontanismo" era termo usado na França, na Alemanha e nos Países Baixos para designar os movimentos católicos que defendiam a supremacia do papa (que ficava "além dos montes", isto é, dos Alpes) nos séculos XVII e XVIII — em oposição àqueles que eram a favor da autonomia da Igreja local, como se dava na Inglaterra.

(53) "Educação distorção" é tradução literal de *Erziehung Verdrehung* — nas versões consultadas: *Educación contorsión*; *Educazione-distorsione*; *Éducation, tortion*; *Éducation contorsion*; *Educational contortion*.

(54) Cf. *Teogonia*, vv. 22-8.

(55) Cf. *Odisseia*, canto VIII, vv. 579-80.

(56) Esse aforismo parece aludir a expressões idiomáticas alemãs referentes ao nariz e ao chifre, mas as melhores candidatas a ter alguma relação com ele seriam "*Fass dich an deiner eigenen Nase!* ", "Lembre de seus próprios defeitos!" (literalmente: "Pegue em seu próprio nariz!"), e "*mit jemandem ins gleiche Horn blasen*", "concordar, agir da mesma forma" (literalmente: "soprar na mesma corneta"; pois *Horn* também designa os instrumentos de sopro com o formato do chifre). Tampouco as versões estrangeiras foram de muita valia nesse caso, limitando-se a traduzir a frase sem comentários. Eis apenas duas delas, a francesa mais recente e a inglesa: *Tiré de la fréquentation des auteurs. — C'est, dans ses relations avec un auteur, une aussi mauvaise mannière de le prendre par le nez que de le prendre par la corne — et chaque auteur a sa corne*; *Traficking with authors. — To seize an author by the nose is as bad mannered as to take him by the horns — and every author has his horns.*

(57) "desenlace": tradução que aqui se deu a *Lösung*, que também significa — e logo antes foi vertido por — "solução".

(58) Cf. "Nada do que é humano me é estranho", frase famosa dita por um personagem do comediógrafo latino Terêncio (190-159 a.C.).

(59) "ciência": *Wissenschaft*, ver nota 37, acima. No título desse aforismo, *Gelehrte* foi traduzida por "homens de saber"; ver nota 37 em *Além do bem e do mal*, onde recorremos a "eruditos" e "doutores"; mas no § 215, adiante, achamos melhor usar "sábios".

(60) "espíritos de livre curso": parece ser alusão a João 3, 8.

(61) Cf. *Odisseia*, VII, 63-4.

(62) Referência às seguintes palavras de Lichtenberg: "Os antigos escreveram numa época em que a grande arte de escrever ainda não fora inventada, e simplesmente *escrever* significava *escrever bem*. Eles escreviam o verdadeiro,

assim como as crianças *dizem* o verdadeiro" (em *Vermischte Schriften* [Escritos diversos], vol. 1, p. 278; volume da biblioteca pessoal de Nietzsche).

(63) Sete Sábios: como eram chamados, na Antiguidade, sete pensadores e estadistas do século VI a.C. cujas máximas — autênticas ou atribuídas — se tornaram populares. Os nomes variam segundo a fonte, mas entre eles sempre estão Sólon, Tales de Mileto, Pitacos de Mitilene e Bias de Priene.

(64) "lei moral": *Sittengesetz* — nas versões consultadas: *ley moral*, *legge di costume*, *loi morale*, *loi morale*, *moral code*; cf. nota 29, acima.

(65) "*cella*": cela, câmara; designava o aposento principal dos templos antigos, onde ficava a imagem do deus; logo em seguida, templo períptero é aquele cercado de colunas.

(66) Cf. Heráclito, frag. 10 (na edição de Diels-Kranz).

(67) Para os antigos gregos, Io era uma bela jovem que Zeus tomou por amante e transformou numa bezerra branca, para protegê-la do ciúme de Hera, sua esposa. Esta encarregou Argos, um ser fortíssimo e possuidor de muitos olhos (cem, conforme uma versão da lenda), de vigiar a bezerra e segui-la por toda parte. Então Zeus determinou que Hermes liquidasse o incômodo vigia. Mas Hera não permitiu que Argos morresse inteiramente: seus olhos continuam a existir na plumagem do pavão.

(68) Em latim no original; Nietzsche faz uma brincadeira com o nome da bezerra amada por Zeus, que tem a mesma grafia do pronome "eu" em italiano: *io*.

(69) Referência à assembleia de Regensburg, na Baviera (1541), convocada pelo imperador Carlos V para resolver as diferenças entre católicos e protestantes. O cardeal Contarini foi o enviado da Igreja católica, com o objetivo de chegar à reconciliação, mas o encontro foi um fracasso, e teve por consequência a guerra de Carlos V contra os luteranos e a Contrarreforma católica.

(70) *Reich* ("Reino") designa o Estado alemão fundado por Bismarck em 1871, que terminaria com a proclamação da República de Weimar, em 1918.

(71) "Werther potencializado": cf. Goethe, *Conversas com Eckermann*, 3 de maio de 1827, em que cita e avaliza essa expressão de um crítico francês; *Os sofrimentos do jovem Werther* (1774) é um famoso romance epistolar de Goethe, e *Torquato Tasso* (1789), um drama em versos iâmbicos, que tem o autor de *Jerusalém libertada* (século XVI) como protagonista.

(72) "eventos internos": *innere Vorgänge* — nas versões estrangeiras consultadas: *acontecimientos íntimos*, *fatti intimi*, *événements intérieurs*, *énergie intérieure*, *everything they experience*.

(73) Citação bíblica: Gênesis 13, 9.

(74) "índole": *Sinnesart* — nas versões consultadas: *idiosincrasia*, *modo di pensare*, *tendence d'esprit*, *forme d'intelligence*, *disposition*.

(75) Citação de Horácio, *Carmine*, I, 9, 21-2, feita provavelmente a partir de Schopenhauer, *Parerga et paralipomena*, 2, 454.

(76) "*Pia fraus*": "mentira piedosa"; cf. *Além do bem e do mal*, § 105 e nota correspondente.

(77) "sua própria disposição interior": *eure eigene Herzensgesinnung* — nas versões consultadas: *la actitud de vuestro propio corazón, vostra stessa profonda convinzione, votre propre sentiment, votre propre et chère mentalité, the desires of your own heart.*

(78) Cf. João 12, 13-5.

(79) Cf. Goethe, *Fausto*, vv. 3249 ss.; "o Demônio entrou nos porcos": cf. Mateus 8, 32. Na seção 320, "levar corujas para Atenas" é uma expressão idiomática que significa "dizer ou fazer algo supérfluo".

(80) Citação de um poema filosófico de Schiller, *Das Ideal und das Leben* [O ideal e a vida], v. 105.

(81) Cf. João 2, 4.

(82) "Felicidade de escada": *Treppen-Glück* — alusão à expressão francesa "*avoir l'esprit de l'escalier*" (literalmente "ter o espírito da escada"), que significa "achar demasiadamente tarde (quando uma pessoa se vai embora) o que era preciso fazer ou dizer" (Domingos de Azevedo, *Grande dicionário francês/português*, 8. ed., Lisboa, Bertrand, 1984).

(83) "Queira um Eu": no original, *Wolle ein Selbst* — o termo alemão *selbst* (aqui substantivado, por isso em maiúscula) corresponde exatamente ao inglês *self*. As versões estrangeiras consultadas oferecem: *Quiérete a ti mismo*, *Devi volere una Individualità*, *Veuille être toi-même!*, *Veuille un Moi*, *Will a self*.

(84) Cf. Pascal, *Pensamentos*; cf. *Aurora*, § 79. Em seguida, "Ama teu próximo...": Levítico 19, 18.

(85) Cf. Epiteto, *Manuale*, V.

(86) Letes: na mitologia grega, um rio que se achava no mundo inferior (o Hades), em cujas águas os mortos esqueciam a existência anterior.

(87) Cf. Mateus 6, 12.

O ANDARILHO E SUA SOMBRA

(88) "Verossimilhança": o termo original, *Wahrscheinlichkeit*, que também se traduz por "probabilidade", é substantivação do adjetivo *wahrscheinlich*, que se compõe de *wahr* ("verdadeiro") e *Schein* ("aparência"). Já o termo traduzido em seguida por "aparência de liberdade", *Freischeinlichkeit*, foi cunhado por Nietzsche com base no primeiro, pois *frei* significa "livre", e *Freiheit*, "liberdade", formando, assim, uma refinada contrapartida a *Wahrscheinlichkeit* e *Wahrheit* ("verdade"). As versões estrangeiras consultadas também usam "verossimilhança" no primeiro caso — com exceção da inglesa, que prefere *probability* — e "aparência de liberdade" no segundo caso, exceto a espanhola, que inova com *liberosimilitud*.

As duas árvores de que fala o aforismo são, evidentemente, uma alusão à mitologia hebraica: cf. Gênesis 2, 9.

(89) Cf. João 1, 1; na mesma linha, o termo traduzido por "broto" é *Nachtrieb* (*nach* = depois; *Trieb* = rebento), para o qual as versões estrangeiras consultadas oferecem: *resabio*, *germoglio*, *surpousse*, idem, *after-shoot*; a única edição brasileira que encontramos desse texto (*O viandante e sua sombra*, trad. Heraldo Barbuy, de 1939) traz *suprarrebento*, pois foi traduzida da primeira versão francesa. Ver *Além do bem e do mal*, nota 21, sobre o termo *Trieb* e seus vários sentidos.

(90) Cf. Empédocles, *Fragmentos*, 121, 3-4; 158 (ed. Diels-Kranz.)

(91) "livre-arbítrio": em alemão, *Freiheit des Willens* — "liberdade da vontade", literalmente.

(92) "o impensável como inexistente": tradução dada a um termo cunhado por Nietzsche, *der Nichthinwegzudenkende*, cujo sentido é mais bem captado pela versão inglesa, entre as que foram consultadas: *lo que no puede pensarse ausente*, *il non pensabile come inesistente*, *celui qu'on ne peut supprimer par la pensée*, *l'indispensable présence*, *which cannot be thought away*.

(93) "pensamento": não traduz exatamente o original *Hintergedanke*, que tem uma correspondência melhor nas duas versões francesas, entre aquelas consultadas: *reserva mental*, *pensiero recondito*, *arrière-pensée* (algo como "pensamento reservado"), idem, *consideration*.

(94) Cf. Schopenhauer, *Parerga und paralipomena*, 2, 166; embora não utilize aspas, Nietzsche cita literalmente trechos desta seção.

(95) Referência a uma das várias anedotas que os antigos gregos contavam sobre Diógenes, o Cínico: a de que ele acendeu uma lanterna em pleno dia e, ao ser perguntado por que o fazia, respondeu: "Apenas procuro um homem honesto".

(96) A palavra alemã para "homem", no sentido de ser humano, é *Mensch*; mas não sabemos de onde Nietzsche tirou a afirmação de que ela significa "o que mede".

(97) Cf. Êxodo 21, 24.

(98) "alegria com o mal alheio": *Schadenfreude*, célebre termo alemão formado de *Schaden*, "dano, prejuízo", e *Freude*, "alegria" — nas versões estrangeiras consultadas: *alegría del mal ajeno*, *gioia per il male altrui*, *joie maligne*, idem, *Schadenfreude* (o tradutor inglês também conserva o termo alemão; pronuncia-se "chadenfroide").

(99) "Éris boa e Éris ruim": Hesíodo faz essa distinção já no começo de *Os trabalhos e os dias* (século VIII a.C.). Éris é a personificação da "luta, combate; discórdia, disputa; rivalidade, emulação" (conforme as traduções dadas à palavra grega, no *Dicionário grego-português* de Isidro Pereira). A Éris boa seria a rivalidade que leva a fazer tão bem ou melhor que o outro; a Éris ruim, o impulso de combatê-lo; cf. *Os trabalhos e os dias* (Primeira parte), trad. e coment. Mary de Camargo Neves Lafer, São Paulo, Iluminuras, 1990.

(100) Ajax (ou Ájax): há dois guerreiros de nome Ajax, na *Ilíada* e em outras fontes gregas. Nietzsche se refere provavelmente ao Ajax "Maior", que, em determinado instante, acreditou prescindir da ajuda de Atena, apagando de seu escudo a imagem da deusa e provocando, assim, a inimizade desta.

(101) Também há duas heroínas chamadas Níobe na mitologia grega. Nietzsche se refere certamente à filha de Tântalo, que teve sete filhos e sete filhas (ou um pouco menos, o número varia conforme a fonte), e por isso gabou-se de ser mais que a deusa Leto, que teve apenas um casal de filhos. A deusa, sentindo-se ofendida, pediu a Apolo e Ártemis que a vingassem. Então Apolo matou a flechadas os rapazes, e Ártemis, as garotas. Níobe transformou-se numa pedra, devido ao sofrimento, e suas lágrimas deram origem a uma fonte.

(102) "posterior rebento": *Nachtrieb*; o termo também aparece nos §§ 3 e 16 de *O andarilho e sua sombra*; cf. nota 88, acima. Neste mesmo aforismo, foi traduzida igualmente por "rebentos" a palavra *Schösslinge*, que nas versões estrangeiras consultadas corresponde a: *brotes*, *virgulti*, *pousses*, idem, *shoots*. Uma opção seria "brotos", mas preferimos "rebentos".

(103) Cf. *História da Guerra do Peloponeso*, III, 70-85; esta passagem de Tucídides é uma impressionante, profética reflexão sobre os terrores ocasionados pelas revoluções e pelas ideologias partidárias, em todos os tempos; Córcira é uma das ilhas Iônicas, no mar Egeu.

(104) Em alemão é falada mais rapidamente do que em português, pois tem duas sílabas apenas: *Rache*.

(105) Na edição de Schlechta a palavra *verknüpft* ("unidos") se acha em itálico; na de Colli e Montinari, não; nesse ponto — claramente sem maior importância, é verdade — acompanhamos Colli e Montinari.

(106) "paixões [...] apaixonadas alegrias": *Leidenschaften* [...] *Freudenschaften*; o segundo termo é criação de Nietzsche, sobre o modelo da primeira — que significa "paixão" — e com ela fazendo um jogo de palavras, pois *Freude* é "alegria", e *Leid*, "sofrimento"; as traduções consultadas usam simplesmente "paixões" e "alegrias", com exceção da francesa mais recente, que tenta recriar o jogo original com *passions souffrantes* e *joies passionnées*.

(107) "Remorso": *Gewissensbiss*, literalmente "mordida na consciência"; cf. *Além do bem e do mal*, nota 92.

(108) Alusão ao pacto com o Demônio, que Fausto firmou com seu sangue: cf. Goethe, *Fausto*, vv. 1716 ss.

(109) "*intelecção*": tradução dada a *Einsicht* no presente contexto; as versões consultadas recorreram a: *lucidez*, *conoscenza*, *intelligence*, *intelligence lucide*, *insight*; cf. *Além do bem e do mal*, nota 67.

(110) "consciência moral": tradução que aqui se deu a *Gewissen*; cf. *Além do bem e do mal*, nota 14.

(111) "Sexta-Feira": nome do servente de Robinson Crusoé, protagonista do romance com esse título, de Daniel Defoe (1719).

(112) "pré-conceito": tradução aqui dada a *Vorurteil*; cf. *Além do bem e do mal*, nota 9.

(113) "pois nem todos os que morrem chegam a nascer": uma afirmação no mínimo insólita, mas é o que consta no original: "*weil nicht alle geboren werden, welche doch sterben*". Talvez deva ser entendida num sentido particular: o de que quem não se desenvolve plenamente como indivíduo não chega a existir. Ei-la em duas das versões estrangeiras que consultamos: *puisque tous ne naissent pas qui meurent pourtant*, *since all are not born who nonetheless die*.

(114) "Moira": na antiga Grécia, o Destino, a que nem os deuses escapavam.

(115) Referência ao provérbio alemão que diz: "*Durch Schaden wird man klug*", cuja melhor versão se acha em espanhol: "*De los escarmentados se hacen los avisados*".

(116) Cf. Lucas 23, 34.

(117) Arria e Paetus: personagens de um epigrama de Marcial, satírico romano (40-104 d.C.), cf. seus *Epigramas*, I, 13, 3-4.

(118) Mateus 18, 9; Marcos 9, 47; cf. nota 48, em nossa tradução de *O Anticristo* (São Paulo, Companhia das Letras, 2007; Companhia de Bolso, 2016).

(119) "questões científicas": isto é, relativas ao saber — não esquecendo o significado mais abrangente de "ciência" em alemão; ver notas 37 e 59, acima.

(120) Uma nota de Colli e Montinari cita uma carta de Stendhal, de 20 de janeiro de 1838, que teria inspirado esse aforismo: "Goethe deu o Diabo como amigo ao doutor Fausto, e, com uma ajuda tão poderosa, Fausto fez o que todos nós fazemos aos vinte anos de idade: seduziu uma costureira".

(121) Cf. *Fausto*, vv. 12 065 ss.; em seguida: v. 328, v. 11 936. No final do aforismo, "Goethe disse uma vez...": carta a Zelter, 31 de outubro de 1831.

(122) Cf. *Les cahiers de Sainte-Beuve*, Paris, 1876, pp. 108-9; volume da biblioteca pessoal de Nietzsche, atualmente no Arquivo de Weimar.

(123) "torcicolo": ave da família dos picídeos (*Jynx torquilla*), encontrada na Europa e na Ásia, capaz de torcer bastante o pescoço.

(124) "perspectiva de pássaro": versão literal de *Vogelperspektive*; em português se diz "visão aérea", normalmente.

(125) Cf. o trecho de uma carta de Voltaire ao italiano Deodati de Tovazzi, 24 de janeiro de 1761, assinalado por Nietzsche em seu exemplar pessoal: "[...] vocês dançam em liberdade e nós dançamos com nossas cadeias...", em *Lettres choisies de Voltaire* (Paris, 1876, vol. 1).

(126) "estreiteza do peito": *Engbrüstigkeit des Gefühls* — os tradutores consultados usaram: *asma del sentimiento*, *asma del sentimento*, *étroitesse dans les sentiments*, *asthme du sentiment*, *asthmatic narrow-chestedness of the feelings*.

(127) Euterpe: na mitologia grega, uma das nove filhas de Zeus e Mnemósine (personificação da memória) ou, segundo uma tradição diversa, filhas de Urano e Geia (céu e terra); a cada uma delas foi relacionada uma arte ou sabedoria; no caso de Euterpe, a música.

(128) Referência à disputa entre os fãs do reformista Gluck e os do "tradicionalista" Piccini, no mundo parisiense da ópera, nos anos 1780.

(129) "música do Convidado de Pedra": a que acompanha o personagem do Comendador, na ópera *Don Giovanni*, de Mozart.

(130) "humanidade": *Menschlichkeit*, que designa a qualidade de ser humano, não a coletividade dos seres humanos — no sentido usado por Caetano Veloso na canção "Lindeza" (disco *Circuladô*, 1991): "Minha humanidade cresce/ quando o mundo te oferece".

(131) Cf. Mateus 12, 30.

(132) Segundo uma nota do tradutor R. J. Hollingdale, esta conversa entre "Pirro" e "o velho" é calcada no diálogo *Piton*, escrito por Timão de Flionte, discípulo do fundador do ceticismo filosófico, Pirro de Élis (*c.* 365-270 a.C.).

(133) Alusão a uma frase do romance *As afinidades eletivas*, de Goethe: "Ninguém passeia impunemente entre palmeiras" (*Es wandelt niemand ungestraft unter Palmen*), parte II, cap. 7.

(134) Cf. § 161 sobre Robert Schumann, acima. Richard Wagner foi um dos responsáveis pela utilização nacionalista da figura romântica do "Jovem alemão", como se vê, por exemplo, nesta passagem do seu ensaio *Arte alemã e política alemã*, lembrada numa nota de Colli e Montinari: "Salve, Schiller, você que deu ao espírito renascido a figura do 'Jovem alemão', que desdenhosamente se contrapõe ao orgulho britânico e à sedução parisiense dos sentidos!".

(135) "*radicais*": tradução dada a *gründlich* no presente contexto; os tradutores consultados recorreram a *profundos*, *radicali*, *profonds*, idem, *thorough*.

(136) "nós acenamos para o hospício": *wir winken nach dem Irrenhause hin* — algumas das outras versões consultadas são mais explícitas do que o original, pois incluem objeto direto: *los mandamos al manicomio*, *noi accenniamo al manicomio*, *nous évoquons la maison d'aliénés*, *leur assigner l'asile d'aliénés*, *we direct them to the madhouse*.

(137) Cf. carta de Voltaire a Frederico II, 21 de abril de 1760, em *Lettres choisies de Voltaire* (Paris, 1876, vol. 1), volume da biblioteca de Nietzsche; a carta foi enviada de Tournay, não de Ferney.

(138) Cf. Hesíodo, *Os trabalhos e os dias*, vv. 349-51.

(139) Nas duas edições alemãs utilizadas não se acha ponto no final dessa frase; das cinco versões estrangeiras consultadas, três resolveram suprimir os travessões e acrescentar o ponto, e duas — a italiana e a inglesa — optaram por manter os travessões e a ausência de ponto do original.

(140) "hiperbóreos": povo que vivia "além do vento norte", segundo a mitologia grega; cf. *O Anticristo*, § 1.

(141) Cf. Marcos 10, 14; conforme a citação de Nietzsche (*Himmelreich*, "reino do céu"), não exatamente conforme a Bíblia, que traz "reino de Deus"; mas em Mateus 18, 2, se encontra: "se não vos converterdes e não vos fizerdes como meninos, de modo algum entrareis no reino dos céus".

(142) "audazes honestos": alusão ao romancista francês Stendhal, uma das

admirações de nosso autor. Num escrito intitulado "Notas e lembranças", incluído num volume da correspondência de Stendhal que Nietzsche possuía (atualmente no Arquivo de Weimar), o também romancista Prosper Mérimée registrou: "Nossos pais e professores, dizia ele, são nossos inimigos naturais quando chegamos ao mundo. Era um de seus aforismos".

(143) "*Quousque tandem*": "Até quando?" — começo das *Catilinárias* de Cícero; a frase inteira diz: "Até quando, Catilina, abusarás da nossa paciência?".

(144) "*Et in Arcadia ego*": "Eu também vivi na Arcádia" — epígrafe da *Viagem à Itália*, de Goethe. Transcrevemos o que diz Paulo Rónai sobre a expressão, em *Não perca seu latim* (5. ed., Rio de Janeiro, Nova Fronteira, 1980): "Palavras escritas num quadro do pintor Bartolomeu Schedoni (1570-1615), em que se veem dois jovens pastores examinando uma caveira. A Arcádia, aprazível região da Grécia, era exaltada pelos poetas como cenário ideal da vida pastoril, ingênua e feliz. Expressão da saudade de um passado melhor".

(145) "seu aluno": provável referência a Claude Lorrain (1600-82); cf. *Ecce homo*, "Crepúsculo dos ídolos", § 3.

(146) Cf. Lucas 10, 42.

(147) Cf. *A gaia ciência*, "Brincadeira, astúcia e vingança", 33 (São Paulo, Companhia das Letras, 2001; Companhia de Bolso, 2012).

(148) Cf. Horácio, *Epístolas*, 1, 6, 1.

(149) "convenientes": *sinnvoll* — que no dicionário alemão-português de Udo Schau (Porto Editora, 1989) é dado como "engenhoso, razoável, conveniente", e no dicionário alemão-espanhol de Slaby, Grossmann e Illig (4. ed., Wiesbaden, Brandstetter, 1989), como *lleno de sentido*, *inteligente*, *oportuno*, *conveniente*, *razonable*, *práctico*, *sentencioso*. As versões consultadas apresentam: *sensatos*, *sensati*, *significatives*, *subtils*, *pregnant*.

(150) "Paz na Terra e boa vontade aos homens uns com os outros": *Friede auf Erden und den Menschen ein Wohlgefallen an einander*; cf. Lucas 2, 14. Segundo nota nas edições espanhola e italiana e na francesa recente, a citação seria conforme a Bíblia de Lutero, diferente da Vulgata, que diz: "Paz na terra aos homens de boa vontade". Mas na de Lutero não se acham as palavras "uns com os outros", e a edição consultada inclui uma nota sobre esse versículo, dizendo que uma tradução comprovadamente mais fiel seria: "[...] e paz na terra aos homens de [que têm] sua boa vontade". Algumas traduções mais novas trazem: "paz na terra aos homens de benquerença" (Pontifício Instituto Bíblico, s.d.); "e paz na terra aos homens por ele amados" (Vozes, 1982); *et sur terre paix aux hommes, qui ont sa faveur* (trad. Osty, Paris, Seuil, 1973). Já a conhecida versão de João Ferreira de Almeida — literariamente a mais satisfatória, em português — incorre num erro que lembra o de Lutero: "Paz na terra, boa vontade para com os homens".

POSFÁCIO

Quando concluiu *O andarilho e sua sombra*, Nietzsche acreditava que esta seria sua última obra. Aquele ano (1879) foi particularmente "pródigo em dores" — *schmerzensreich* (formado de *Schmerzen*, "dores", e *reich*, "rico") é o adjetivo que aparece em várias de suas cartas do período. Os males de que sofria desde a juventude — enxaquecas, problemas de visão, náuseas, etc. — se exacerbaram, obrigando-o a deixar o cargo de professor na Universidade da Basileia. Mal podia ler e escrever, e achava que morreria no ano seguinte, com a mesma idade com que seu pai havia morrido: 36 anos.

Muito já se especulou sobre o efeito da doença na obra de Nietzsche. Duas consequências parecem claras: numa natureza já bastante introspectiva, o sofrimento levou a uma mais profunda inquirição de si mesmo e da realidade externa (do Eu-no-mundo); e, para alguém incapaz de um trabalho intelectual constante e que não possuía residência fixa, o aforismo revelou-se o modo de expressão mais adequado.

Sem dúvida, caberiam várias outras considerações sobre o tema. Nos impressionantes prólogos de 1886, ele atribui à doença uma função liberadora: ela o teria ajudado a se livrar do pessimismo romântico herdado de Schopenhauer e Wagner, permitindo-lhe chegar a uma "doutrina de saúde", alcançar a liberdade de pensamento e o amor ao destino que são próprios de sua filosofia. Mal-estar, solidão e privação são transfigurados em conhecimento, por alguém que vive apenas para sentir, pensar e escrever. Conhecimento que tende a se expressar de modo antissistemático, em obras que são mosaicos de ideias, para fazer justiça à multiplicidade das impressões e vivências. Essa característica deve ser mais um motivo para o interesse que suas obras despertam, num mundo que cada vez mais se compõe de seres errantes e viajantes como ele.

De *Humano, demasiado humano* até o início de 1889, quando ele parou de sentir, pensar e escrever, a maior parte do que publicou foram coletâneas de aforismos. O próprio título de *Opiniões e sentenças diversas* já indica a natureza do livro. Nele, à diferença de *Humano*, os aforismos ou seções não são grupados em capítulos temáticos, mas nota-se que sempre reaparecem os temas do livro anterior, e que questões estritamente filosóficas são tratadas num número relativamente pequeno de seções. Muito do que Nietzsche escreveu são observações sobre fenômenos culturais, sentimentos, atitudes morais, tendências históricas, concepções religiosas e artísticas, personalidades, etc. No entanto, isso geralmente não é considerado pelos especialistas que buscam explicitar ou desenvolver o substrato filosófico da obra.

O aforismo que conclui *Opiniões e sentenças diversas* é, ao mesmo tempo, uma bela homenagem a oito pensadores eleitos e um extraordinário elogio do entusiasmo criador. Tomando por modelo a viagem de Ulisses ao mundo subterrâneo, no canto XI da *Odisseia*, Nietzsche escolhe oito autores mortos como interlocutores, por lhe parecerem mais instigantes do que seus contemporâneos. Afinal, diz ele, o que importa é a eterna vivacidade ou vitalidade, não a "vida eterna" (uma alfinetada no cristianismo) ou mesmo a vida.

O título da segunda parte do livro, *O andarilho e sua sombra*, retoma a última seção (§ 638) de *Humano, demasiado humano*, a alegoria do pensador como viajante sem destino. Dois bem-humorados diálogos entre o andarilho e sua sombra, no começo e no final, servem de moldura para os pensamentos: tudo se passa num dia, no fim do qual a sombra se dissolve. Esta sombra é uma digna sucessora dos "espíritos livres", inventados anteriormente para fazer companhia ao autor, segundo ele confessa no prólogo ao primeiro volume de *Humano*.

Além de exprimir a solidão intelectual do autor, esse recurso permite alguns jogos com os sentidos figurados de "sombra" e "luz". E traz reminiscências de outras manifestações alemãs envolvendo esses sentidos. Como esta frase do místico J. G. Hamann, do século XVIII: "Nitidez é a correta distribuição de luz e sombra"; ou este provérbio, que talvez se possa relacionar ao fato de o povo das mais sublimes realizações culturais ser também responsável pelo maior genocídio da história: "Ali onde a luz é mais forte, a sombra é mais escura".

Nesta segunda parte, Nietzsche nos oferece coisas mais surpreendentes que na primeira. Eis algumas delas.

O aforismo número 57 aborda o papel que a relação com os animais teria tido na gênese da moral humana e a moralidade de nosso tratamento dos animais. Ele deve ser lido juntamente com os aforismos 26 e 333 de *Aurora* e 224 da *Gaia ciência*. Neles há um esboço do que hoje se faz nas ciências biológicas e cognitivas: um questionamento da delimitação tradicional entre o que é humano e o que é animal, consequência de descobertas sobre a vida emocional e a inteligência dos grandes primatas e dos mamíferos superiores, entre muitos outros animais — e que tem correspondido, na prática, a um movimento pela ética na relação com os animais.

No § 84, a história sobre os prisioneiros e o filho do guarda da prisão é uma parábola sobre o cristianismo. Além de prenunciar a constatação da morte de Deus, que apareceria na *Gaia ciência* (§ 125), é um texto kafkiano bem antes de Kafka (assim como a frase inicial do prólogo já tem sabor wittgensteiniano).

A seção 285 trata da questão da propriedade privada. São conhecidas a tendência anti-igualitária de Nietzsche e suas críticas ao socialismo. Ele foi um dos primeiros — talvez o primeiro — a vaticinar que um Estado socialista só poderia se manter pelo terror (§ 273 de *Humano*). Aqui ele comenta a ilusão de que a eliminação da propriedade significaria o fim do egoísmo humano, ilusão que teve origem em Platão e é partilhada pelos socialistas. Ela deriva de um conhecimento falho da natureza humana, da crença de que há características "boas" essencialmente distintas das "más". Mas como conciliar, então, propriedade e justiça social? Incentivando as atividades que favoreçam a geração de pequenas fortunas e dificultando o enriquecimento fácil: devem ser retirados de mãos particulares os ramos da economia que levam ao acúmulo de grandes riquezas, entre eles o das finanças. Pois "tanto os que possuem demais como os que nada possuem devem ser considerados indivíduos perigosos para a comunidade".

Observações como essa têm particular relevância para um leitor brasileiro, membro de uma das sociedades mais desiguais — e, portanto, mais violentas — do mundo. Leitor ao qual não escapa a ironia de que o partido de esquerda atualmente no poder (2008) vem tratando os bancos de forma muito diferente da que preconiza o "reacionário" Nietzsche.

Esses foram apenas alguns exemplos deste livro, um dos que Nietzsche chamava de seus *Wanderbücher*, termo formado de *wandern*, "vagar", e *Bücher*, "livros", que podemos traduzir por "livros peregrinos", recordando o duplo sentido que esse adjetivo tem em nossa língua: "errantes" e "raros".

Paulo César de Souza

GLOSSÁRIO DE NOMES DE PESSOAS

ALEXANDRE, o Grande (356-323 a.C.): rei da Macedônia.
ARISTÓTELES (384-322 a.C.): filósofo e cientista grego.
BACH, Johann Sebastian (1675-1750): compositor barroco alemão.
BEETHOVEN, Ludwig van (1770-1827): compositor clássico-romântico alemão.
BISMARCK, Otto von (1815-98): chanceler da Prússia entre 1871 e 1890.
CALDERÓN DE LA BARCA (1600-81): dramaturgo espanhol.
CALVINO (1509-64): teólogo francês da Reforma.
CHAMFORT (1741-94): pensador moralista francês.
CHOPIN, Frédéric (1810-49): compositor e pianista polonês.
CÍCERO (106-43 a.C.): orador e político romano.
CONTARINI, Gasparo (1483-1542): cardeal católico italiano.
DEMÓSTENES (384-322 a.C.): orador grego.
DIÓGENES (413-327 a.C.): filósofo cínico grego.
DIDEROT, Denis (1713-84): ensaísta, ficcionista e dramaturgo francês.
DÜRER, Albrecht (1471-1528): pintor e desenhista alemão.
ECKERMANN, Johann Peter (1792-1854): publicou as *Conversas com Eckermann*, de Goethe.
EPICURO (342-270 a.C.): filósofo grego.
EPITETO (*c.* 50-140 d.C.): filósofo estoico grego.
EROSTRATO (séc. IV a.C.): cidadão grego que, para imortalizar-se, incendiou o templo de Ártemis em Éfeso.
FICHTE, Johann Gottlieb (1762-1814): filósofo idealista alemão.
FÍDIAS (séc. V a.C.): escultor grego.
FONTENELLE, Bernard de (1657-1757): pensador e poeta francês.
FREDERICO II, o Grande (1740-86): rei da Prússia.
GLUCK, Christoph Willibald (1714-87): compositor de ópera alemão.
GOETHE (1749-1832): poeta, romancista e dramaturgo alemão.
GÓRGIAS (séc. V a.C.): filósofo e retórico grego.
HAENDEL, Georg Friedrich (1685-1759): compositor barroco alemão.
HAYDN, Joseph (1732-1809): compositor clássico austríaco.
HEGEL, G. W. F. (1770-1831): filósofo alemão.
HELVÉTIUS, Claude Adrien (1715-71): filósofo francês.
HERÁCLITO (*c.* 540-480 a.C.): filósofo pré-socrático grego.
HERDER, Johann Gottfried (1744-1803): crítico e pensador alemão.
HERÓDOTO (*c.* 480 - *c.* 425 a.C.): historiador grego.

HESÍODO (séc. VIII a.C.): poeta grego.
HÍPIAS (séc. V a.C.): filósofo sofista grego.
HOMERO (séc. IX ou VIII a.C.): poeta épico grego.
HORÁCIO (65-8 a.C.): poeta romano.
JEAN PAUL (Johann Paul Friedrich Richter, 1763-1825): romancista alemão.
JUNG-STILLING, J. H. (1740-1817): escritor alemão, publicou uma autobiografia em seis volumes.
JUVENAL (60-140 d.C.): poeta satírico romano.
KANT (1724-1804): filósofo alemão.
KELLER, Gottfried (1819-90): ficcionista e poeta suíço.
KLOPSTOCK, Friedrich Gottlieb (1724-1803): poeta e dramaturgo alemão.
KOTZEBUE, August Friedrich von (1761-1819): dramaturgo popular na Alemanha de seu tempo.
LA BRUYÈRE (1645-96): moralista francês, autor dos *Caracteres*.
LA ROCHEFOUCAULD, duque de (1613-80): filósofo moralista francês.
LEOPARDI, Giacomo (1798-1837): poeta e prosador italiano.
LESSING, Gotthold Ephraim (1729-81): dramaturgo e crítico alemão.
LICHTENBERG, Georg Christoph (1742-99): escritor satírico alemão.
LORRAIN, Claude Gellée (1600-82): pintor paisagista francês.
LUCIANO (*c.* 115 - *c.* 200): escritor satírico grego.
LUÍS XIV (1638-1715): monarca absolutista francês.
LUTERO (1483-1546): iniciador da Reforma Protestante, tradutor da Bíblia para o alemão.
MELANCHTHON (pseud. de Schwarzert, Philipp) (1497-1560): autor do primeiro grande tratado de teologia protestante.
MENDELSSOHN, Felix (1809-47): compositor alemão.
MICHELANGELO (1475-1564): pintor, escultor e poeta italiano.
MILTON, John (1608-74): poeta e ensaísta inglês.
MOLIÈRE (Jean-Baptiste Poquelin, 1622-73): comediógrafo e ator francês.
MONTAIGNE, Michel Eyquem de (1533-92): pensador e prosador francês.
MOZART, Wolfgang Amadeus (1756-91): compositor austríaco.
PALESTRINA (1525-94): compositor italiano.
PASCAL, Blaise (1623-62): matemático e filósofo francês.
PICCINI, Nicola (1728-1800): compositor de óperas italiano.
PILATOS, Pôncio: governador da província romana da Judeia entre 26 e 36 d.C.
PIRON, Alexis de (1689-1773): poeta e dramaturgo francês.
PLATÃO (*c.* 428-348 a.C.): filósofo e prosador grego.
PLUTARCO (*c.* 50 - *c.* 125 d.C.): biógrafo e historiador grego.
POUSSIN, Nicolas (1594-1665): pintor e desenhista francês.
RACINE (1639-99): dramaturgo francês.
RAFAEL (1483-1520): pintor e arquiteto italiano.
ROSSINI, Gioacchino (1792-1860): compositor de óperas italiano.
ROUSSEAU, Jean-Jacques (1712-78): escritor e filósofo francês.

SAINTE-BEUVE, Charles Augustin (1804-69): crítico literário francês.
SCHILLER, Friedrich von (1759-1805): poeta, dramaturgo e ensaísta alemão.
SCHLEIERMACHER, Friedrich (1768-1834): filósofo e teólogo alemão.
SCHOPENHAUER, Arthur (1788-1860): filósofo e prosador alemão.
SCHUBERT, Franz (1797-1828): compositor austríaco.
SCHUMANN, Robert (1810-56): compositor e crítico de música alemão.
SHAKESPEARE, William (*c.* 1564-1616): poeta e dramaturgo inglês.
SIMÔNIDES (*c.* 556-468 a.C.): poeta lírico grego.
SÓCRATES (*c.* 470-399 a.C.): filósofo grego.
SÓFOCLES (496-406 a.C.): dramaturgo grego.
SÓLON (640-558 a.C.): político e legislador grego.
SPINOZA, Baruch de (1632-77): filósofo holandês de origem judaica.
STERNE, Laurence (1713-68): romancista inglês.
STIFTER, Adalbert (1805-68): ficcionista austríaco.
STRAUSS, David (1800-74): teólogo alemão.
TÁCITO (*c.* 55 - *c.* 120): historiador romano.
TASSO, Torquato (1544-95): poeta italiano.
TEÓCRITO (*c.* 315 - *c.* 250 a.C.): poeta grego.
TEOFRASTO (372-288 a.C.): filósofo peripatético grego.
TUCÍDIDES (*c.* 465 - *c.* 395 a.C.): historiador grego.
ÚLFILA (*c.* 311 - *c.* 383): bispo godo que traduziu a Bíblia para o gótico, "o pai da literatura teutônica".
UHLAND, Ludwig (1787-1862): poeta e político alemão.
VAUVENARGUES (1715-47): pensador moralista francês.
VOLTAIRE (1694-1778): filósofo e escritor iluminista francês.
WAGNER, Richard (1813-83): compositor de óperas e agitador alemão.
WIELAND, Christoph Martin (1733-1813): poeta e romancista alemão.

TÍTULOS DOS AFORISMOS

OPINIÕES E SENTENÇAS DIVERSAS

1. Aos desiludidos da filosofia
2. Mal-acostumado
3. Os pretendentes da realidade
4. Progresso do livre-pensar
5. Um pecado original dos filósofos
6. Contra os fantasiosos
7. Hostilidade à luz
8. Ceticismo cristão
9. A “lei da natureza”, fórmula da superstição
10. Dobrada à história
11. O pessimista do intelecto
12. Mochila dos metafísicos
13. Eventual nocividade do conhecimento
14. Necessidade de filisteu
15. Os fanáticos
16. O que é bom induz a viver
17. Felicidade do historiador
18. Três tipos de pensadores
19. O quadro da vida
20. A verdade não quer deuses a seu lado
21. Onde o silêncio é requerido
22. *Historia in nuce*
23. Incurável
24. O aplauso mesmo como prosseguimento do espetáculo
25. Coragem de ser tedioso
26. Tirado da mais íntima experiência do pensador
27. Os obscurantistas
28. Com que tipo de filosofia se estraga a arte
29. Em Getsêmani
30. No tear
31. No deserto da ciência
32. A suposta “realidade real”
33. Querer ser justo e querer ser juiz

34. Sacrifício
35. Contra os perscrutadores da moralidade
36. Dente de serpente
37. O engano no amor
38. Àquele que nega sua vaidade
39. Por que os estúpidos frequentemente se tornam maldosos
40. A arte das exceções morais
41. Uso e não uso de venenos
42. O mundo sem sentimento de pecado
43. Os conscienciosos
44. Meios opostos de evitar o amargor
45. Não tomar demasiado a sério
46. A “coisa-em-si” humana
47. A farsa de muitos laboriosos
48. Ter muita alegria
49. No espelho da natureza
50. Poder sem vitória
51. Prazer e erro
52. É tolice cometer injustiça
53. Inveja com ou sem boca
54. A cólera como espiã
55. A defesa, moralmente mais difícil que o ataque
56. Honesto com a honestidade
57. Brasas de fogo
58. Livros perigosos
59. Compaixão fingida
60. A oposição aberta, frequentemente conciliadora
61. Vendo sua luz brilhar
62. Partilha da alegria
63. Gravidez posterior
64. Duro por vaidade
65. Humilhação
66. Erostratismo extremo
67. O mundo diminutivo
68. Mau atributo da compaixão
69. Impertinência
70. A vontade se envergonha do intelecto
71. Por que os céticos da moral desagradam
72. Timidez
73. Um perigo para a moralidade geral
74. Erro bem amargo
75. Amor e dualidade
76. Interpretando a partir do sonho

77. Excesso
78. Punir e recompensar
79. Duas vezes injusto
80. Desconfiança
81. Filosofia do *parvenu*
82. Saber lavar-se
83. Deixar-se levar
84. O patife inocente
85. Fazer planos
86. Aquilo com que vemos o ideal
87. Elogio insincero
88. Não importa como se morre
89. O costume e sua vítima
90. O bom e a boa consciência
91. O êxito santifica a intenção
92. Cristianistas, não cristãos
93. Impressão da natureza com religiosos e não religiosos
94. Assassinatos legais
95. "Amor"
96. O cristianismo realizado
97. Sobre o futuro do cristianismo
98. Histrionismo e honestidade dos não crentes
99. O poeta como sinalizador do futuro
100. A musa como Pentesileia
101. O rodeio até o belo
102. Desculpa para várias culpas
103. O bastante para os melhores
104. Do mesmo material
105. Linguagem e sentimento
106. Erro quanto a uma privação
107. Três quartos de força
108. Rejeitando a fome como convidada
109. Vivendo sem arte e sem vinho
110. O gênio saqueador
111. Aos poetas das grandes cidades
112. O sal da fala
113. O mais livre escritor
114. Realidade seleta
115. Subespécies da arte
116. Para o herói falta hoje a cor
117. Sobrecarregado
118. *Pulchrum est paucorum hominum*
119. Origens do gosto por obras de arte

120. Próximos demais
121. Rudeza e fraqueza
122. A boa memória
123. Dando fome, em vez de saciá-la
124. Medo de artista
125. O círculo deve ser concluído
126. Arte do passado e alma do presente
127. Contra os que censuram a brevidade
128. Contra os míopes
129. Leitores de sentenças
130. Indelicadezas do leitor
131. O emocionante na história da arte
132. Aos grandes da arte
133. Os esteticamente sem consciência
134. Como a alma deve se mover, segundo a nova música
135. O poeta e a realidade
136. Meios e fim
137. Os piores leitores
138. Características do bom escritor
139. A mistura de gêneros
140. Calando a boca
141. Marca de distinção
142. Livros frios
143. Artifício dos pesados
144. O estilo barroco
145. Valor dos livros sinceros
146. Como a arte cria um partido
147. Tornar-se grande em detrimento da história
148. Como uma época é fisgada para a arte
149. Crítica e alegria
150. Além de seus limites
151. Olho de vidro
152. Escrever e querer vencer
153. "Livro bom pede tempo"
154. Desmesura como meio artístico
155. O realejo escondido
156. O nome na página de rosto
157. A crítica mais aguda
158. Pouco e sem amor
159. Música e doença
160. Vantagem para os adversários
161. Crítica e juventude
162. Efeito da quantidade

163. Todo começo é um perigo
164. Em favor dos críticos
165. Êxito das sentenças
166. Querer vencer
167. *Sibi scribere*
168. Elogio da sentença
169. Necessidade artística de segunda ordem
170. Os alemães no teatro
171. A música como fruto tardio de toda cultura
172. Os poetas já não são mestres
173. Olhando para a frente e para trás
174. Contra a arte das obras de arte
175. Persistência da arte
176. O porta-voz dos deuses
177. O que toda arte quer e não pode
178. Arte e restauração
179. Felicidade da época
180. Uma visão
181. Educação distorção
182. Filósofos e artistas da época
183. Não ser soldado da cultura sem necessidade
184. Como deve ser narrada a história natural
185. Genialidade da humanidade
186. Culto da cultura
187. O mundo antigo e a alegria
188. As Musas como mentirosas
189. Como Homero pode ser paradoxal
190. Justificação posterior da existência
191. Pró e contra necessários
192. Injustiça do gênio
193. O pior destino de um profeta
194. Três pensadores, uma aranha
195. Do trato com autores
196. Parelha
197. O que liga e o que separa
198. Atiradores e pensadores
199. Por dois lados
200. Original
201. Erro dos filósofos
202. Chiste
203. O instante anterior à solução
204. Entre os entusiastas
205. Ar cortante

206. Por que os homens de saber são mais nobres que os artistas
207. Em que medida a devoção obscurece
208. De cabeça para baixo
209. Origem e utilidade da moda
210. Soltadores de língua
211. Espíritos de livre curso
212. Sim, o favor das Musas!
213. Contra o cultivo da música
214. Os descobridores de trivialidades
215. Moral dos sábios
216. Razão da esterilidade
217. Mundo das lágrimas invertido
218. Os gregos como intérpretes
219. O caráter adquirido dos gregos
220. O propriamente pagão
221. Gregos de exceção
222. O simples não é nem o primeiro nem o último no tempo
223. Para onde é preciso viajar
224. Bálsamo e veneno
225. A fé salva e condena
226. A tragicomédia de Regensburg
227. Erros de Goethe
228. Os viajantes e seus graus
229. Subindo mais alto
230. Medida e equilíbrio
231. Humanidade na amizade e no magistério
232. Os profundos
233. Para os desprezadores da "humanidade de rebanho"
234. O principal delito contra os vaidosos
235. Decepção
236. Duas fontes de bondade
237. O andarilho fala para si mesmo na montanha
238. Excetuando o próximo
239. Cautela
240. Desejo de mostrar-se vaidoso
241. A boa amizade
242. Os amigos como fantasmas
243. Um olho e dois olhares
244. Distância azul
245. Vantagem e desvantagem no mesmo mal-entendido
246. O sábio passando por tolo
247. Obrigar-se à atenção
248. Caminho para uma virtude cristã

249. Estratégia do importuno
250. Motivo de aversão
251. Na separação
252. *Silentium*
253. Impolidez
254. Erro de cálculo na franqueza
255. Na antecâmara do favor
256. Aviso aos desprezados
257. Ignorância que enobrece
258. O adversário da graça
259. No reencontro
260. Fazer amizade apenas com sujeitos laboriosos
261. Uma arma valendo mais do que duas
262. Profundeza e turvação
263. Demonstrando sua vaidade com amigos e inimigos
264. Esfriamento
265. Mescla de sentimentos
266. Quando o perigo é maior
267. Cedo demais
268. Alegria com o recalcitrante
269. Tentativa de honradez
270. A eterna criança
271. Toda filosofia é filosofia de uma idade da vida
272. O espírito das mulheres
273. Elevação e rebaixamento no sexo
274. A mulher realiza, o homem promete
275. Transposição
276. O riso como traição
277. Da alma dos jovens
278. Para melhorar o mundo
279. Não desconfiar de seu sentimento
280. Cruel pensamento do amor
281. Portas
282. Mulheres compassivas
283. Mérito precoce
284. Almas de tudo ou nada
285. Jovens talentos
286. Nojo da verdade
287. A fonte do grande amor
288. Limpeza
289. Velhos vaidosos
290. Utilização do novo
291. Ter razão para os dois sexos

292. Renúncia na vontade de beleza
293. Incompreensível, intolerável
294. Partido com ares de mártir
295. Afirmar é mais seguro que provar
296. Os melhores ocultadores
297. De vez em quando
298. A virtude não foi inventada pelos alemães
299. *Pia fraus* ou alguma outra coisa
300. A metade pode ser mais que o todo também nas coisas boas
301. O homem de partido
302. O que é alemão segundo Goethe
303. Quando é preciso deter-se
304. Revolucionários e proprietários
305. Tática dos partidos
306. Para o fortalecimento dos partidos
307. Cuidando de seu passado
308. Escritores de partido
309. Tomando partido contra si
310. Perigo na riqueza
311. Alegria em comandar e obedecer
312. Ambição da sentinela perdida
313. Quando o asno é necessário
314. Costume de partido
315. Esvaziando-se
316. Inimigos desejados
317. A posse possui
318. O governo dos que sabem
319. O "povo dos pensadores" (ou do mau pensar)
320. Levando corujas para Atenas
321. A imprensa
322. Após um grande acontecimento
323. Ser bom alemão significa desgermanizar-se
324. Estrangeirices
325. Opiniões
326. Dois tipos de sobriedade
327. Adulteração da alegria
328. O bode virtuoso
329. Soberania
330. Aquele que influi é um fantasma, não uma realidade
331. Dar e tomar
332. Terra boa
333. Degustando a companhia
334. Saber sofrer publicamente

335. Calor nas alturas
336. Querer o bem, ser capaz do belo
337. Perigo na renúncia
338. Última opinião sobre opiniões
339. "*Gaudeamus igitur*"
340. A alguém elogiado
341. Amando o mestre
342. Humano e belo demais
343. Bens móveis e bens de raiz
344. Figuras ideais involuntárias
345. Idealista e mentiroso
346. Ser mal compreendido
347. Fala o bebedor de água
348. Da terra dos canibais
349. No congelamento da vontade
350. O ideal negado
351. Inclinação reveladora
352. Felicidade de escada
353. Vermes
354. A postura vitoriosa
355. Perigo na admiração
356. Utilidade da saúde frágil
357. A infidelidade, condição de mestria
358. Jamais em vão
359. Janela com vidro cinzento
360. Sinal de grandes mudanças
361. Medicamento da alma
362. Hierarquia dos espíritos
363. O fatalista
364. Razão de muito mau humor
365. O excesso como remédio
366. "Queira um Eu"
367. Sem adeptos, se possível
368. Obscurecer-se
369. Tédio
370. O perigo na admiração
371. O que se deseja da arte
372. Deserção
373. Depois da morte
374. Deixando no Hades
375. Próximo da mendicância
376. Pensador de cadeias
377. Compaixão

378. O que é gênio?
379. Vaidade de lutadores
380. A vida filosófica é mal interpretada
381. Imitação
382. Última lição da história
383. Grandeza como máscara
384. Imperdoável
385. Opostos
386. O ouvido que falta
387. Erro do ponto de vista, não do olhar
388. A ignorância em armas
389. No bar da experiência
390. Pássaros canoros
391. Não à altura
392. A regra como mãe ou como filha
393. Comédia
394. Erro dos biógrafos
395. Não comprar caro demais
396. De que filosofia a sociedade sempre necessita
397. Indício de alma nobre
398. A grandeza e sua contemplação
399. Contentar-se
400. Vantagem da privação
401. Receita para o sofredor
402. O juiz
403. Utilidade da grande renúncia
404. Como o dever ganha brilho
405. Oração aos homens
406. Criadores e desfrutadores
407. A glória dos grandes
408. Descida ao Hades

O ANDARILHO E SUA SOMBRA

1. Da árvore do conhecimento
2. A razão do mundo
3. "No início era"
4. Medida para o valor da verdade
5. Linguagem corrente e realidade
6. A fragilidade terrena e sua causa principal
7. Dois meios de consolo
8. Na noite

9. Onde se originou a doutrina do livre-arbítrio
10. Não sentir novos grilhões
11. O livre-arbítrio e o isolamento dos fatos
12. Os erros fundamentais
13. Dizer duas vezes
14. O homem, comediante do mundo
15. Modéstia do homem
16. Onde é necessária a indiferença
17. Explicações profundas
18. O moderno Diógenes
19. Imoralistas
20. Não confundir
21. O homem como aquele que mede
22. Princípio do equilíbrio
23. Os seguidores da doutrina do livre-arbítrio podem punir?
24. Para o julgamento do criminoso e do seu juiz
25. A troca e a equidade
26. Estados de direito como meios
27. Explicação da alegria com o mal alheio
28. O arbitrário na atribuição do castigo
29. A inveja e sua irmã mais nobre
30. Inveja dos deuses
31. Vaidade como posterior rebento do estado não social
32. Equidade
33. Elementos da vingança
34. As virtudes que implicam perda
35. Casuística da vantagem
36. Tornando-se um hipócrita
37. Uma espécie de culto das paixões
38. Remorso
39. Origem dos direitos
40. A significação do esquecimento na sensibilidade moral
41. Os ricos herdeiros da moralidade
42. O juiz e as circunstâncias atenuantes
43. Problema do dever para com a verdade
44. Degraus da moral
45. A moral da compaixão na boca dos imoderados
46. Cloacas da alma
47. Uma espécie de calma e de contemplação
48. A proibição sem motivos
49. Retrato
50. Compaixão e desprezo
51. Saber ser pequeno

52. O conteúdo da consciência moral
53. Superação das paixões
54. Aptidão para servir
55. Perigo da linguagem para a liberdade espiritual
56. Espírito e tédio
57. O trato com os animais
58. Novos atores
59. Que é "obstinado"?
60. A palavra "vaidade"
61. Fatalismo turco
62. Advogada do Diabo
63. As máscaras de caráter morais
64. A mais nobre virtude
65. O que é necessário antes
66. Que é a verdade?
67. Hábito das oposições
68. Pode-se perdoar?
69. Vergonha habitual
70. O mais inepto educador
71. Estilo da cautela
72. Missionários divinos
73. Pintura honesta
74. A oração
75. Uma mentira sagrada
76. O apóstolo mais necessário
77. Qual o mais transitório, o espírito ou o corpo?
78. A doença de crer na doença
79. Palavras e escritos dos religiosos
80. Perigo na pessoa
81. A justiça mundana
82. Uma afetação na despedida
83. Redentor e médico
84. Os prisioneiros
85. O perseguidor de Deus
86. Sócrates
87. Aprender a escrever bem
88. O ensino do melhor estilo
89. Atenção para o andamento
90. Já e ainda
91. Originalmente alemão
92. Livros proibidos
93. Mostrando espírito
94. Literatura alemã e literatura francesa

95. Nossa prosa
96. O grande estilo
97. Desviando
98. Algo como o pão
99. Jean Paul
100. Poder saborear também o contrário
101. Autores espírito-de-vinho
102. O sentido mediador
103. Lessing
104. Leitores indesejados
105. Pensamentos de poetas
106. Escrevam de modo simples e útil
107. Wieland
108. Festa rara
109. O tesouro da prosa alemã
110. Estilo escrito e estilo falado
111. Cautela ao citar
112. Como falar os erros?
113. Limitar e aumentar
114. Literatura e moralidade explicando uma a outra
115. Que paisagens alegram continuamente
116. Ler em voz alta
117. O sentido dramático
118. Herder
119. O cheiro das palavras
120. O estilo rebuscado
121. Juramento
122. A convenção artística
123. Afetação de ciência nos artistas
124. A ideia do Fausto
125. Existem “clássicos alemães”?
126. Interessante, mas não bonito
127. Contra os inovadores da linguagem
128. Os autores tristes e os sérios
129. Saúde do gosto
130. Propósito
131. Melhorar o pensamento
132. Livros clássicos
133. Livros ruins
134. Presença de sentido
135. Pensamentos seletos
136. Motivo principal da corrupção do estilo
137. Para desculpa dos estilistas pesados

138. Perspectiva de pássaro
139. Comparações ousadas
140. Dançar acorrentado
141. Abundância dos autores
142. Heróis ofegantes
143. O semicego
144. O estilo da imortalidade
145. Contra imagens e símiles
146. Cautela
147. Esqueletos pintados
148. O estilo grandioso e o que é superior
149. Sebastian Bach
150. Haendel
151. Haydn
152. Beethoven e Mozart
153. Recitativo
154. Música "jovial"
155. Franz Schubert
156. A mais moderna execução da música
157. Felix Mendelssohn
158. Uma mãe das artes
159. Liberdade em correntes — uma liberdade principesca
160. A *Barcarola* de Chopin
161. Robert Schumann
162. Os cantores dramáticos
163. Música dramática
164. Vitória e razão
165. Sobre o princípio da execução em música
166. A música de hoje
167. Onde a música está em casa
168. Sentimentalidade na música
169. Enquanto amigos da música
170. A arte na época do trabalho
171. Os empregados da ciência e os outros
172. Reconhecimento do talento
173. Rir e sorrir
174. Entretenimento dos enfermos
175. Mediocridade como máscara
176. Os pacientes
177. Os melhores gracejos
178. Acessórios de toda veneração
179. O grande perigo dos eruditos
180. Os mestres na época dos livros

181. A vaidade como a grande utilidade
182. Sinais do tempo na cultura
183. A cólera e o castigo têm seu tempo
184. A origem dos "pessimistas"
185. A morte racional
186. Regressivo
187. A guerra como remédio
188. O transplante espiritual e físico como remédio
189. A árvore da humanidade e a razão
190. O elogio do desinteresse e sua origem
191. Tempo escuro
192. O filósofo da opulência
193. As épocas da vida
194. O sonho
195. Natureza e ciência
196. Viver simplesmente
197. Cumes e montículos
198. Nenhuma natureza faz saltos
199. Limpo, é verdade
200. Fala o solitário
201. Falsa celebridade
202. Excursionistas
203. Demasiado e muito pouco
204. Fim e meta
205. A indiferença da grande natureza
206. Esquecendo as intenções
207. Eclíptica da ideia
208. Como se teria todos contra si
209. Envergonhando-se da riqueza
210. Esbanjamento na presunção
211. No solo da vergonha
212. Sina da moralidade
213. O fanático da desconfiança e sua garantia
214. Livros europeus
215. Moda e modernidade
216. A "virtude alemã"
217. Clássico e romântico
218. A máquina como mestra
219. Não sedentários
220. Reação à cultura da máquina
221. O caráter perigoso do Iluminismo
222. A paixão na Idade Média
223. Roubar e poupar

224. Almas alegres
225. A Atenas dissoluta
226. Prudência dos gregos
227. “O eterno Epicuro”
228. O estilo da superioridade
229. Os enterrados
230. Tiranos do espírito
231. A mais perigosa emigração
232. Os loucos pelo Estado
233. Contra a negligência da visão
234. Grandes obras e grande fé
235. O sociável
236. Fechando os olhos do espírito
237. A mais terrível vingança
238. Imposto do luxo
239. Por que ainda existem mendigos
240. Por que ainda existem mendigos
241. Como o pensador utiliza uma conversa
242. A arte de se desculpar
243. Relações impossíveis
244. Raposa das raposas
245. Nas relações íntimas
246. O silêncio do asco
247. Seriedade nos negócios
248. Ambiguidade da visão
249. Positivo e negativo
250. A vingança da rede vazia
251. Não fazendo valer seu direito
252. Portadores de luz
253. O mais caridoso possível
254. Em direção à luz
255. O hipocondríaco
256. Restituição
257. Mais sutil que o necessário
258. Uma espécie luminosa de sombra
259. Não se vingar?
260. Erro na homenagem
261. Carta
262. O prevenido
263. O caminho para a igualdade
264. Calúnia
265. O reino do céu infantil
266. Os impacientes

267. Não há educadores
268. Compaixão pela juventude
269. As idades da vida
270. O espírito das mulheres na sociedade de hoje
271. Grande e fugaz
272. Senso de sacrifício
273. O não feminino
274. Os temperamentos masculino e feminino e a mortalidade
275. O tempo das construções ciclópicas
276. O direito do sufrágio universal
277. O mau raciocínio
278. Premissas da era da máquina
279. O freio da cultura
280. Mais respeito pelos que sabem!
281. O perigo para os reis
282. O professor, um mal necessário
283. O imposto da estima
284. O meio para a paz verdadeira
285. A propriedade pode se conciliar com a justiça?
286. O valor do trabalho
287. O estudo do corpo social
288. Até que ponto a máquina humilha
289. Quarentena de cem anos
290. O adepto mais perigoso
291. O destino e o estômago
292. Vitória da democracia
293. Fins e meios da democracia
294. A ponderação e o êxito
295. *Et in Arcadia ego*
296. Calcular e medir
297. Não querer ver prematuramente
298. Da prática do sábio
299. O cansaço do espírito
300. "Uma só coisa é necessária"
301. Um atestado de amor
302. Como procuramos melhorar maus argumentos
303. A honestidade
304. Homem!
305. A ginástica mais necessária
306. Perder a si mesmo
307. Quando é necessário despedir-se
308. No meio-dia
309. Evitar seu pintor

310. Os dois princípios da nova vida
311. Perigosa irritabilidade
312. Destruição de ilusões
313. A monotonia do sábio
314. Não ficar doente por muito tempo
315. Aviso aos entusiastas
316. Saber surpreender-se
317. Opiniões e peixes
318. Indícios de liberdade e não liberdade
319. Crer em si mesmo
320. Mais rico e mais pobre simultaneamente
321. Como se deve atacar
322. Morte
323. Arrependimento
324. Tornar-se pensador
325. O melhor remédio
326. Não tocar!
327. A natureza esquecida
328. Profundidade e tédio
329. Quando é tempo de jurar lealdade a si mesmo
330. Profetas do tempo
331. Aceleração constante
332. As três coisas boas
333. Morrer pela "verdade"
334. Ter seu preço
335. Moral para os que constroem casas
336. Sofocleísmo
337. O heroico
338. Sósias na natureza
339. Afabilidade do sábio
340. Ouro
341. Roda e freio
342. Estorvos do pensador
343. Ter muito espírito
344. Como é preciso vencer
345. Ilusão dos espíritos superiores
346. Exigência de limpeza
347. Também digno de um herói
348. Como medir a sabedoria
349. Dizer o erro desagradavelmente
350. A senha de ouro

ÍNDICE REMISSIVO

Os números se referem a seções, não a páginas.

Pr *designa o Prólogo;* OP, *"Opiniões e sentenças diversas"*; AS, *"O andarilho e sua sombra"*

abstinente(s), Pr 5, 7; OP 206
ação, ações, OP 33, 34, 42, 51, 55, 105, 149, 170, 228, 356; AS 11, 40, 43, 81, 114, 236, 308
admiração, OP 144, 149, 219, 308, 355, 370; AS 123, 127, 282
adversário(s) *ver* inimigo(s), adversário(s)
advogado(s), OP 8, 139; AS 11, 186
afeto(s), OP 70, 144, 275; AS 29, 106
aflição, OP 61; AS 27, 291
alegria(s), Pr 5; OP 7, 48, 49, 62, 75, 77, 98, 119, 149, 169, 175, 179, 187, 214, 222, 311, 327, 337, 339, 343; AS , 14, 27, 37, 40, 73, 86, 128, 154, 170, 183, 201, 209, 226, 300, 305, 320, 332, 350
Alemanha, alemães, Pr 1, 3; OP 170, 223, 224, 227, 298, 299, 302, 319, 323, 324; AS 87, 91, 94, 95, 103, 107, 109, 118, 123, 124, 125, 146, 161, 214, 215, 216, 224, 228, 287
alimento(s), OP 28, 108, 168, 174, 327, 369; AS 98, 342
alma(s), Pr 5, 6; OP 7, 17, 54, 91, 97, 98, 99, 109, 113, 123, 126, 134, 142, 151, 154, 171, 172, 173, 221, 222, 224, 225, 251, 277, 284, 287, 292, 303, 316, 322, 323, 336, 339, 349, 361, 397, 400; AS 6, 7, 20, 44, 46, 50, 57, 73, 77, 83, 85, 86, 88, 104, 124, 154, 167, 168, 170, 190, 207, 209, 212, 220, 221, 222, 224, 258, 283, 285, 308, 322
amargor, amargura, OP 44; AS 22, 65, 154, 285, 320
ambição, OP 64, 102, 156, 170, 177, 312, 320; AS 114, 118, 158, 195, 215, 279
América do Norte, AS 287
amizade, amigo(s), Pr 5; OP 4, 24, 51, 98, 129, 231, 240, 241, 242, 252, 259, 260, 263; AS 22, 33, 120, 168, 169, 174, 183, 192, 200, 213, 311
amor, Pr 3; OP 37, 75, 95, 96, 98, 148, 158, 197, 212, 236, 272, 273, 280, 286, 287, 309, 351, 393, 395, 400; AS 33, 51, 190, 232, 301
angústia(s), OP 88, 174, 226; AS 181
animal, animais, OP 62, 99, 171, 172, 185, 222; AS 14, 23, 56, 57, 181, 183, 221, 222, 350
aniquilamento, OP 280; AS 22, 308
anseio(s), Pr 3, 7; OP 28, 169, 173, 177, 178; AS 284, 286, 308
Antiguidade, OP 170, 187, 220, 224; AS 7, 214, 222, 285
Apolo, OP 222
apóstolos, AS 76
ar, OP 33, 91, 99, 134, 142, 205, 237, 397, 400; AS 6, 81, 92, 170, 171, 182, 188, 269, 338, 350
Argos, OP 223
Aristóteles, AS 87
arma(s), OP 183, 261, 290, 388; AS 284
arquitetura, arquiteto, OP 26, 144, 171, 219
arrependimento, AS 27, 323

arrogância, arrogante(s), OP 12, 258, 324; AS 92
arte(s), artista(s), Pr 1, 2, 3, 5; OP 25, 27, 28, 29, 30, 40, 99, 100, 102, 103, 104, 106, 108, 109, 110, 113, 115, 116, 117, 118, 119, 120, 121, 123, 124, 125, 126, 131, 132, 133, 134, 136, 139, 144, 146, 147, 148, 150, 151, 154, 166, 169, 170, 171, 172, 173, 174, 175, 176, 177, 178, 180, 182, 184, 186, 188, 205, 206, 213, 222, 223, 227, 250, 265, 274, 284, 285, 307, 310, 337, 365, 370, 371, 381; AS 6, 73, 97, 98, 99, 102, 103, 107, 110, 117, 122, 123, 127, 134, 136, 137, 138, 140, 142, 155, 157, 158, 160, 164, 165, 167, 168, 170, 172, 184, 190, 194, 214, 215, 220, 242, 266, 270, 275, 280, 283, 342
Ásia, AS 215, 231
asianismo, OP 131
assassinatos, OP 4
asseio, limpeza, Pr 3; OP 174, 196, 288; AS 346
astrônomos, AS 14
ataque, OP 55, 163; AS 22, 284, 321
Atenas, OP 301, 320; AS 225, 230
ateu, AS 7, 69
autoconhecimento, OP 223; OP 26, 185
autocontrole, AS 216, 305
autoengano, OP 37
autopreservação, AS 33
autossuperação *ver* superação
aversão, Pr 5; OP 7, 113, 145, 169, 173, 250; AS 98, 145, 179

Bach, OP 298; AS 149
bárbaro(s), OP 162, 173, 220, 224; AS 222, 275
Barcarola (Chopin), AS 160
barroco, OP 131, 144
Beethoven, OP 126, 170, 171, 298; AS 152, 155, 216
beleza, OP 49, 102, 118, 222, 292, 336; AS 95, 159, 201, 295
bem, o, OP 98, 323, 324, 330, 336; AS 17, 70, 276, 285, 286
bem-estar, OP 52, 89, 91, 119, 169, 170, 304; AS 190, 293
bênção, AS 61
benevolência, OP 26, 113, 196, 236, 245, 393; AS 40
bens, OP 343; AS 285
Bíblia, OP 98; AS 86
Bismarck, OP 324
Bizâncio, OP 223
boa vontade, Pr 2; OP 209, 336, 361; AS 283, 350
bom gosto, Pr 5; AS 157, 168; OP 99, 170, 236
bondade, bons, AS 20, 62, 69, 84, 175, 256, 285
Bretanha, OP 224
brevidade, OP 127, 270
bruxas, OP 225
burgueses, OP 304

Calderón, OP 170, 173
calma, AS 47, 332
Calvino, AS 85
cansaço, Pr 5; AS 263, 299; 88, 349
caráter, OP 5, 23, 36, 44, 51, 58, 88, 113, 169, 170, 181, 219, 288, 323, 384; AS 14, 37, 59, 63, 146, 156, 170, 215, 221, 299, 314
caridoso(s), AS 41, 253
carta(s), Pr 5; AS 107, 236, 237, 261
castigo(s), punição, OP 78, 150; AS 16, 22, 23, 24, 28, 33, 68, 81, 183, 186, 323
cautela, Pr 3; AS 7, 71
ceticismo, cético(s), Pr 1; OP 8, 27, 32, 71; AS 16, 158
céu(s), OP 23, 89, 96, 99, 144, 220,

349; AS 16, 85, 91, 124, 156, 190, 209, 265, 269, 313, 350
Chamfort, AS 214
chiste, OP 111, 202
Chopin, AS 159, 160
Cícero, AS 107, 110
ciência(s), Pr 6; OP 5, 25, 31, 90, 98, 184, 186, 203, 205, 206, 215, 221, 227, 265, 363; AS 4, 6, 16, 99, 123, 145, 171, 179, 188, 195, 277, 315
cinismo, cínico, Pr 5; OP 256; AS 18
ciúme *ver* inveja, ciúme
clássico(s), AS 118, 125, 132, 217
cólera, OP 54; AS 183
comédia, comediantes, OP 24, 88, 100, 170, 232, 393
comodismo, Pr 1; OP 324
compaixão, compassivos, OP 52, 59, 68, 170, 282, 308, 377; AS 7, 11, 41, 45, 50, 62, 175, 239, 314
compositor(es), OP 139, 171; AS 155, 159
conforto(s), OP 43, 337
conhecimento, Pr 1; OP 13, 26, 32, 33, 37, 50, 98, 144, 170, 171, 185, 301, 324, 385, 399; AS 1, 9, 16, 17, 20, 23, 24, 48, 82, 201, 216, 266, 285, 308, 329
consciência, Pr 3, 6, 7; OP 26, 42, 43, 51, 52, 72, 76, 84, 90, 133, 169, 306, 320, 402; AS 9, 27, 30, 52, 156, 170, 172, 179, 183, 216, 294
consolo, Pr 6; OP 52, 132, 142; AS 7, 264
contemplação, OP 98, 398; AS 47
Contrarreforma, OP 226
Conversas com Eckermann, AS 109
coração, Pr 6, 7; OP 17, 31, 32, 33, 39, 58, 67, 90, 92, 95, 144, 169, 177, 182, 197, 212, 217, 258, 261, 264, 298, 354, 400; AS 7, 8, 45, 52, 124, 155, 183, 269, 300, 308
coragem, corajoso(s), Pr 6, 7; OP 25, 177, 320; AS 73, 123, 251, 279
Córcira, AS 31
corpo(s), OP 113, 224, 266; AS 5, 34, 77, 188, 190, 221, 264, 287, 291
costume(s), OP 89, 90, 97, 156, 180, 220; AS 74, 77, 92, 93, 123, 221, 267
covardia, covarde(s), OP 363; AS 240, 251, 273
crença, OP 26, 51, 96, 97, 98, 289, 318, 320, 363; AS 11, 52, 61, 78, 83, 123, 181, 207, 241
criança(s) *ver* infância, criança(s)
crime(s), criminoso(s), OP 148, 161; AS 17, 22, 23, 24, 28, 186, 205, 279, 284
Cristo, cristão(s), cristianismo, OP 8, 33, 92, 95, 96, 97, 98, 220, 224, 225, 299; AS 57, 74, 78, 81, 83, 86, 149, 156, 182, 214, 215, 222, 350
crítica, crítico(s), Pr 1; OP 28, 149, 157, 164; AS 167, 182, 228, 279, 311
crueldade, cruel, cruéis, OP 280; AS 22, 57, 85, 221
Crusoé, AS 54
culpa(s), OP 33, 102, 386; AS 16, 24, 28, 81
cultura(s), Pr 1; OP 13, 170, 171, 179, 183, 186, 217, 224, 274, 310, 319, 323; AS 87, 91, 125, 182, 184, 186, 188, 215, 220, 229, 275, 279, 292

decepção, OP 23, 123, 235
deficiências, OP 86; AS 83
democracia, AS 230, 275, 281, 292, 293
Demóstenes, OP 219; AS 110
desconfiança, OP 27, 80, 139, 184, 186, 295, 320; AS 145, 213

desejo(s), Pr 1, 3; OP 113, 134, 172, 182, 227, 273, 285, 324, 337, 349; AS 9, 47, 74, 160, 226, 284, 285, 289, 308, 334
desilusão, desiludidos, Pr 3, 5; OP 1
desonra, AS 22, 209
desprazer, OP 187, 217; AS 12
destino, OP 78, 169, 189, 193, 226, 363, 366; AS 16, 30, 70, 291
Deus, deuses, OP 5, 12, 20, 22, 25, 33, 92, 96, 97, 149, 171, 176, 177, 186, 189, 222, 224, 225; AS 7, 12, 14, 16, 30, 44, 46, 52, 56, 57, 61, 69, 72, 74, 80, 81, 85, 149, 150, 156, 160, 185, 277, 284
Diabo, Demônio, OP 5, 224, 226, 324; AS 7, 42, 62, 66, 78, 124
Dialogue des morts, AS 214
Diderot, OP 113
dificuldade(s), OP 21, 121, 222; AS 214, 331, 345
dinheiro, OP 310; AS 25, 282, 285
Diógenes, AS 18
direito(s), Pr 3, 4, 5; OP 52, 57, 126, 220, 226, 316; AS 13, 26, 31, 39, 68, 155, 159, 190, 216, 251, 276, 292, 293, 303
disciplina, Pr 1, 2, 5; OP 113
doença, doente(s), Pr 1, 3, 4, 5, 6; OP 26, 58, 61, 68, 159, 264, 282, 285, 304, 349, 356, 361, 396; AS 8, 87, 118, 129, 174, 185, 188, 209, 230, 264, 269, 292, 314, 325, 350
dor(es), Pr 5; OP 10, 62, 88, 89, 164, 174, 187, 217, 334, 349; AS 9, 14, 23, 27, 33, 67, 83, 174, 181
drama, dramático(s), dramaturgo(s), OP 139, 144, 219, 222; AS 103, 117, 162
dualidade, OP 75
Dürer, AS 215
dúvida(s), OP 20, 32, 113, 183, 223, 224, 227, 259, 372, 383; AS 33, 215, 312

Édipo, AS 174
educação, OP 26, 91, 181, 213, 223, 320; AS 137, 180, 228, 267
Egito, egípcias, OP 223, 323; AS 105
egoísmo, egoístas, OP 37, 91, 98, 265; AS 285
elogio(s), OP 87; AS 171, 190, 262
eloquência, eloquente(s), OP 88, 131, 144, 184; AS 216
emigração, AS 231
emoção, emoções, OP 88, 105, 119, 324
energia(s), Pr 3; OP 169, 209, 226, 228; AS 118, 170, 179, 185, 190, 220
enfermidade, enfermo(s) *ver* doença(s), doente(s)
entusiasmo, Pr 3; OP 132, 134, 171, 304; AS 118, 221
Epicuro, epicuristas, OP 224, 408; AS 7, 192, 227, 295
equidade *ver* justiça, justo(s)
equilíbrio, Pr 5; OP 91, 119, 230; AS 22, 32, 50
eremita, Pr 5
Éris, AS 29
Erostratos, OP 66
erudição, erudito(s), OP 169; AS 103, 123, 124, 125, 171, 179, 228
escrever, OP 152, 219; AS 87, 110, 144, 146, 148, 214, 231, 236
escritor(es), OP 19, 32, 112, 113, 114, 116, 120, 138, 141, 144, 227, 250, 308, 356; AS 97, 101, 103, 107, 246
esmolas, AS 239, 240
espanhóis, AS 215
Esparta, AS 279
esperança(s), Pr 3; OP 23, 52, 95, 98, 169, 289, 379; AS 9, 44, 179, 183, 190, 269, 276, 332

espiritismo, OP 12
Espírito Santo, AS 143
espírito(s), Pr Pr 1, 2, 3, 5, 6; OP 11, 17, 25, 26, 27, 33, 45, 98, 99, 110, 113, 146, 153, 160, 171, 178, 185, 186, 187, 200, 204, 205, 209, 211, 216, 219, 221, 222, 223, 226, 227, 272, 275, 302, 310, 318, 320, 324, 326, 333, 353, 362, 375, 382; AS 4, 5, 8, 14, 16, 20, 70, 72, 77, 87, 88, 93, 97, 101, 114, 118, 123, 134, 159, 165, 171, 173, 174, 175, 181, 182, 188, 197, 212, 214, 215, 216, 217, 222, 230, 231, 236, 255, 270, 275, 282, 299, 311, 318, 320, 330, 343, 345, 350
Estado(s), OP 26, 171, 186, 220, 304, 317, 320; AS 6, 26, 80, 226, 232, 284
estética, estético(s), OP 28, 119, 133; AS 123, 164, 168
estilo, OP 113, 114, 117, 131, 144, 169; AS 79, 88, 96, 110, 111, 118, 120, 131, 135, 136, 137, 144, 148, 149, 156, 158, 228
estima, OP 256, 257; AS 5, 50, 283, 294
estrangeiro(s), Pr 5; OP 221, 223, 324; AS 87
estupidez, estúpido(s), OP 5, 39; AS 23, 59, 65, 189, 206, 262, 275, 286, 323
ética, OP 33; AS 60
Europa, europeu(s) Pr 6; OP , 171, 219, 223, 324; AS 87, 125, 214, 215, 216, 231, 275, 287
Euterpe, AS 163
existência, Pr 7; OP 27, 88, 148, 187, 190, 225, 374; AS 14, 17, 20, 73, 173
êxito, OP 32, 91, 166, 170, 178; AS 26, 81, 216, 294

fama, OP 91, 98, 103, 126
fanatismo, fanático(s), Pr 3; OP 15, 97, 133; AS 70, 158, 213, 296
fantasia, fantasioso(s), OP 6, 96, 200, 204, 222; AS 14, 33, 139, 190, 320
fariseus, OP 12; AS 168
fastio, Pr 5; OP 27; AS 193, 200
Fausto (Goethe), OP 170, 324; AS 42, 124, 168
favor, Pr 4; OP 15, 164, 212, 243, 255; AS 30, 41, 79, 165, 174, 294
fé, OP 20, 27, 71, 98, 207, 225, 226; AS 16, 66, 73, 74, 234, 266, 321
feiura, OP 222, 336; AS 316
felicidade, feliz(es), Pr 5; OP 17, 49, 52, 85, 90, 96, 98, 119, 132, 142, 144, 171, 173, 178, 179, 184, 186, 217, 278, 288, 324, 334, 349, 352; AS 27, 30, 160, 168, 185, 265, 271, 291, 308, 329, 338
feminino, Pr 3; OP 134, 278; AS 273, 274
ferida(s), OP 45; AS 33, 285, 350
Ferney, AS 237
Fichte, AS 216
filho(s), OP 36, 63, 95, 116, 135, 227, 286; AS 28, 33, 41, 73, 84
filisteu(s), filistinismo, Pr 1; OP 14
filólogos, OP 69; AS 118
filosofia, filósofo(s), OP 1, 5, 10, 19, 28, 33, 62, 89, 125, 139, 148, 182, 194, 201, 220, 224, 271, 278, 325, 356, 380, 396; AS 8, 62, 168, 171, 192, 213, 214, 216, 227, 266
Finlândia, AS 338
fome, OP 28, 108, 123, 369; AS 193, 203, 213, 239
Fontenelle, AS 214
força(s), Pr 7; OP 11, 26, 31, 46, 64, 71, 85, 99, 102, 107, 112, 114, 115, 117, 121, 134, 139, 144, 146, 163, 166, 171, 174, 179, 181, 183, 184, 186, 222, 226, 230, 272, 296, 300, 304, 319, 320, 339, 342,

346, 358, 394; AS 2, 6, 26, 33, 79, 114, 154, 161, 164, 170, 172, 179, 189, 195, 215, 217, 229, 268, 275, 281, 284, 286
França, franceses, OP 113, 223, 324; AS 93, 94, 95, 103, 161, 214, 216
franqueza, OP 254, 363; AS 215
fraqueza, fraco(s), OP 21, 64, 67, 115, 121, 148, 169, 177, 186, 216; AS 22, 39, 132, 166, 181, 213, 216, 217
Frederico, o Grande, AS 237
frieza, Pr 1; OP 70, 126, 182, 246; AS 67, 197, 299
futuro, Pr 5; OP 97, 99, 114, 171, 172, 179, 180, 264, 318, 324; AS 41, 61, 157, 174, 184, 185, 190, 191, 217, 275, 286

Genebra, AS 201, 216
gênio(s), genialidade, OP 33, 110, 155, 185, 186, 192, 378, 407; AS 151, 215
Gluck, AS 164
Goethe, OP 99, 113, 170, 173, 227, 298, 302, 324, 408; AS 89, 90, 99, 107, 109, 118, 124, 125, 149, 214
Górgias, OP 219
gozo(s), OP 89, 170
grandeza, OP 102, 144, 162, 221, 292, 363, 383, 384, 398; AS 20, 155, 179, 213, 216, 271, 332
gratidão, Pr 1, 5; OP 248, 297; AS 157, 190, 216
gravidez, OP 63, 216, 285; AS 17
Grécia, grego(s), OP 69, 112, 113, 124, 131, 144, 169, 170, 171, 172, 177, 189, 218, 219, 220, 221, 222, 223, 224, 227; AS 114, 122, 127, 140, 167, 184, 190, 214, 215, 225, 226, 232, 265, 295, 336
guerra(s), Pr 5; OP 171, 184, 226, 320, 324; AS 187, 218, 281, 284, 286

Hades, OP 224, 374, 408
Haendel, OP 171, 298; AS 150
harmonia, OP 170, 186; AS 119
Haydn, AS 151
Hegel, OP 170
Helvétius, AS 216
Heráclito, OP 223
Herder, AS 118, 125
Heródoto, OP 223
herói(s), heroico(s), OP 116, 171, 219, 401; AS 20, 142, 150, 295, 296, 337, 347
Hesíodo, OP 188; AS 29, 256
hiperbóreos, AS 265
Hípias, AS 8
hipocondríaco(s), AS 7, 255
hipocrisia, hipócrita, OP 231, 299, 373; AS 5, 36, 81, 118, 284, 294
história, historiadores, Pr 1, 6; OP 10, 17, 22, 25, 26, 33, 94, 113, 118, 131, 147, 162, 178, 179, 184, 185, 218, 220, 221, 222, 223, 226, 307, 382; AS 3, 12, 16, 24, 42, 118, 125, 188, 232, 281
Homero, OP 173, 189, 212, 219, 220, 221; AS 6, 113, 122, 140
honestidade, honesto(s), OP 56, 73, 88, 98, 114, 169, 170, 318, 344; AS 24, 42, 73, 216, 267, 286, 303
honra, OP 26, 113, 320, 396; 33, 34, 41, 146, 208
Horácio, OP 49, 276; AS 86
horror, OP 179; AS 37, 338
humanidade, OP 179, 185, 186, 210, 223, 224, 231, 233, 236; AS 6, 7, 12, 14, 16, 21, 37, 44, 64, 85, 125, 183, 186, 188, 189, 190, 197, 209, 216, 268, 285, 288, 323, 350
Humano, demasiado humano, Pr 1, 2
humildade, humilde(s), OP 26, 98, 342
humilhação, OP 65, 132, 285; AS 256, 288, 344

Idade Média, OP 171, 319; AS 149, 222, 275
ideal, idealista(s), Pr 3; OP 23, 86, 157, 177, 180, 184, 211, 345, 350, 402; AS 6, 16, 155, 216
Ideias sobre a história da humanidade, AS 125
idoso(s), velho(s), OP 69, 271, 283, 289, 324; AS 5, 73, 213, 260, 265, 295
Ifigênia (Goethe), OP 170
ignorância, ignorante, OP 69, 257, 388; AS 23, 146, 215
Igreja, igrejas, OP 97, 180; AS 73, 76, 80, 149
Iluminismo, OP 171; AS 182, 221
ilusão, ilusões, iludido(s), Pr 1; OP 3, 31, 32, 79, 221, 227; AS 12, 20, 61, 140, 171, 312, 345
imagens, OP 66, 99, 171, 222; AS 72, 135, 145, 165, 194
imitação, OP 134, 209, 381; AS 91, 156
imoralidade(s), imoral, OP 90, 324; AS 29, 107, 185, 284
imortalidade, imortal, OP 12, 17, 26, 98; AS 144, 268
impertinência, OP 69
impolidez, OP 253
imprensa, OP 321; AS 278
indivíduo(s), Pr 6; OP 13, 26, 33, 89, 98, 103, 110, 125, 159, 169, 170, 175, 186, 209, 210, 213, 215, 220, 223, 228, 261, 320, 325, 373; AS 6, 9, 22, 31, 33, 34, 40, 53, 57, 70, 81, 85, 136, 167, 181, 183, 188, 189, 190, 197, 210, 215, 221, 248, 264, 276, 279, 285, 294, 295, 311, 350
infância, criança(s), OP 49, 110, 191, 213, 244, 270, 281, 288, 319, 364; AS 6, 40, 51, 52, 123, 152, 168, 214, 262, 265, 320
infelicidade, infeliz(es), OP 26, 334; AS 7, 27, 74, 125
inferno, OP 23, 144
infidelidade, OP 357
ingenuidade, ingênuo, OP 4, 33, 169, 176
Inglaterra, ingleses, OP 184, 324; AS 216, 233
inimigo(s), adversário(s), Pr 7; OP 11, 44, 54, 96, 153, 160, 226, 248, 263, 316, 383; AS 66, 87, 143, 174, 264, 267, 275, 293
injustiça, injusto(s), OP 40, 52, 79, 94, 113, 192, 306; AS AS 31, 209, 285
insatisfação, OP 320; AS 107, 184
instinto, Pr 2; OP 26, 144, 211, 220, 221; AS 70, 189
instituição, instituições, OP 89; AS 221, 289
inteligência, inteligente(s), OP 26, 43, 48, 95, 309, 324; AS 73, 171, 189, 196, 231, 284, 300, 313, 334
intenção, intenções, OP 91, 98, 117, 134, 143, 144, 149, 181, 223, 226, 305; AS 14, 23, 40, 82, 93, 206
intolerante(s), OP 113, 258
inveja, ciúme, OP 53, 60, 99, 150, 170, 175, 265, 298, 304, 310, 334, 351, 377, 383, 396; AS 11, 27, 29, 30, 118, 255, 285, 311, 345
Ítaca, OP 159
Itália, italianos, OP 144, 226, 227, 324; AS 152, 168, 216, 338

Jacques le fataliste, OP 113
juiz, juízes, OP 15, 33, 402; AS 24, 28, 42, 81, 186, 280, 296
Juízo Final, OP 224
Jung-Stilling, AS 109
justiça, justo(s), OP 26, 33, 40, 52, 64, 101, 373; AS 22, 24, 25, 29, 32, 34, 64, 81, 125, 212, 237, 276, 285, 286
Juvenal, OP 224; AS 225
juventude, jovem, jovens, Pr 3; OP

69, 161, 170, 173, 183, 224, 242, 268, 271, 277, 283, 285, 289, 293, 300, 308, 320; AS 5, 17, 73, 84, 90, 111, 118, 123, 125, 161, 171, 179, 190, 215, 216, 222, 266, 267, 268, 271, 343

Kant, OP 27; AS 118, 216
Keller, AS 109
Klopstock, OP 150; AS 125
Kotzebue, OP 170

La Bruyère, AS 214
La Rochefoucauld, AS 214
lágrimas, OP 88, 170, 217; AS 99, 170, 271
lealdade, OP 91; AS 329
leitor(es), OP 113, 127, 129, 130, 137, 138, 142, 145, 152, 153, 156, 158, 175, 218; AS 79, 88, 92, 99, 104, 110, 111, 123
Leopardi, AS 159
Lessing, AS 103, 125
Letes, OP 401
Leute von Seldwyla, AS 109
liberais, OP 304; AS 284
liberdade, OP 33, 50, 86, 98, 113, 209, 211, 218, 220, 226, 298, 302, 407; AS 1, 5, 9, 12, 55, 61, 72, 127, 159, 171, 212, 263, 318, 350
Lichtenberg, OP 219; AS 109, 125
limpeza *ver* asseio, limpeza
linguagem, língua, Pr 1; OP 5, 98, 105, 113, 114, 134, 170, 171, 184, 210, 219, 324; AS 5, 11, 55, 122, 127, 132, 136, 156, 165, 168, 194, 228
literatura(s), Pr 1; OP 168, 178; AS 94, 109, 114, 125
livre-arbítrio, OP 33, 143; AS 9, 10, 11, 23, 28
livro(s), Pr 1, 6; OP 16, 58, 98, 104, 112, 113, 130, 142, 145, 153, 156, 157, 158, 160, 161, 175, 176, 210; AS 106, 109, 111, 121, 125, 130, 132, 133, 143, 180, 200, 214, 216, 231, 324
lógica, lógico, OP 33, 173; AS 9, 28, 92, 156, 183, 211
Lorrain, OP 171, 177
loucura, louco(s), OP 33, 148, 184, 204, 388; AS 221, 230, 232
Luciano, AS 107
Luís XIV, OP 171
Luís XIV, AS 63
Lutero, OP 171, 226; AS 66
luxo, AS 238
luz, Pr 5; OP 7, 12, 27, 54, 61, 179, 219; AS 8, 17, 84, 154, 185, 213, 221, 252, 254, 295, 308, 319, 332

Madona Sistina, AS 73
magia, OP 32, 97, 134, 179
mal, o, OP 52, 220, 324; AS 27, 285
maldade(s), maldosos, maus, OP 39, 42, 164; AS 174, 285
maldição, OP 210; AS 61
mal-entendido, OP 245, 346
mal-estar, OP 126, 169, 179
máquina(s), AS 33, 43, 185, 218, 220, 278, 280, 288
máscara(s), OP 240, 310, 324, 325, 383; AS 63, 175, 285
maturidade, OP 91, 283, 399
medicamento *ver* remédio(s)
médico(s), Pr 5; OP 169, 180; AS 5, 83, 188, 283
mediocridade, medíocre(s), OP 149, 158, 183, 230; AS 175, 345
medo, temor, OP 91, 110, 124, 163, 184, 222, 227, 299, 320; AS 7, 23, 33, 40, 44, 47, 50, 57, 61, 69, 122, 181, 275, 284, 292
Melanchthon, AS 66
memória, Pr 5; OP 122; AS 171, 241, 292, 320

Mendelssohn, AS 157
mendigos, AS 152, 239, 240
mente(s), mentalidade, OP 27, 33, 126, 178, 320, 369; AS 125, 189
mentira(s), mentiroso(s), Pr 1; OP 6, 26, 188, 344, 345; AS 5, 66, 75, 213
mestre(s), OP 15, 110, 113, 125, 126, 131, 147, 172, 176, 180, 181, 220, 231, 318, 320, 341, 356, 357; AS 30, 179, 180, 213, 266, 280
metafísica, metafísico(s), OP 10, 12, 14, 17, 27, 28, 33; AS 3, 5, 9, 16, 17
Michelangelo, OP 144
milagre, AS 23, 73
Milton, OP 150
miopia, míope(s), OP 101, 128, 270; AS 189, 216
místico(s), OP 5, 28, 219
mitologia, mitológicos, OP 9; AS 11, 23
moda(s), OP 5, 209; AS 215
moderação, OP 99, 196, 326, 389; AS 41, 64, 212, 228
modernidade, moderno(s), Pr 3; OP 113, 218, 226; AS 18, 46, 122, 159, 215, 219, 222, 265, 279
modéstia, modesto(s), AS 14, 15, 304, 334; OP 253, 383
Moira, AS 61
Moisés, AS 182
Molière, AS 63, 230
monarquia, AS 232, 281
Mont Blanc, AS 201
Montaigne, OP 408; AS 86, 214
montanha(s), OP 49, 93, 169, 178, 205, 214, 223, 225, 237, 358; AS 4, 202, 263, 275
moral, moralidade, moralista(s), Pr 1; OP 5, 9, 27, 33, 34, 35, 40, 52, 71, 72, 73, 86, 89, 126, 150, 159, 177, 185, 220, 339, 342; AS 4, 7, 19, 20, 21, 22, 35, 40, 41, 44, 45, 52, 57, 60, 62, 63, 70, 86, 111, 114, 123, 148, 151, 168, 185, 212, 216, 230, 264, 284, 285, 303, 316, 332
moribundo(s), OP 88, 124; AS 7, 75
morte, morto(s), OP 88, 178, 202, 227, 259, 307, 360, 373, 408; AS 8, 16, 58, 124, 125, 185, 195, 308, 322
Mozart, OP 171, 298; AS 52, 165
mulher(es), OP 30, 36, 95, 100, 169, 173, 265, 272, 273, 274, 276, 282, 284, 286, 287, 290, 291, 292, 304, 324; AS 17, 20, 28, 42, 73, 105, 169, 190, 215, 270, 271, 272, 273
multidão, OP 89, 166, 313, 348
mundo, Pr 5; OP 3, 10, 17, 24, 25, 26, 27, 32, 42, 67, 90, 94, 95, 97, 98, 99, 132, 149, 154, 169, 171, 182, 183, 187, 190, 220, 222, 223, 224, 226, 227, 228, 278, 318, 324, 338, 359, 364, 366, 369, 380, 389, 408; AS 2, 12, 14, 16, 25, 27, 33, 37, 41, 46, 61, 67, 78, 81, 123, 149, 152, 184, 213, 216, 259, 265, 267, 277, 295, 304, 349
Musas, musa, OP 100, 101, 135, 150, 188, 212; AS 163
música, Pr 3; OP 134, 144, 159, 169, 170, 171, 175, 213, 304; AS 14, 137, 149, 150, 151, 152, 154, 156, 157, 158, 161, 163, 165, 166, 167, 168, 169, 170

Nachsommer, 109
Nascimento da tragédia, Pr 1
natureza, OP 5, 9, 23, 35, 49, 51, 91, 93, 99, 112, 124, 144, 146, 151, 169, 171, 174, 185, 186, 217, 220, 227, 243, 272, 274, 276, 339, 342, 349; AS 6, 8, 12, 16, 17, 22, 29, 31, 41, 67, 70, 73, 124, 170, 181, 185, 195, 198, 200, 205, 209, 213,

219, 226, 276, 279, 284, 304, 308, 327, 338
negócios, AS 247, 279
nobreza, nobre(s), OP 73, 105, 111, 144, 159, 162, 169, 170, 172, 179, 184, 206, 298, 304, 336, 343, 397; AS 29, 33, 57, 64, 73, 127, 141, 159, 165, 185, 196, 247, 340
nomadismo, nômades, OP 211, 223
Noruega, AS 191

obscurantismo, obscurantistas, OP 27
ócio, OP 97, 175, 274; AS 6, 170, 220
ódio, OP 145, 197, 199; AS 9, 40, 79, 190, 209, 215, 216, 284
opinião, opiniões, OP 58, 176, 226, 302, 325, 338; AS 41, 71, 79, 260, 267, 293, 317, 319, 320, 330, 333, 346
oposição, oposições, Pr 1, 7; OP 60, 70, 97, 99, 304, 305; AS 34, 67, 276
oração (prece), OP 119, 405; AS 73, 74
orgulho, Pr 5, 7; 26, 132, 149, 198, 268, 403; AS 17, 34, 57, 70, 288, 318
ouro, OP 116, 162, 171, 249, 304, 404; AS 145, 340, 350

Pã, AS 308
paciência, OP 349; AS 251
pagão(s), paganismo, OP 97, 220, 224
paixão, paixões, OP 90, 99, 126, 148, 172, 174, 220, 227, 287, 288; AS 9, 37, 53, 88, 200, 222, 247, 324
Palas Atena, OP 177
Palestrina, OP 171
paradoxo(s), OP 134, 162, 168; AS 73, 92
paraíso *ver* céu(s)
parcimônia, OP 91
paródia, OP 22
partido(s), Pr 4; AS 71, 82, 218, 275, 290, 292, 293; OP 60, 97, 133, 146, 171, 199, 294, 295, 301, 305, 306, 308, 309, 312, 314, 318
Pascal, OP 5, 408
passado, Pr 1, 6; OP 4, 37, 49, 99, 126, 144, 172, 179, 223, 224, 242, 293, 307, 382, 393; AS 28, 100, 151, 168, 178, 215, 216, 279, 292
Paulo, apóstolo, AS 85
paz, OP 49, 183, 209, 226; AS 190, 284, 286, 295, 350
pecado(s), OP 5, 32, 33, 42, 224, 226, 328; AS 28, 42, 78, 81, 156, 165, 183
pensador(es), OP 18, 19, 25, 26, 29, 122, 139, 142, 143, 144, 148, 194, 198, 212, 319, 335; AS 43, 118, 123, 191, 214, 225, 236, 241, 246, 249, 260, 267, 306, 324, 332, 342
pensamento(s), OP 26, 33, 35, 78, 96, 97, 113, 120, 161, 171, 189, 190, 196, 240, 271, 280, 293, 320, 374, 376; AS 4, 16, 33, 34, 66, 82, 103, 105, 107, 111, 121, 131, 135, 143, 144, 157, 167, 177, 183, 193, 214, 220, 243, 260, 332, 342
Pentesileia, OP 100
perigo(s), Pr 2, 3, 6; OP 73, 97, 119, 134, 159, 163, 206, 219, 260, 266, 310, 312, 369, 370; AS 28, 31, 57, 69, 71, 123, 179, 197, 226, 275, 279, 281, 293, 294, 305
pessimismo, pessimista(s), Pr 1, 2, 4, 5, 7; OP 11; AS 46, 184
Piccini, AS 164
Pilatos, OP 8
pintor(es), OP 19; AS 73, 309, 316
Piron, AS 237
Pirro, AS 213
Platão, OP 271, 408; AS 152, 214, 285
pluralidade, OP 75; AS 7, 171
Plutarco, AS 20
pobreza, pobre(s), OP 12, 17, 26, 33,

50, 88, 98, 148, 181, 227, 238, 310, 320, 342, 375, 396; AS 7, 8, 25, 41, 57, 61, 127, 154, 163, 194, 215, 320
poder(es), OP 26, 50, 99, 220, 304, 318; AS 22, 23, 26, 34, 167, 181, 190, 251, 292
poesia, poeta(s), OP 99, 105, 111, 135, 139, 141, 144, 162, 163, 170, 172, 176, 177, 189, 206, 212, 219, 220, 222, 227, 270, 324, 336; AS 56, 95, 105, 122, 123, 134, 140, 184, 190, 225, 266
polidez, OP 92, 240
política(s), político(s), OP 171, 178, 299, 307, 315, 321, 324; AS 9, 125, 226, 229, 277, 287, 292, 296
posse *ver* propriedade, posse
Poussin, AS 295
prazer(es), OP 5, 30, 42, 51, 88, 98, 99, 132, 149, 167, 170, 172, 304, 324, 345, 356; AS 9, 12, 15, 23, 34, 57, 61, 74, 103, 114, 179, 256, 286, 295, 329
preguiça, AS 286, 311
presente (tempo), OP 89, 99, 116, 126; AS 16, 116, 125, 188, 229, 275, 279
pressentimento, OP 2, 26, 227, 289, 339
privação, privações, Pr 1, 3; OP 88, 106, 334, 400; AS 8, 266
professor(es), OP 60, 125, 320; AS 5, 6, 180, 267, 282
profeta(s), OP 193; AS 182, 330
profissão, profissões, OP 32, 183; AS 23, 36, 123, 206, 215
propriedade, posse, OP 304, 310, 317, 343; AS 33, 114, 190, 285, 292, 303
prosa, OP 144, 219; AS 90, 91, 95, 109
prosperidade, OP 304, 396; AS 190
protestantismo, OP 97
prudência, OP 145; AS 26, 57, 125
psicólogo(s), Pr 1; OP 96
pudor, OP 9, 105, 110, 222, 256; AS 17, 136
punição *ver* castigo(s), punição

quietude, Pr 5; AS 170

Racine, OP 171, 173
raciocínio, OP 223, 225; AS 10, 277
Rafael, AS 73, 159
razão, racional, racionalidade, OP 119, 180, 224, 297, 303, 319; AS 2, 16, 23, 33, 41, 45, 48, 74, 86, 164, 183, 185, 189, 197, 280
realidade, Pr 1; OP 3, 32, 96, 99, 114, 135, 220, 226, 330; AS 5, 11, 17, 23
recompensa(s), Pr 5; OP 78, 98; AS 28, 143
reflexão, OP 172, 187, 317; AS 5, 6, 33, 152, 196
Reforma Protestante, OP 171, 223; AS 223
Regensburg, OP 226
rei(s), OP 26; AS 34, 232, 281
religião, religiões, religioso(s), OP 52, 93, 95, 97, 98, 169, 222, 224, 225, 226; AS 16, 57, 74, 79, 82, 158, 185, 232
remédio(s), OP 186, 361, 365; AS 78, 187, 188, 325
remorso(s), OP 52, 87; AS 7, 38
Renascimento, Renascença, OP 223; AS 214, 216
renúncia, OP 91, 98, 169, 333, 337, 403
reputação, OP 26, 68, 91, 158; AS 6, 227, 270
resignação, resignado, Pr 4; OP 298, 363; AS 61
retórica, OP 139, 144
rigor, Pr 3, 4, 7; OP 7; AS 179
riqueza, rico(s), OP 110, 154, 175, 180,

187, 304, 310, 315, 343; AS 25, 41, 93, 127, 155, 209, 247, 293, 320
riso, OP 99, 276; AS 14, 173
Roma, romano(s), OP 49, 113, 223, 224; AS 110, 215, 216
romantismo, romântico, Pr 2, 3, 4, 5, 7; AS 217
Rossini, OP 171
roubo, OP 37, 165; AS 22, 223
Rousseau, OP 408; AS 216, 221
rudeza, rude(s), Pr 5; OP 121, 310, 322; AS 22, 44, 57
Rússia, AS 231

sabedoria, sábio(s), OP 170, 173, 176, 180, 184, 215, 223, 224, 246, 337, 386; AS 64, 69, 86, 125, 297, 298, 300, 313, 339, 348
sacrifício(s), OP 34, 89, 206, 254; AS 33, 272, 283, 284, 285
Sainte-Beuve, AS 125
salvação, AS 6, 17
sangue, Pr 1; OP 113, 126, 164, 179, 374, 408; AS 16, 33, 42, 154, 184, 209, 338
santidade, santos, OP 51, 92; AS 74, 75, 124
satisfação, OP 28, 91, 129, 169, 175, 209, 320; AS 17, 33, 107, 181, 286, 320
saúde, Pr 2, 3, 4, 5, 6; OP 68, 91, 107, 159, 169, 184, 264, 301, 303, 343, 356, 396; AS 33, 129, 188, 325
Saulo *ver* Paulo, apóstolo
Saxônia, OP 324
Schadenfreude, AS 27
Schiller, OP 126, 170, 227; AS 99, 123, 125, 216
Schleiermacher, AS 216
Schopenhauer, Pr 1; OP 5, 33, 170, 185, 271, 408; AS 17, 214
Schubert, AS 155
Schumann, AS 161
sedentários, OP 223; AS 219
sensibilidade, OP 49, 67, 144, 171, 223, 231; AS 40, 57, 67, 136, 168
sensualidade, OP 116, 171, 224, 287; AS 83, 270
sentença(s), OP 113, 129, 165, 168, 186, 219, 318
sentimento(s), Pr 7; OP 33, 42, 49, 59, 85, 89, 90, 105, 119, 121, 134, 144, 163, 171, 184, 187, 196, 202, 222, 224, 234, 243, 252, 265, 277, 279, 293, 304, 320, 342, 344, 349, 407; AS 5, 6, 9, 12, 16, 20, 33, 35, 43, 50, 52, 57, 69, 77, 99, 136, 168, 174, 179, 182, 187, 190, 193, 205, 208, 209, 212, 222, 250, 283, 284, 285, 323
serenidade, Pr 1, 5; OP 142, 396; AS 269
seriedade, sério(s), OP 45, 71, 88, 99, 113, 144, 211, 221, 380; AS 5, 16, 79, 86, 95, 99, 125, 128, 165, 190, 216, 228, 247, 255, 321
Sete Sábios, OP 219
sexos, OP 113, 273, 278, 291; AS 274
sexual, sexualidade, OP 95; AS 197
Shakespeare, OP 162
silêncio, Pr 5; OP 21, 53, 252; AS 8, 84, 167, 213, 246, 308
Simônides, OP 219
simplicidade, simples, OP 105, 113, 159, 173, 177, 206, 222; AS 106, 118, 148, 196, 238
soberba, soberbo(s), OP 26, 324; AS 46, 183
sobriedade, sóbrio, OP 142, 170, 171, 206, 219, 326; AS 136
socialismo, socialista(s), OP 171, 304, 316, 324; AS 285, 292
sociedade(s), OP 52, 169, 170, 171, 175, 178, 182, 220, 234, 286, 320, 396; AS 5, 27, 28, 33, 34, 40, 60, 63, 111, 167, 181, 183, 186, 190,

215, 235, 252, 264, 270, 279, 284, 285, 286, 303
Sócrates, AS 6, 72, 86
Sófocles, OP 162, 170, 173; AS 136, 336
sofrimento(s), OP 32, 324, 334; AS 33, 62, 255, 266, 343
solidão, solitário, Pr 1, 4, 5; OP 49, 237, 333, 348, 386; AS 70, 167, 200, 320, 342
Sólon, OP 301
sonho(s), OP 32, 76, 183; AS 194
Spinoza, OP 408
Sterne, OP 113
Stifter, AS 109
Strauss, Pr 1
sufrágio, AS 276
suicídio(s), OP 33, 94; AS 185
superação, superações, autossuperação, Pr 1; OP 152, 323; AS 45, 53
superstição, OP 9, 184; AS 57, 215

talento(s), OP 151, 155, 170, 285, 288, 320, 365; AS 172, 329, 339
Tasso (Goethe), OP 170
tédio, tedioso, OP 25, 119, 163, 169, 171, 173, 230, 310, 349, 369; AS 56, 74, 167, 200, 220, 266, 328
temor *ver* medo, temor
temperamento(s), OP 44, 216; AS 86, 274
Teócrito, OP 173
Teofrasto, AS 230
Terra Prometida, OP 382
Terra, OP 6, 179, 278, 332, 382; AS 6, 14, 188, 189, 190, 265, 350
Times, AS 233
timidez, tímido(s), OP 72, 209, 227
tolice, tolo(s), Pr 5; OP 52, 174, 176, 237, 246; AS 38, 61, 74, 213, 269, 273, 286, 323
trabalho(s), Pr 1, 3; OP 47, 91, 97, 169, 173, 175, 186, 219, 270, 274; AS 6, 22, 25, 150, 170, 179, 183, 215, 269, 275, 280, 283, 285, 286, 288, 311, 350
tragédia(s),trágico(s), Pr 7; OP 23, 99, 100, 219; AS 14, 113, 124, 156, 170
traição, traidores, OP, 72, 276; AS 279
tristeza, triste(s), OP 144, 172, 259, 275, 352; AS 41, 128
Tucídides, AS 31, 144
turco(s), AS 61, 215
Turíngia, OP 324

Uhland, OP 324
Úlfila, AS 90
Ulisses, OP , 219, 408
utopia, AS 285

vaidade(s), OP 38, 46, 50, 64, 74, 88, 234, 240, 263, 289, 379, 393; AS 12, 14, 17, 31, 40, 50, 60, 85, 125, 181, 215, 285, 304, 346
vantagem, OP 5, 89, 91, 95, 213, 294, 334, 383; AS 7, 22, 35, 292
Vauvenargues, AS 214
velho(s) *ver* idoso(s), velho(s)
veneno(s), Pr 6; OP 41, 224; AS 16, 322
veneração, OP 93, 118, 153, 284; AS 178
verdade(s), Pr 1, 3; OP 5, 6, 7, 8, 17, 20, 26, 27, 32, 79, 96, 98, 103, 123, 126, 165, 171, 179, 190, 208, 222, 225, 226, 228, 238, 261, 270, 285, 286, 297, 319, 345, 358, 382; AS 1, 4, 5, 10, 13, 16, 22, 25, 33, 41, 43, 61, 66, 72, 73, 75, 95, 112, 169, 174, 213, 215, 220, 237, 262, 285, 316, 333, 345, 349
vergonha, OP 322; AS 17, 69, 209, 211
verme(s), OP 90, 147, 169, 172, 353; AS 57, 211
vício(s), OP 26, 84; AS 123
vida, Pr 5; OP 1, 16, 19, 24, 31, 45, 85, 88, 95, 96, 99, 102, 105, 119,

124, 126, 169, 170, 172, 173, 174, 224, 227, 228, 235, 244, 266, 270, 271, 286, 298, 304, 320, 337, 343, 347, 352, 364, 380, 382, 399, 401, 408; AS 1, 6, 8, 9, 14, 15, 16, 17, 28, 33, 86, 91, 114, 125, 152, 160, 168, 170, 171, 179, 183, 187, 193, 196, 198, 215, 237, 265, 266, 268, 269, 272, 279, 286, 293, 294, 308, 309, 310, 320, 322, 332, 336, 343, 350
vingança, OP 52, 78, 119, 243; AS 22, 33, 57, 65, 181, 186, 237, 250, 259, 311
vinho, OP 109, 347; AS 101, 154, 184, 336
violência, violento, AS 22, 163, 184, 221, 281
virtude(s), Pr 4; OP 11, 86, 91, 96, 126, 169, 180, 181, 207, 248, 288, 298, 324, 328, 336, 355, 403, 405; AS 34, 64, 70, 72, 87, 103, 125, 157, 190, 212, 215, 216, 223, 251, 285, 294
vítima(s), OP 89, 194, 269; AS 284
vitória(s), OP 50, 119, 152, 166, 261, 291; AS 27, 96, 140, 141, 170, 329, 344
vivacidade, Pr 5; OP 408; AS 170
Voltaire, OP 4; AS 237
vontade, Pr 2, 5, 7; OP 5, 33, 50, 70, 148, 172, 196, 206, 224, 227, 292, 336, 349; AS 8, 17, 61, 125, 178, 216, 236, 237, 276, 286, 350
voto *ver* sufrágio

Wagner, Pr 1, 3; OP 134, 171
Wieland, as 90, 107, 125

Friedrich Wilhelm Nietzsche nasceu no vilarejo de Roecken, perto de Leipzig, na Alemanha, em 15 de outubro de 1844. Perdeu o pai, um pastor luterano, aos cinco anos de idade. Estudou letras clássicas na célebre Escola de Pforta e na Universidade de Leipzig. Com 24 anos foi convidado a lecionar filologia clássica na Universidade da Basileia (Suíça). Em 1870 participou da Guerra Franco-Prussiana como enfermeiro. No período em que viveu na Basileia foi amigo de Richard Wagner e escreveu *O nascimento da tragédia* (1872), *Considerações extemporâneas* (1873-6) e parte de *Humano, demasiado humano*. Em 1879 aposentou-se da universidade, devido à saúde frágil. A partir de então levou uma vida errante, em pequenas localidades da Suíça, Itália e França. Dessa época são *Aurora*, *A gaia ciência*, *Assim falou Zaratustra*, *Além do bem e do mal*, *Genealogia da moral*, *O caso Wagner*, *Crepúsculo dos ídolos*, *O Anticristo* e *Ecce homo*, sua autobiografia. Nietzsche perdeu a razão no início de 1889 e viveu em estado de demência por mais onze anos, sob os cuidados da mãe e da irmã. Nessa última década suas obras começaram a ser lidas e ele se tornou famoso. Morreu em Weimar, em 25 de agosto de 1900, de uma infecção pulmonar. Além das obras que publicou, deixou milhares de páginas de esboços e anotações, conhecidos como "fragmentos póstumos".

Paulo César de Souza fez licenciatura e mestrado em história na Universidade Federal da Bahia e doutorado em literatura alemã na Universidade de São Paulo. Além de muitas obras de Nietzsche e de Freud, traduziu *O diabo no corpo*, de Raymond Radiguet, *Poemas (1913-1956)* e *Histórias do sr. Keuner*, de Bertolt Brecht. É autor de *A Sabinada: A revolta separatista da Bahia* e *As palavras de Freud: O vocabulário freudiano e suas versões*, entre outros livros. Coordena as coleções de obras de Nietzsche e Freud publicadas pela Companhia das Letras.

1ª edição Companhia das Letras [2008]
1ª edição Companhia de Bolso [2017] 2 reimpressões

Esta obra foi composta pela Verba Editorial
em Janson Text e impressa pela Gráfica Bartira em ofsete
sobre papel Pólen Natural da Suzano S.A.

FSC
www.fsc.org
MISTO
Papel produzido
a partir de
fontes responsáveis
FSC® C105484

A marca FSC® é a garantia de que a madeira utilizada na fabricação do papel deste livro provém de florestas que foram gerenciadas de maneira ambientalmente correta, socialmente justa e economicamente viável, além de outras fontes de origem controlada.